权威·前沿·原创

皮书系列为
"十二五""十三五""十四五"时期国家重点出版物出版专项规划项目

B

BLUE BOOK

智库成果出版与传播平台

工业和信息化蓝皮书

BLUE BOOK OF INDUSTRY AND INFORMATIZATION

工业绿色低碳发展报告（2022~2023）

ANNUAL REPORT ON THE DEVELOPMENT OF INDUSTRIAL GREEN AND
LOW CARBON (2022-2023)

组织编写／国家工业信息安全发展研究中心

主　编／赵　岩

社会科学文献出版社
SOCIAL SCIENCES ACADEMIC PRESS (CHINA)

图书在版编目（CIP）数据

工业绿色低碳发展报告 . 2022~2023 / 赵岩主编
. --北京：社会科学文献出版社，2023.9
（工业和信息化蓝皮书）
ISBN 978-7-5228-2198-6

Ⅰ . ①工…　Ⅱ . ①赵…　Ⅲ . ①工业经济-绿色经济-
经济发展-中国-2022-2023　Ⅳ . ①F424

中国国家版本馆 CIP 数据核字（2023）第 141212 号

工业和信息化蓝皮书
工业绿色低碳发展报告（2022~2023）

组织编写 / 国家工业信息安全发展研究中心
主　　编 / 赵　岩

出 版 人 / 冀祥德
组稿编辑 / 邓泳红
责任编辑 / 吴云苓
责任印制 / 王京美

出　　版 / 社会科学文献出版社 · 皮书出版分社 （010）59367127
　　　　　　地址：北京市北三环中路甲 29 号院华龙大厦　邮编：100029
　　　　　　网址：www. ssap. com. cn
发　　行 / 社会科学文献出版社 （010）59367028
印　　装 / 天津千鹤文化传播有限公司

规　　格 / 开　本：787mm×1092mm　1/16
　　　　　　印　张：19.75　字　数：291 千字
版　　次 / 2023 年 9 月第 1 版　2023 年 9 月第 1 次印刷
书　　号 / ISBN 978-7-5228-2198-6
定　　价 / 158.00 元

读者服务电话：4008918866

《工业绿色低碳发展报告（2022～2023）》
编 写 组

课题编写　国家工业信息安全发展研究中心信息化所

组　　长　何小龙

副 组 长　马冬妍　唐旖浓

编写人员　师丽娟　孟　琦　苏泳睿　张宏博　赵珏昱

　　　　　梁　瞳　崔学民　李立伟　马路遥　付宇涵

　　　　　高欣东　左　越　邵明堃　顾佰和　安　岩

　　　　　黄友笋　张　嫒　王贤辉　李维杰　孙福杰

　　　　　柴纪强　王雅卓　苏　洋

主编简介

赵　岩　国家工业信息安全发展研究中心主任、党委副书记，高级工程师，第十四届全国政协委员。全国信息化和工业化融合管理标准化技术委员会副主任委员、中央网信办专家委委员、工业和信息化部电子科学技术委员会常委、工业和信息化部工业互联网战略咨询专家委员会委员。

长期致力于网络安全、数字经济、两化融合、新一代信息技术产业生态、科技管理等领域的政策研究、产业咨询、技术创新和行业管理工作，主持和参与多项国家和省级规划政策制定，主持多项国家科技安全专项、重大工程专项和国家重点研发计划，公开发表多篇文章。撰写《中国 IT 产业发展报告》等多部报告，编著《腾云驾物：工业互联网解决方案落地》等多部图书，主编工业和信息化蓝皮书。

国家工业信息安全发展研究中心简介

　　国家工业信息安全发展研究中心（工业和信息化部电子第一研究所）成立于1959年，是工业和信息化部直属事业单位。经过60多年的发展与积淀，中心以"支撑政府、服务行业"为宗旨，构建了以工业信息安全、产业数字化、软件和知识产权、智库支撑四大板块为核心的业务体系，发展成为工业和信息化领域有重要影响力的研究咨询与决策支撑机构，国防科技工业、装备发展领域技术基础核心情报研究机构。

　　中心业务范围涵盖工业信息安全、两化融合、工业互联网、软件和信创产业、数字经济、国防电子等领域，提供智库咨询、技术研发、检验检测、试验验证、评估评价、知识产权、数据资源等公共服务，并长期承担声像采集制作、档案文献、工程建设、年鉴出版等管理支撑工作。拥有2个国家质检中心、6个工业和信息化部重点实验室，具有等保测评、商用密码安全性评估、信息安全风险评估、电子数据司法鉴定等资质。牵头（或参与）承担了上百项国家重点研发计划、工业转型升级专项、制造业高质量发展专项、基础科研重大工程等重大专项。

　　"十四五"时期，中心将深入贯彻总体国家安全观，统筹发展和安全，聚焦主责主业，突出特色、整合资源，勇担工业信息安全保障主责，强化产业链供应链安全研究支撑，推进制造业数字化转型，支撑服务国防军工科技创新，着力建设一流特色高端智库、一流工业信息安全综合保障体系，构建产业数字化解决方案供给、关键软件自主可控、全链条科技服务等三大服务体系，打造具有核心竞争力的智库支撑、公共服务、市场化发展等三种能力，发展成为保障工业信息安全的国家队、服务数字化发展的思想库、培育软件产业生态的推进器、促进军民科技协同创新的生力军，更好地服务我国工业和信息化事业高质量发展。

公众号：国家工业信息安全发展研究中心

序

当今世界，新一轮科技革命和产业变革深入发展，5G、人工智能、区块链等数字技术加速突破，与实体经济深度融合，推动生产方式、发展模式和企业形态发生根本性变革，成为引领经济社会发展的重要力量。世界主要国家和地区纷纷制定发布数字经济、先进制造业等发展战略，加强前瞻谋划，明确发展重点，强化政府引导和政策支持，抢占竞争制高点，夺取发展主动权。与此同时，全球产业结构和布局进入深度调整阶段，产业链供应链分工和布局逻辑正从效率优先向安全优先转变，以美国为首的西方国家不断加大"脱钩断链"的力度，产业链供应链本地化、区域化、多元化趋势更加明显。正如习近平总书记所判断的，"世界进入新的动荡变革期"。

面对严峻复杂的外部环境，我国制造业规模已连续 13 年居世界首位，正处在由制造大国、网络大国向制造强国、网络强国转变的关键时期。2022年 10 月，党的二十大胜利召开，擘画了全面建设社会主义现代化国家、以中国式现代化全面推进中华民族伟大复兴的宏伟蓝图，提出到 2035 年基本实现新型工业化，强调坚持把发展经济着力点放在实体经济上，推进新型工业化，加快发展数字经济，促进数字经济和实体经济深度融合。这为我国工业和信息化事业发展指明了前进方向、提供了根本遵循。我国工业经济规模大、数字经济规模位居全球第二，加快推进新型工业化，促进数字经济和实体经济深度融合，将催生更大范围、更宽领域、更深层次的数字化应用场景和转型市场，为我国经济持续快速增长创造更多可能。

5G 作为通信网络，是数实融合的基础底座，大量数字化应用都需要由网络支撑。5G 商用牌照发放四年多来，我国 5G 商用走在了全球前列。截至 2023 年 6 月底，累计建成 5G 基站近 300 万个，占移动基站总数的 26%，覆盖所有地市级城区和县城城区；5G 移动电话用户数达 6.76 亿户，约占移动电话用户的四成。在融合应用方面，5G 应用已融入 60 个国民经济大类中，应用案例累计超过 5 万个，特别是工业领域的 5G 应用已逐步深入生产经营核心环节。但现在在应用上，还没有完全体现出 5G 的能力，5G 的优势还没有完全发挥。5G 发展到了关键拐点。无论是消费需求，还是工业需求，均对大带宽、低时延、高可靠等技术指标提出了要求，需要 5G-Advanced 来破局。5G-Advanced 将通过"十倍带宽、十倍连接数、十倍定位精度、十倍能效改进"四个维度，进一步开发和释放 5G 网络潜能，产生更大的社会和经济价值。

2022 年 12 月 1 日，OpenAI 公司开展了基于 GPT-3 的聊天机器人 ChatGPT 开放测试。ChatGPT 凭借高质量的内容回答迅速走红。上线 5 天后就发展了超百万用户，成为传统搜索引擎的有力竞争对手。ChatGPT 的上线，标志着生成式人工智能发展到了一个新阶段，下一步将朝着通用人工智能（AGI）发展。人工智能生成内容（AIGC）作为基于大规模数据训练的大模型，将颠覆现有内容生产模式，能够以十分之一的成本实现百倍千倍的生产速度，创造出具有独特价值和独立视角的内容。AIGC 不仅可用于内容生成，其具有的新思路和新方式也可以应用于工业领域。基于训练 ChatGPT 的原理，利用行业与企业的知识图谱进行深度训练，可以开发出各类面向行业应用的模型，使大模型在产业上落地见效，在面向各行各业的应用中培养更多的人才。

当然，ChatGPT 等 AI 大模型的成功运行，离不开算力水平的大幅提升。作为数字经济时代新的生产力，算力及其产业正迅速发展。按 2022 年底的数据，美国占全球算力的 36%，中国占 31%，现有算力总规模与美国相比有差距但不大，而以 GPU 和 NPU 为主的智能算力规模，中国明显大于美国。近年来我国支持算力基础设施强算赋能，打造云网融合、算网一体的网络架构和算力供给体系。如今，算力已应用于交通、政务、医疗、教育等多个场景，让数字化应用走进千家万户、千行百业。2023 年 2 月，中共中央、国务院印发《数字中国建设整体布局规划》，特别提到要"系统优化算力基础设施布局，促进东西部算力高效互补和协同联动，引导通用数据中心、超算中心、智能计算中心、边缘数据中心等合理梯次布局"，统筹推进全国算力均衡发展。

除算力外，AI大模型的核心要素还包括数据。数据是驱动数字经济高质量发展的关键生产要素，不仅在我们的生产生活中发挥着越来越重要的作用，更是在产业数字化转型过程中扮演着不可或缺的角色。随着各行业数字化转型升级进程加快，全社会数据总量爆发式增长，数据资源迅猛扩张，我国已成为名副其实的数据资源大国。2022年我国数据产量达8.1ZB，同比增长22.7%，全球占比达10.5%，位居世界第二。截至2022年底，我国数据存储量达724.5EB，同比增长21.1%，全球占比达14.4%。叠加丰富应用场景优势，我国数据要素市场化改革将不断加快，进一步推动各行业各领域深化数据要素的开发与利用，释放数据要素价值，赋能实体经济，增强经济发展新动能。

数字化转型是数实融合的核心、企业发展的必由之路，也是应对当前和今后国际形势不确定性的战略选择。对于企业来说，数实融合可在数字化进程的任一阶段切入，不论处于工业2.0还是3.0的企业，都可开始这一进程。企业不可能也不需要在产业链全部环节同时起步推进数字化转型，从研发、设计、制造、供应、检测、仓储、市场、售后等任何环节的切入都会有相应效果。当前，以云服务来加速数字化转型成为各行业共识，企业使用多云成为必然趋势，企业可从多云供应商中获取竞争性的优惠服务，实现业务多样性和提供差异化的服务，确保合规性。截至2023年3月底，全国企业工业设备上云率达18.11%，工业互联网平台应用普及率达23.32%，重点工业企业关键工序数控化率达59.40%。

数实融合在推动产业数字化的同时，也将激励数字产业化的创新，并开拓更大的发展空间。2023年上半年，我国软件业务收入超过5.5万亿元，信息技术服务收入3.66万亿元，为数实融合发展奠定了坚实的产业和技术基础。人工智能、大数据、区块链、云计算、网络安全等新兴数字产业加快发展，截至 2022 年，我国大数据产业规模达 1.57 万亿元，人工智能核心产业规模达 5080 亿元，云计算产业规模超过 3000 亿元，全球市场占比达 14.6%，年均增速超过 30%。以新一代信息技术和高端装备为主导的国家先进制造业集群率先突破，25 个重点先进制造业产业集群主导产业产值近 10 万亿元，集聚规上企业 2.5 万家。

与数字化发展一样，绿色低碳发展是全球可持续发展大趋势。对我国来说，加快工业绿色低碳发展也是推进新型工业化的重要举措。目前，已有 130 多个国家提出碳中和承诺，覆盖了全球 88% 的二氧化碳排放、90% 的 GDP 和 85% 的人口，我国承诺将力争在 2030 年前达到碳排放峰值，努力争取 2060 年前实现碳中和。在"双碳"目标的引领下，工业绿色低碳发展全面推进，十年来规模以上工业单位增加值能耗累计下降超过 36%，钢铁、原铝、水泥熟料等单位产品能效处于世界先进水平，绿色发展理念深入人心。新能源汽车产业保持良好发展态势，生产和销售实现稳定增长。截至 2023 年 7 月，我国新能源汽车生产累计突破 2000 万辆，产销量已经连续 8 年位居全球第一。

2023 年是全面贯彻党的二十大精神的开局之年，是实施"十四五"规划承上启下的关键一年。工业和信息化领域是实体经济的重点，更是数字经济和实体经济融合发展的主战场。值此之际，国家工业信息安全发展研究中心推出 2022~2023 年度"工业和信息化蓝皮书"，深入分析研判数字经济、数字化转型、人工智能、新兴产业、工业绿色低碳等重点领域的最新态势和发展趋势。相信读者能从蓝皮书新颖的观点、深入的分析、翔实的数据和丰富的案例中有所收获，更全面地理解和把握当前工业和信息化领域的发展形势、机遇和挑战，加快推进新型工业化，建设制造强国和网络强国，共同谱写新时代中国特色社会主义更加绚丽的华章。

是为序。

摘　要

　　加快推动工业领域绿色低碳发展，是推进新型工业化的重要内容，是优化产业结构、转变经济增长方式的有效途径，是建设资源节约型、环境友好型社会的必然选择，是提升我国国际竞争力、构建人类命运共同体的重要举措，是深度融入国内国际双循环、践行制造大国绿色发展的重要责任担当。《工业绿色低碳发展报告（2022~2023）》在总结我国工业绿色低碳发展经验成效的基础上，重点研究了行业企业在绿色发展过程中具有战略性、先进性、代表性、前瞻性特点的课题，分为总报告、理论篇、行业篇、企业篇4部分，共计18篇文章，为我国工业绿色低碳发展提出可行性建议。

　　总报告由全球视野入手，呈现了多数国家和地区工业绿色发展的战略布局，并梳理了我国在政策体系构建、能源体系转型、产业结构优化等方面取得的积极成效，同时也分析了当前我国工业绿色发展面临的国内外多重风险和竞争压力。在此基础上，立足工业领域碳全生命周期管理，基于以"碳监测、碳减排、碳移除、碳资产"为核心的碳管理主要架构解析，深入研究探讨了数字技术赋能碳管理的路径方法，提出数字化碳管理架构模式，以全面实现工业领域数字化和绿色化深度协同、同步升级，助力我国工业绿色低碳转型与高质量发展。

　　理论篇展现了工业绿色低碳发展的技术与应用创新，基于标识解析体系在整合处理产业链的复杂数据、打通数据孤岛、打消信息共享顾虑、构建数据资源池、保护关键数据等方面的技术优势，研究构建了碳监测、碳足迹分析、碳产品认证等应用场景。聚焦光伏、可再生能源等战略性新兴行业，从用能结构调整、产业布局优化、技术创新、循环利用、标准完善等方面提出了光伏供应链的降碳路径与建议。科学构建了可再生能源评估体系并以"一带一路"国家和地区为例进行评价分析，研究发现良好的政策环境、较高的经济发展水平与技术成熟度等都会对可再生能源发展产生积极影响。同时，面向数字技术赋能碳市场与碳足迹等应用场景，深入剖析了物联网、区块链等技术在可信碳计量方面的具体优势，以实现碳排放数据实时可知、可视、可控。还基于工艺过程碳排放模型和车间碳排放增量评估，构建了大型能源装备产品的碳足迹自动核算和全生命周期碳标签管理体系。

行业篇剖析了重点行业的绿色发展现状及降碳脱碳路径。在我国工业化、城镇化快速推进过程中，有色金属、钢铁、建材等行业发挥了突出作用，但同时也面临着降能耗、降碳排的绿色发展压力。因此本篇从政策布局、产业优化、科技创新、标准支撑、数绿协同、人才培养、国际合作等方面提出行业转型降碳的发展建议。此外，智能制造装备产业园是装备制造业集聚式发展的重要载体，面向园区绿色高质量发展需求，本篇创新性地提出了园区数字化低碳发展模式。新型电力系统是清洁低碳、安全高效能源体系的重要组成部分，基于电力通信大带宽、低时延、安全可靠等性能需求，电力物联网技术快速发展并在用电信息采集、智慧用能、有序充电、光伏发电等场景实现规模化应用。铀浓缩产业为清洁核电提供基础保障，近年来通过工艺改进、系统改造、设备升级等手段逐步向绿色低碳转型，行业将进一步实现"发展目标—科技研发—设计建造—生产运营—人才培养"全链条绿色发展。

企业篇聚焦微观实践经验，详细剖析了数字技术在工业企业碳管理中的应用现状，主要呈现应用广泛、层次深入、多维连通等特点。聚焦能源绿色化、数字化、智能化管理需求，展示了多种系统化解决方案，实现了能碳广泛连接与智慧管理，助力企业精益生产与效率提升。面对数据中心绿色发展趋势，展示了基于海底自然冷源打造的新型绿色数据中心案例，因地制宜促进数据中心节能降耗。

关键词： 碳达峰　碳中和　工业绿色低碳　数字化绿色化　碳管理

目 录 ⟫

Ⅲ 行业篇

Ⅳ 企业篇

┌─────────────────────────┐
│ 皮书数据库阅读 **使用指南** 👆 │
└─────────────────────────┘

总 报 告
General Report

B.1

全球工业绿色发展现状
及我国面临的机遇与挑战

马冬妍　唐旖浓　师丽娟　孟　琦*

摘　要： 气候变化与环境污染给人类生存发展带来严峻挑战，我国作为
生态文明的践行者、全球气候治理的行动派，向全世界作出
"2030年前二氧化碳排放达到峰值、2060年前实现碳中和"的
庄严承诺。工业是我国国民经济的主导，能源消耗及生产过程
碳排放量较高，加快推动工业绿色低碳发展，是我国深度融入
国内国际双循环，践行制造大国绿色发展责任的重要战略举
措。本文从全球视野入手，剖析了国外主要国家和地区工业绿
色低碳发展现状与趋势，分析了我国工业碳达峰碳中和的战略

* 马冬妍，国家工业信息安全发展研究中心信息化所所长，高级工程师，从事两化融合、"双碳"、工业互联网、数字化转型等相关领域研究；唐旖浓，国家工业信息安全发展研究中心信息化所副所长，高级工程师，从事两化融合、"双碳"、工业互联网、数字化转型等相关领域研究；师丽娟，博士，国家工业信息安全发展研究中心信息化所高级工程师，从事"双碳"、两化融合、工业互联网、数字化转型等相关领域研究；孟琦，国家工业信息安全发展研究中心信息化所高级工程师，从事"双碳"、两化融合、数字化转型等相关领域研究。

布局及绿色可持续发展中采取的行动计划。详细梳理了我国在推进工业绿色发展进程中取得的一系列成就与发展机遇，同时分析了当前所面临的内外部风险挑战。基于此，面向工业碳达峰碳中和目标，分别从顶层设计、产业发展、研发创新、生态构建、国际合作等方面提出发展建议，助力我国工业绿色低碳转型与高质量发展。

关键词： 工业绿色发展　碳达峰　碳中和　绿色低碳　碳排放

一　全球主要国家工业绿色低碳发展现状与趋势

气候变化与环境污染给人类生存发展带来严峻挑战，高能耗、长链条的工业生产过程是温室气体排放的主要源头之一，努力打造工业绿色发展新优势、构建生态友好共同体已成为全球共识。各主要国家从自身基础出发，从政策引导、技术支持、市场激励、企业实践等方面积极采取行动推进工业绿色低碳与可持续发展，加速构建环境友好、节能低碳、集约高效的绿色工业体系。

（一）全球多数国家和地区已制定绿色发展时间表，从制度层面保障战略实践

多国（地区）计划于21世纪中叶达成碳中和目标，以战略举措引领工业绿色转型。部分发达国家和地区依托技术、资金、管理等方面的优势，已基本实现碳达峰，部分发展中国家在推进工业化进程、实现经济发展的同时仍产生大量的碳排放。全球已有超过130个国家和地区通过宣示或立法等方式宣布了碳中和、净零排放、气候中和等目标，其中德国将于2045年实现气候中和，欧盟将于2050年实现气候中和，英国、美国、日本、韩国、加拿大等国将于2050年实现净零排放，巴西、南非、越南等国声明将于2050

年实现净零排放，印度宣布将于 2070 年实现净零排放。各国家和地区纷纷出台战略规划，引领本国（地区）工业绿色转型发展。欧盟自 2019 年以来先后推出了《欧洲绿色协议》（*European Green Deal*）、《欧盟绿色协议工业计划》（*The Green Deal Industrial Plan*）等，以提高能源利用效率、扩大可再生能源使用比例、发展循环经济模式、支持数字技术在工业领域的应用和创新等措施，促进欧盟经济转型。欧盟通过一系列的顶层规划健全完善碳中和法律法规体系，2021 年 6 月，《欧洲气候法案》将"气候中和"目标纳入，正式予其以欧盟法律保障。德国在推进"工业 4.0"战略过程中，通过政策法规和多元化激励手段，规范企业生态设计、绿色生产活动，提高能源效率，推广节能技术，鼓励使用清洁能源，实行碳排放交易，提供环保投资等，促进工业绿色低碳发展。2021 年 5 月，德国联邦政府出台《2022 年气候保护一揽子行动计划》，提出将拨款 14.4 亿欧元用于工业绿色转型。美国国务院与白宫总统办公室于 2021 年 11 月联合发布《2050 净零排放战略》，对电力、交通、建筑和工业四个部门提出能源转型要求和实施路径，尤其在电力系统脱碳、用能电气化、节能提效、减少碳排放、增加碳汇及工程脱碳五个关键领域实现净零排放。日本 2020 年发布《绿色增长战略》，明确 2050 年实现碳中和与构建"零碳社会"的目标，通过绿色投资鼓励海上风电 14 个行业创新发展，依托标准化改革、税收减免等多种手段为绿色转型提供支持。2020 年巴西矿业和能源部发布《2050 年国家能源计划》，提出要通过水电、光伏、乙醇、氢能等进一步推动绿色经济。

（二）聚焦能源转型发展，清洁能源开发与应用成为共同重要选择

重点行业加速推进绿色转型发展，清洁能源开发与应用提供源头脱碳方案。美国通过双边、多边等渠道寻求能源战略合作与推广。2021 年 4 月，与印度建立"美印 2030 气候与清洁能源议程伙伴关系"，帮助印度实现可再生能源的建设；7 月与德国建立"美德气候与能源伙伴关系"，寻求在可再生能源、储能、氢能等前沿技术方面的合作；依托 2021 年 11 月举行的格拉斯哥气候大会（COP26）开展了"使命创新 2.0"（Mission Innovation

2.0）国际合作，旨在推进二氧化碳移除技术的创新与应用推广。日本制定了"零排放车辆推进计划"，鼓励企业投资生产电动汽车和氢能源汽车，并扩大充电基础设施的建设。印度政府也着力推动工业结构调整，发展新能源汽车、节能环保等行业，鼓励企业加大工业绿色技术创新，推广绿色制造技术和装备，提高资源利用效率和能源利用效率，降低污染物排放。印度依托其丰富的低纬度太阳能资源及全球产业转型升级需求，推进清洁能源发展与工业绿色转型，提出计划到2030年，可再生能源要满足国内50%的能源需求，还公布了300亿美元的升级计划，让更多的清洁能源进入印度电网。同时，印度钢铁产业以短流程电炉炼钢为主导，依托可再生能源可有效解决一部分碳排放问题。巴西可再生能源消费水平较高，据国际能源署（IEA）统计，2019年巴西乙醇燃料、生物柴油等生物质能源消费量占总终端能源消费量的比重达45.5%。

（三）绿色技术创新正成为主要发达国家实现绿色发展的核心驱动力

全球主要发达国家十分重视绿色技术战略布局，在工业、能源、交通等多个领域提出研发和应用推广规划。世界知识产权组织（World Intellectual Property Organization，WIPO）基于《联合国气候变化框架公约》准则将绿色技术分为替代能源生产类、交通运输类、节能减排类、废弃物管理类、能源节约类、农业/林业类、行政监管与设计类和核电类七大领域。各国在提高资源效率技术、发展清洁能源技术、研究低碳产品和工艺等领域纷纷布局创新技术顶层设计。法国于2020年颁布的《国家经济复苏计划》，提出发展绿色交通、清洁能源技术创新等，并支持具有长期减排潜力新技术的研究与实践。同年，英国发布《绿色工业革命的十项计划》，支持清洁能源、绿色公共交通、电动汽车、零碳飞机、绿色船舶等十个重点领域的绿色技术创新和发展。美国能源部在2020年宣布了太阳能技术资助计划，利用清洁能源投资巩固技术进步，增强绿色发展技术优势。日本在鼓励绿色技术创新方面颁布了《革新环境技术创新战略》，提出将在能源、工业、建筑、交通等领域采取绿色技术创新以加快减排技术创新步伐。

二　我国工业绿色发展主要进展

（一）我国碳达峰碳中和 "1+N" 政策体系基本构建

党的二十大报告中明确指出，要 "积极稳妥推进碳达峰碳中和"，正确认识实现碳达峰碳中和是一场广泛而深刻的经济社会系统性变革，要立足我国能源资源禀赋，坚持先立后破，有计划分步骤实施碳达峰行动。我国碳达峰碳中和 "1+N" 政策体系已初步形成，其中，"1" 包括 2021 年 9 月 22 日中共中央、国务院印发的《关于完整准确全面贯彻新发展理念做好碳达峰碳中和工作的意见》和同年 10 月 24 日国务院印发的《2030 年前碳达峰行动方案》两个顶层设计文件，分别部署了碳达峰碳中和 10 个方面 31 项重点任务及碳达峰十大行动，对我国 "双碳" 工作进行了科学系统的统筹谋划。"N" 包括能源、工业、交通运输、城乡建设、农业农村等重点领域碳达峰实施方案，煤炭、石油、天然气、钢铁、有色金属、石化化工、建材等重点行业碳达峰实施方案，以及科技支撑、财政支持、绿色金融、绿色消费、生态碳汇、减污降碳、统计核算、标准计量、人才培养、干部培训等领域碳达峰碳中和支撑保障方案。

我国 31 个省区市积极响应碳达峰碳中和目标要求，出台一系列节能减排、绿色低碳相关发展规划、实施方案、行动计划等政策文件，协同多部门形成合力推动政策实施落地。如北京市大力推进制造业领域产业结构调整和用能结构调整，不断提升能源利用效率，降低碳排放水平。2020 年北京市万元工业增加值能耗为 0.399 吨标准煤，比 2015 年下降 22.7%。全市累计创建国家级绿色工厂 93 家，绿色供应链管理企业 19 家，工业产品绿色设计示范企业 9 家，北京经济技术开发区被评为国家级绿色园区。[①] 2022 年 6 月，北京市经信局印发《北京市 "十四五" 时期制造业绿色低碳发展行动

---

① 《"双碳" 北京｜传统高耗能、高碳排放行业企业已基本完成退出》，《新京报》2022 年 7 月 28 日。

方案》，以制造业高质量发展为主题，以供给侧结构性改革为主线，以能源结构优化和资源能源高效利用为重点，以全产业链和产品全生命周期绿色提升为抓手，以绿色低碳管理服务长效机制为保障，逐步构建产业绿色低碳化与绿色低碳产业化相互促进、深度融合的现代化产业格局。

（二）能源体系绿色低碳转型成效显现

我国能源体系积极向绿色化转型，非化石能源占比逐步提高。工业是我国国民经济的主导，工业能源消费约占我国能源消费总量的 2/3。[①] 长期以来，我国能源结构以化石能源为主，基于"富煤、贫油、少气"的资源特点，煤炭成为我国的主体能源和重要的工业原料，其直接燃烧产生的二氧化碳及固体颗粒物排放水平居高不下。随着可持续发展理念的贯彻深入，我国依托西北部地区风光资源推进风电光伏基地建设，沿金沙江、澜沧江等水域布局水电基地，在东部地区安全有序发展核电，充分利用海上风力资源投建风电系统，非化石能源占比逐步提高。截至 2021 年底，我国非化石能源占能源消费比重达到 16.6%，如图 1 所示，较上年（15.9%）提高 0.7 个百分点。

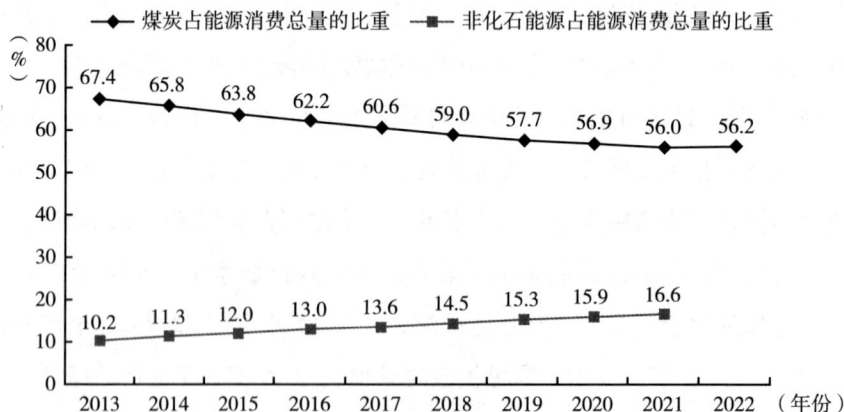

图 1　我国能源消费占比情况

资料来源：国家统计局 2013~2022 年能源消费数据统计。

[①]　数据来源于国家统计局《中国统计年鉴（2022）》按行业分能源消费量统计。

2022 年，我国水力、风力、核能、太阳能发电量累计值分别为 12020.0 亿、6867.2 亿、4177.8 亿、2290.0 亿千瓦时，非化石能源发电占比达 30.2%，如图 2 所示，较上年（28.9%）增长 1.3 个百分点。

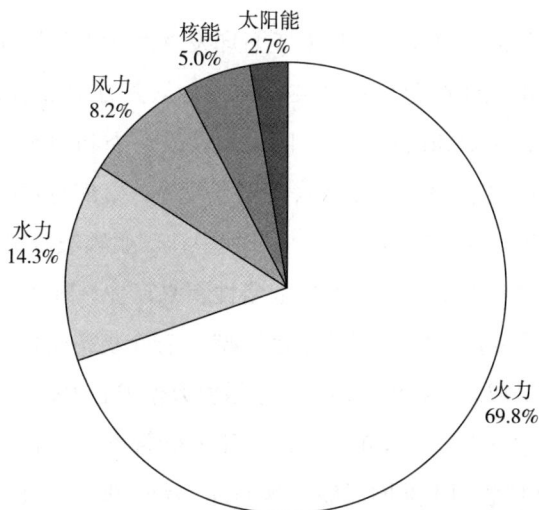

图 2　2022 年我国发电量占比情况

资料来源：国家统计局 2022 年我国发电数据统计。

我国煤炭消费规模逐年下降，煤炭清洁高效利用水平不断提升。2013 年 9 月，国务院出台《大气污染防治行动计划》，提出要控制煤炭消费总量，全国各地在保证经济增长的同时，多措并举控制煤炭消费强度及总量，煤炭占能源消费总量的比重逐年降低，如图 1 所示。自 2018 年以来，我国煤炭占能源消费总量的比重均不足六成，煤炭年消费量从 2013 年的 42.4 亿吨下降至 2020 年的 40.4 亿吨，减少了 2 亿吨，降幅达 5.0%。工业领域仍是煤炭消费的主体，消费量占全国煤炭消费总量比重超九成。党的十八大以来，党中央高度重视煤炭清洁高效利用，从煤炭洗选、燃料发电、清洁转化、分散燃烧等环节提升清洁和高效利用水平，全面关注效率提升和传统污染物控制。2022 年，全国燃煤电厂供电煤耗降至 299.8 克标准煤/千瓦时，较 2015 年的 315 克标准煤/千瓦时下降 4.8%。截至 2021 年底，我国达到超低排放限值的煤电机组约

10.3亿千瓦，占全国煤电总装机容量的93%。分散用煤量已由2015年的6亿吨减少到2021年的2.6亿吨左右，降低了一半有余。[①]

（三）产业结构持续优化，绿色产业有序发展

工业和信息化部于2021年11月15日印发《"十四五"工业绿色发展规划》，提出2025年工业绿色发展主要目标，并从九方面部署转型发展任务。2022年7月7日，工业和信息化部、国家发展改革委和生态环境部联合印发《工业领域碳达峰实施方案》，部署六大重点任务，聚焦重点行业提升产品供给、细化重大行动。在推进新型工业化进程中，工业领域以绿色发展为引领，加速传统行业绿色化改造，大力发展战略性新兴产业，加大绿色科技创新力度，发挥数字赋能效用，推进能源绿色转型，全行业高端化、智能化、绿色化发展已取得积极成效。我国已培育国家绿色数据中心153个，为碳管理提供了重要环境与技术支撑。宁波市海曙区"工业碳管家"平台、湖州市"工业碳效码"、"正泰物联网工业园区碳监测平台"等一批碳管理监测服务载体涌现，助力政府和企业动态、高效开展绿色低碳实践。新能源汽车、绿色智能家电等产品创新，市场占有规模持续扩张。截至2022年7月，新能源汽车累计推广数量从2012年底的2万辆攀升至1227万辆，产销量连续7年位居全球第一，[②] 智能家电市场规模从2016年的2000亿元增长到5000亿元。[③] 我国已组织发布了223家绿色工业园区，[④] 依托云计算、大数据等技术促进园区余热余压回收，开展资源循环利用。企业通过构建数字化绿色回收平台等措施，打造"回收—拆解—再生—再制造"的循环生态体系。截至2022年8月底，我国新能源汽车动力电池回收服务网点达10235个，家电生产企业2022年共申报规范回收目标1696万台，[⑤] 促进再生资源加工利用。

[①] 数据来源于国家发改委"推动煤炭清洁高效利用"公布情况统计。
[②] 数据来源于工信部"新时代工业和信息化发展"系列主题新闻发布会（第五场）情况公布。
[③] 数据来源于工信部"新时代工业和信息化发展"系列主题新闻发布会（第七场）情况公布。
[④] 数据来源于工信部"新时代工业和信息化发展"系列主题新闻发布会（第八场）情况公布。
[⑤] 数据来源于国家发改委、工信部、生态环境部联合发布的《2022年参加回收目标责任制行动企业及回收目标》统计结果。

三 我国工业绿色发展面临的机遇与挑战

（一）我国工业绿色发展机遇

1. 推进新型工业化、积极稳妥推进碳达峰碳中和等重要部署，为工业绿色发展提供方向指引与战略保障

党的二十大报告指出，建设现代化产业体系，坚持把发展经济的着力点放在实体经济上，推进新型工业化，加快建设制造强国、质量强国、航天强国、交通强国、网络强国、数字中国。大力壮大经济实力、提升科技实力，实现高水平科技自立自强，建成现代化经济体系，构建新发展格局，是把我国建成社会主义现代化强国、增强国际竞争力的必由之路。加快推进新型工业化，为我国工业发展指明方向，是推进我国工业绿色发展的思想保障与战略保障。报告还指出，要加快发展方式绿色转型，实施全面节约战略，发展绿色低碳产业，倡导绿色消费，推动形成绿色低碳的生产方式和生活方式。工业生产活动是我国碳排放的主要来源，立足我国资源禀赋，积极稳妥推进工业绿色发展，实现人与自然和谐共生，是践行我国重要战略布局的必然要求，国家系列重要战略部署为坚持工业绿色发展提供强大战略保障、思想支撑和精神动力。

2. 工业数字化转型成效及数字技术进步为推进工业绿色发展提供基础支撑

绿色技术不断创新突破，全面提振工业绿色发展。我国新能源产业研发实力和技术水平不断提升，在光伏、风电、电池、新能源汽车等多领域竞相发力，突破行业关键核心技术，形成完备的产业链体系，新能源产品在世界市场上具有竞争优势。2022 年我国光伏产品（硅片、电池片、组件）出口总额达 512.5 亿美元，同比增长 80.3%①，其中，硅片出口量约 36.3GW，同比增长 60.8%，电池片出口量约 23.8GW，同比增长 130.7%，光伏组件

---

① 数据来源于中国光伏行业协会《2022 年光伏行业发展回顾与 2023 年形势展望》公布情况统计。

出口量约153.6GW，同比增长55.8%。电气化关键技术持续突破，工业电气化发展总体平稳，工业高效供热电气化、绿电制氢等先进工业电能替代技术和新型装备经济性逐步提升。2021年我国工业电气化率为26.2%，与上年持平，其中汽车制造业电气化率为72.7%，3年累计提高11.8个百分点，增幅位居主要制造业之首①。节能低碳技术助力工业能效水平提升，粗钢、电解铝、乙烯单位产品综合能耗分别比2011年下降9.0%、4.7%和4.9%，水泥熟料、平板玻璃、电解铝等单位产品综合能耗总体处于世界先进水平。②

数字技术发挥倍增叠加效用，助力工业绿色发展实现弯道超车。以新能源为主体的新型电力系统，需要重大技术创新，包括纵向源网荷储一体化和多能互补，集成新能源、智能电网、储能等灵活性资源，使系统具备柔性、平衡功能，实现优质电力输出。2023年3月28日，国家能源局发布《关于加快推进能源数字化智能化发展的若干意见》，提出以数字化智能化技术加速发电清洁低碳转型、以数字化智能化电网支撑新型电力系统建设等六项转型升级目标。同时，数字技术在碳管理方面发挥积极作用，截至2022年9月底，我国已有40.1%的大型工业企业应用数字化手段实现能源在线实时监控管理，较2017年提升11.4个百分点，为基于能耗活动的碳排放核算提供重要支撑。生产设备的数字化、网络化也是实现精细化碳管理的基础条件，截至2022年12月底，我国生产设备数字化率为52.5%，数字化生产设备联网率为46.1%，为碳排放数据采集与分析等过程管理创造良好基础条件。③

3. 供需两端协同发力，构建工业绿色发展市场机制动力引擎

碳排放权交易体系逐步建立完善，激活企业碳资产管理内生动力。从狭义上理解，政府发放的碳排放配额可以转化为企业的碳资产。当企业通过一定措施减少碳排放量，配额足以满足企业履约要求的情况下可参与碳市场

---

① 数据来源于中国电力企业联合会《中国电气化年度发展报告2022》公布情况统计。
② 数据来源于《欧盟碳排放交易体系的特征、绩效与启示》。
③ 数据来源于"两化融合公共服务平台"统计监测。

交易，配额不足则可通过碳市场购入配额以如期履约。2011 年以来，我国先后在北京、天津、上海、重庆、广东、湖北、深圳等地开展碳排放权交易试点工作，覆盖了电力、钢铁、水泥等重点排放行业。截至 2021 年底，7 个试点碳市场的累计成交量为 5.1 亿吨二氧化碳当量，累计成交额 126.5 亿元。在试点基础上，2021 年 7 月 16 日，全国碳排放权交易市场正式上线，第一个履约周期共纳入发电企业 2162 家，年覆盖二氧化碳排放量约 45 亿吨。截至 2021 年底，全国碳市场累计成交量近 1.8 亿吨二氧化碳当量，累计成交额 76.6 亿元，以市场激励有效提升企业降碳减排的积极性。

战略性新兴产业蓬勃发展，进一步助力市场供需走向平衡。从国内市场来看，我国稳步推进新能源、新能源汽车、绿色环保等产业集群建设，支持工业绿色低碳高质量发展，建设绿色制造体系。2021 年规模以上工业中，高技术制造业增加值比上年增长 18.2%，占规模以上工业增加值的比重为 15.1%；新能源汽车产量 367.7 万辆，比上年增长 152.5%；光伏组件产量约 182GW，连续 15 年居全球首位；节能环保产业产值超 8 万亿元，年增速 10% 以上，战略性新兴服务业企业营业收入比上年增长 16.0%，高技术产业投资比上年增长 17.1%。[①] 从国际市场来看，绿色低碳、新能源等领域已成为国际新的投资热点，截至 2021 年 5 月，中国同中东欧国家双向投资规模已接近 200 亿美元，一大批中国新能源企业在中东欧国家投资设厂，黑山莫祖拉风电站、塞尔维亚潘切沃联合循环电站等一系列重点能源合作项目启动建设或已投入运营。[②] 同时，我国积极开展应对气候变化南南合作，截至 2022 年 6 月，已与 38 个国家签署 43 份合作文件，援助小水电站、光伏电站等应对气候变化项目，并提供技术、培训等支持。

[①] 数据来源于《中国落实国家自主贡献目标进展报告（2022）》公布情况统计。

[②] 数据来源于《中国与中东欧国家加强绿色合作 助力共同发展》（https://baijiahao. baidu. com/s? id=1721531123114240450&wfr=spider&for=pc）公布情况统计。

（二）我国工业绿色发展面临的风险挑战

1. 工业用能结构及生产方式短期内难以改变，能效水平亟待进一步提升

我国仍处于工业化、城镇化深入发展的历史阶段，传统行业所占比重依然较高，战略性新兴产业、高技术产业尚未成为经济增长的主导力量，能源结构偏煤、能源效率偏低的状况没有得到根本性改变。其一，电气化是改变用能结构的有效方法，我国先进制造业电气化转型进程相对较快，但煤电、钢铁、有色金属等传统行业仍大量使用燃料工业窑炉，以煤为主的用能结构难以快速转变。我国钢铁生产工艺以排放量较高的高炉—转炉法为主，近九成的能源投入来自煤炭，电炉钢产量仅占一成左右，导致我国吨钢碳排放较高。其二，建材产品生产过程的碳排放量居高不下，这主要是由产品生产所必需的碳酸盐原料分解造成的，其中水泥、石灰等生产过程排放占整个生产过程总排放量的2/3。[①] 因此，进一步优化产业结构与生产方式，提高能源资源利用水平，推进工业节能降碳，对我国工业绿色低碳转型具有重要作用。

2. 国际技术交流与合作存在不确定性，重点领域关键核心技术仍待突破

绿色技术领域，与发达国家相比，我国部分关键技术还存在对外依赖性，上游国家对关键零部件禁售等行为，会对我国高端绿色技术与产品形成"卡脖子"风险。经验表明，以美国为代表的西方国家，对我国在关键高科技领域实行封锁，对华管制技术清单数量不断增加，以安全等各种借口为由，企图缔结联盟遏制我国技术发展进步，为中欧、中美等的企业在核心技术领域的合作制造了诸多不确定性。当前，我国产业绿色转型的关键技术研发、推广、应用与先进国家仍存在一定差距。一方面，多主体协同创新模式仍在探索，高等院校、科研单位、企业等作为绿色技术解决方案的重要创新主体，自发性的联合攻关创新模式较难形成。高校对国内外先进技术的研究

---

① 国家工业信息安全发展研究中心：《数字技术赋能重点行业碳管理技术架构白皮书（V1.0）》，2022年12月。

较为深入，理论性较强，但缺乏产业实践经验；企业重视独立环节的节能降碳治理成效，对全产业链及全生命周期的考虑较少；科研单位对产业全链路构成及技术推广应用具有积极作用；但当前多主体之间的协同配合及联合攻关模式尚不健全，不利于整体解决方案的研究与推广。另一方面，我国工业绿色技术创新基础薄弱，关键领域原始创新积累不足，在研究力量、支持力度、成果产出等方面有欠缺，关键基础材料、核心基础零部件、先进基础工艺等掌握得不成体系，缺乏对国外先进技术装备引入后的消化吸收和再创新，整体产业技术集成基础薄弱，创新空间小。

3. 产业生态体系有待持续完善，市场化供给需求亟待精准匹配

绿色工艺技术产品供给和产业高质量发展需求的有效匹配，是推进工业绿色发展的重要环节。当前我国工业绿色发展生态体系尚不健全，供给端与需求端的动态平衡正在逐步建立。其一，绿色技术研发、推广、应用成本高。绿色技术的创新研发与方案验证都需要大量的资金投入，我国政府提供了一定规模的临时拨款或政策性贷款供企业申请使用，包括绿色信贷、绿色债券、绿色保险及股权投资在内的绿色金融体系也在逐步构建与完善，但受限于预研投入的高昂成本，当前具备市场化推广能力的绿色技术产品定价相对较高。其二，绿色发展需求持续扩增，供需精准匹配难度加大。绿色发展是工业领域的共同目标，面向不同行业的节能降碳需求近些年持续扩增，行业间的壁垒差异很难找到一种普适性的技术方法，因此需要专业的工程或服务解决方案，但当前缺乏有效的途径实现供需精准匹配。

4. 碳边境调节机制对高排放产品加收碳关税，影响我国出口产品竞争力

全球工业竞赛日渐激化，国际绿色竞争压力持续攀升。2021 年 3 月，欧盟提出设立碳边境调节机制（Carbon Border Adjustment Mechanism，CBAM），拟从 2026 年起对水泥、钢铁、电力、铝和化肥等行业进口产品征收碳关税，旨在避免产业外流，以提高本地企业竞争力。尽管 CBAM 存在一定争议，但不排除其他国家出台类似的气候贸易措施，甚至新的绿色贸易壁垒。对我国产业与经济来说，CBAM 可能会给我国出口贸易造成较大的负面影响。第一，削弱我国出口贸易的核心竞争力。严苛的贸易规则会进一步加大我国出口产

品在原材料、生产技术、加工工艺及运输等方面的投入，削弱我国出口产品的价格优势，降低出口企业利润，导致我国出口产品竞争力下降。第二，影响我国出口贸易规模和增速。绿色贸易壁垒措施会进一步增加我国出口产品的认证环节、认证时间和认证费用，降低我国出口产品的清关速度。当更多国家效仿欧盟设立绿色贸易壁垒，将影响全球自由贸易体系，增加全球贸易摩擦，影响世界经贸发展。因此，在有限的时间内，以技术革新与能源替代，加快全产业链脱碳降碳，妥善应对绿色贸易壁垒势在必行。

四　我国推进工业绿色发展的建议

（一）完善顶层设计，健全绿色发展长效机制

一是加强顶层设计，制定并完善工业绿色发展规划与战略实施指导文件，研制分行业绿色发展能力建设指南、低碳路径实施指南等关键标准，积极推动关键政策措施的落地实施。二是建立评估监测机制，构建区域、行业、企业绿色发展评估评价体系，切实发挥评价体系的中宏观监测与促进作用。三是建立长效动态监测机制，以监测强落实、以评估促发展强治理，赋能工业高质量绿色发展。

（二）全面构建新型工业体系，促进产业效率提升

一是推进产业结构调整，推动传统行业绿色化升级改造，培育壮大绿色环保战略性新兴产业，带动工业经济社会绿色低碳发展。二是促进产业效率提升，进一步优化行业用能结构，提高清洁能源消费占比，提升能源利用效率，促进资源高效循环利用，推行全生命周期绿色发展。三是提升数字化赋能水平，推动数字化绿色化融合发展，提升行业能源、资源、环境管理水平，提高生产制造环节的数字化智能化水平，以实现动态监测、精准控制和优化管理。

（三）加强绿色技术产品创新，突破核心技术攻关

一是加强绿色低碳核心技术攻关，深入挖掘行业节能降碳场景需求，加强对关键核心技术的协同攻关与深度开发。二是加强绿色低碳技术产品的推广、应用，推动开展低能耗、平台化、智能化研发与生产制造活动，加大绿色低碳产品的推广力度，开展产品全生命周期碳足迹管理。三是打造系统性解决方案，鼓励科研院所、企业、高校、行业协会等组建创新联合体，推进工业领域绿色低碳系统性解决方案的研发与推广。

（四）健全综合服务体系，加速产业绿色生态构建

一是发挥机构智库职能，推进重点行业绿色发展相关理论研究，支持节能降碳场景构建及整体解决方案供给。二是打造试点示范，梳理关键领域节能降碳典型示范案例，打造行业标杆样板，推进构建绿色技术应用标准化场景。三是构建开放生态，搭建合作组织、交流论坛、供需对接会、深度行等常态化交流平台，整合政产学研用金等各方资源，推进工业绿色发展供需精准对接及产业生态建设。

（五）加强国际合作交流，参与国际标准法规建设

一是深化国际交流合作，围绕绿色技术创新、成果转化、政策标准等方面开展交流，学习先进经验并进行中国化适应性改造与创新。二是参与国际碳管理，充分发挥卫星遥感等技术在全球碳监测方面的积极作用，提高监测覆盖面与准确性，把握国际谈判话语权。三是提升国际影响力，加速构建产品全生命周期碳足迹追踪体系，积极参与国际标准法规建设与行业贸易规则制定。

参考文献

张宇宁、王克、向月皎、邱晓洁：《碳中和背景下美国回归全球气候治理的行动、

影响及中国应对》，《全球能源互联网》2021 年第 6 期。

李布：《欧盟碳排放交易体系的特征、绩效与启示》，《重庆理工大学学报》（社会科学）2010 年第 3 期。

碳达峰碳中和工作领导小组办公室、全国干部培训教材编审指导委员会办公室组织编写《碳达峰碳中和干部读本》，党建读物出版社，2022。

生态环境部：《中国落实国家自主贡献目标进展报告（2022）》，2022 年 11 月。

中国光伏行业协会：《2022 年光伏行业发展回顾与 2023 年形势展望》，2023 年 2 月。

中国电力企业联合会：《中国电气化年度发展报告 2022》，2023 年 2 月。

国家发展和改革委员会：《推动煤炭清洁高效利用》，https：//www. ndrc. gov. cn/fggz/hjyzy/jnhnx/202210/t20221011_ 1338505_ ext. html。

国家工业信息安全发展研究中心：《数字技术赋能重点行业碳管理技术架构白皮书（V1.0）》，2022 年 12 月。

陈可：《绿色贸易壁垒对我国出口贸易的影响及对策研究——评〈中国绿色贸易发展报告（2022）〉》，《生态经济》2023 年第 4 期。

B.2
工业领域数字化碳管理体系架构与实践路径

师丽娟　孟琦　赵珏昱　苏泳睿　张宏博*

摘　要： 立足工业领域碳全生命周期管理，基于碳管理主要架构解析，充分发挥数字技术赋能作用，有效实施数字化碳管理，是实现碳达峰碳中和战略目标的必然选择。碳监测是科学碳管理的重要基础，碳减排是碳管理的关键核心环节，碳移除是践行碳中和的必要补充，碳资产是激发碳管理内生动力的重要环节。科学实施数字化碳管理，应当深化数字技术在碳管理架构中的创新应用，加快数字基础设施节能减排，推进工业经济绿色低碳化发展，健全碳资产与碳市场机制，全面增强工业领域数字化和绿色化转型的耦合效应。

关键词： 数字技术　数字化碳管理　碳监测　碳资产

气候变化给人类生存和发展带来严峻挑战，积极应对全球气候变化、推动绿色低碳发展已成为各国共识。全球已有超过 130 个国家和地区通过宣示和立法

* 师丽娟，博士，国家工业信息安全发展研究中心信息化所高级工程师，从事"双碳"、两化融合、工业互联网、数字化转型等相关领域研究；孟琦，国家工业信息安全发展研究中心信息化所高级工程师，从事"双碳"、两化融合、数字化转型等相关领域研究；赵珏昱，国家工业信息安全发展研究中心信息化所工程师，从事数字化转型、工业互联网、两化融合等相关领域研究；苏泳睿，博士，国家工业信息安全发展研究中心信息化所工程师，从事数字化绿色化协同转型发展（双化协同）、产业数字化转型相关领域研究；张宏博，博士，国家工业信息安全发展研究中心信息化所工程师，从事"双碳"、两化融合等相关领域研究。

等方式宣布了碳中和、净零排放、气候中和等目标。我国彰显大国担当，积极应对气候变化，推动以二氧化碳为主的温室气体减排，二氧化碳排放力争 2030年前达到峰值，力争 2060 年前实现碳中和。当前，我国能源结构以化石能源为主，尤其是煤炭消费占比仍然较高，二氧化碳减排任重道远。党的二十大报告强调，实现碳达峰碳中和是一场广泛而深刻的经济社会系统性变革。我国应立足能源资源禀赋，坚持先立后破，有计划分步骤实施碳达峰行动。

工业领域是我国节能减排的主战场，我国能源消耗所产生的碳排放约占全国碳排放总量的 85%，其中约 70% 来自工业生产活动。工业是国民经济中重要的物质生产部门，在长期发展历程中，我国已成为全世界唯一拥有联合国产业分类全部工业门类的国家，然而产业发展尚未跨越高耗能、高排放阶段，以化石能源为主的能源结构难以在短期内得到根本改变。工业领域节能减排工作是我国实现"双碳"国家战略目标的压舱石，对于我国实现经济高质量发展、把握国际话语权、筑牢大国形象至关重要。

当前，新一代信息技术蓬勃发展，为高效碳管理提供了重要的技术支撑与场景延伸。数字技术正在成为促进产业绿色发展、推动经济高质量发展的重要驱动力量。将数字技术与低碳绿色发展有机结合起来，把握碳管理的一般规律，阐释数字技术赋能"双碳"实践的内在架构，并结合实现低碳绿色发展面临的现实挑战，探析数字化碳管理实践路径，是立足我国当前工业发展现状，实现绿色高质量发展的重要举措。

一　数字化碳管理主要框架

（一）碳管理体系架构

在工业领域积极开展碳管理，是立足我国工业发展现状，面向高质量发展与新型工业化发展目标，践行绿色发展理念的必选项。从流程上讲，碳管理是涵盖碳监测、碳减排、碳移除、碳资产等过程管理的综合管理体系，其中碳监测、碳减排、碳移除是碳排放管理的核心对象与内容，碳资产是碳管理的有效补充,是激发碳排放管理内生动力、保障碳管理长期可持续执行的关键要素,如图1所示。

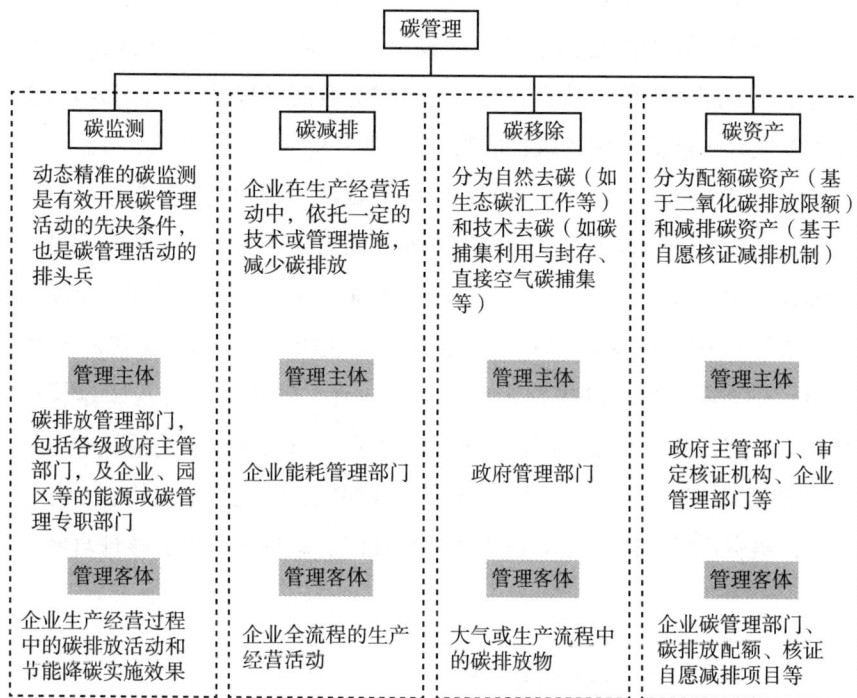

```
                          碳管理
          ┌─────────────┬──────┴──────┬─────────────┐
     ┌────────────┬─────────────┬─────────────┬─────────────┐
     │   碳监测    │   碳减排    │   碳移除    │   碳资产    │
     │            │            │            │            │
     │ 动态精准的碳监测 │ 企业在生产经营活 │ 分为自然去碳(如 │ 分为配额碳资产(基 │
     │ 是有效开展碳管理 │ 动中,依托一定的 │ 生态碳汇工作等) │ 于二氧化碳排放限额)│
     │ 活动的先决条件, │ 技术或管理措施, │ 和技术去碳(如碳 │ 和减排碳资产(基于 │
     │ 也是碳管理活动的 │ 减少碳排放    │ 捕集利用与封存、 │ 自愿核证减排机制)│
     │ 排头兵      │            │ 直接空气碳捕集  │            │
     │            │            │ 等)       │            │
     │            │            │            │            │
     │  ┌──────┐  │  ┌──────┐  │  ┌──────┐  │  ┌──────┐  │
     │  │管理主体│  │  │管理主体│  │  │管理主体│  │  │管理主体│  │
     │  └──────┘  │  └──────┘  │  └──────┘  │  └──────┘  │
     │ 碳排放管理部门, │            │            │ 政府主管部门、审 │
     │ 包括各级政府主管 │ 企业能耗管理部门 │ 政府管理部门   │ 定核证机构、企业 │
     │ 部门,及企业、园 │            │            │ 管理部门等    │
     │ 区等的能源或碳管 │            │            │            │
     │ 理专职部门    │            │            │            │
     │            │            │            │            │
     │  ┌──────┐  │  ┌──────┐  │  ┌──────┐  │  ┌──────┐  │
     │  │管理客体│  │  │管理客体│  │  │管理客体│  │  │管理客体│  │
     │  └──────┘  │  └──────┘  │  └──────┘  │  └──────┘  │
     │ 企业生产经营过程 │ 企业全流程的生产 │ 大气或生产流程中 │ 企业碳管理部门、 │
     │ 中的碳排放活动和 │ 经营活动     │ 的碳排放物    │ 碳排放配额、核证 │
     │ 节能降碳实施效果 │            │            │ 自愿减排项目等  │
     └────────────┴─────────────┴─────────────┴─────────────┘
```

图1 碳管理体系架构

现代管理学之父彼得·德鲁克说:"无量化,无管理;先量化,后决策"。动态精准的碳监测是有效开展碳管理活动的先决条件,也是碳管理活动的排头兵。碳监测的管理主体为碳排放管理部门,既包括各级政府主管部门,也包括企业、园区等的能源或碳管理专职部门,碳监测的管理客体为企业生产经营过程中的碳排放活动和节能降碳实施效果。

工业领域的碳减排主要指的是企业在生产经营活动中,依托一定的技术或管理措施,通过加强能源消耗管理、低碳技术研发应用、改进生产工艺、开发低碳产品、加强资源循环利用等措施减少碳排放。碳减排的管理主体为企业能耗管理部门,碳减排的管理客体为企业全流程的生产经营活动。

碳移除是指经过系列减排管理后，对仍然存在的碳排放物的管理活动。碳移除分为自然去碳和技术去碳，自然去碳主要指的是通过自然过程吸收二氧化碳，如生态碳汇工作等，这些自然过程可以通过合理管理方式增强效用。技术去碳主要指的是基于工程和技术的去碳方案，如碳捕集利用与封存、直接空气碳捕集等。碳移除的管理主体为政府管理部门，碳移除的管理客体为大气或生产流程中的碳排放物。

碳资产又可细分为配额碳资产和减排碳资产。碳配额指的是政府为引导企业减排采用的一种政策手段，政府周期性向企业或者下级政府制定其二氧化碳排放限额，若单位实际碳排放量小于配额，多余碳配额可用于交易，排放限额指标可称为配额碳资产。减排碳资产指的是在核证自愿减排机制（CCER）下对减排项目的确立和量化核证，在 CCER 市场完成碳排核证量的交易。目前，我国碳排放配额与 CCER 碳资产双轨并行，为活跃碳市场提供基础支撑。碳资产的管理主体为政府主管部门、审定核证机构、企业管理部门等，碳资产的管理客体为企业碳管理部门、碳排放配额、核证自愿减排项目等。

（二）数字化碳管理主要框架

数字化碳管理指充分发挥新一代数字技术与碳管理体系架构的耦合效应，以数字技术驱动碳管理创新发展，充分发挥数字技术在碳监测、碳减排、碳移除及资产交易等方面的创新驱动潜能，通过碳相关组织管理与业务管理的数字化变革，促进碳管理组织模式、业务流程优化，实现企业绿色可持续发展价值成效与核心竞争力提升，数字化碳管理基本框架如图 2 所示。

碳监测是碳管理工作的排头兵，为碳管理构筑坚实数据底座。数字化碳管理的碳监测环节依托数字技术，可有效增强碳监测的精准性、客观性、科学性、有效性与便捷性。从各级主管部门来看，以平台作为监测工作的重要载体，加强数字化碳管理公共服务平台的建设与管理工作，是实现科学数字化碳管理的关键基础。碳管理平台可有效承载碳数据采集、存储、规范、分

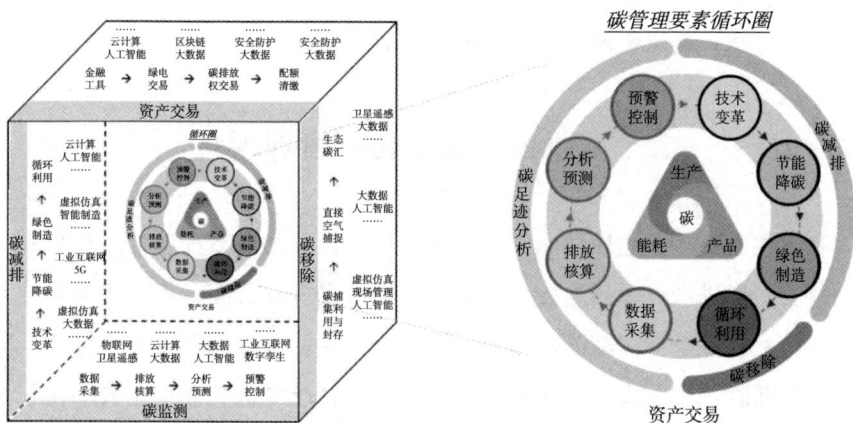

图 2　数字化碳管理基本框架

析、应用等各项功能，当前物联网、云计算、大数据、区块链等数字技术已在碳排放数据采集、核算、分析及预测、预警控制等多个过程开展应用，极大程度上提高了监测过程的实时性并保障了监测结果的可追溯性与准确性。

碳减排是碳管理的关键核心环节，促进企业全流程碳减排是降碳增效的主要途径。依托数字技术赋能管理变革与技术革新，面向微观企业，引导企业做好能源高效利用、清洁能源替代、生产全流程减排技术工艺革新、产品全生命周期减排管理、低碳产品研发等，是碳管理的主要工作。在园区、区域、产业链层面，要进一步做好资源统筹协调，健全绿色供应链，依托虚拟仿真、工业互联网、人工智能等数字技术赋能减排管理与技术变革，深化绿色制造、资源循环利用、绿色供应链产业链构建等过程，加快推进工业绿色低碳转型。

碳移除是夯实减碳成效、践行碳中和的必要补充。在自然移除方面，可充分发挥卫星遥感、大数据、人工智能等新一代数字技术对生态系统的碳储量测算与固碳潜力预测，从而有效干预与提升生态固碳能力。在人工移除方面，基于数字技术模拟自然碳汇过程，并将二氧化碳转化为矿物储存在地下，欧盟正在推动该技术的商业规模部署。

碳资产管理是激活碳管理内生动力的有效举措。区块链、安全防护等数字技术赋能于数字绿色金融、碳排放权交易、碳排放配额清缴履约、绿电交易等多个环节，保障资产交易过程安全高效。

二 工业领域数字化碳管理现状

我国在推进工业领域数字化转型进程中，已取得一系列成效，在提升企业竞争力、促进产业提质增效、服务工业高质量发展方面，新一代数字技术正以蓬勃发展态势持续赋能。当前，在复杂严峻的内外部环境下，绿色低碳发展成为新时代工业发展的新号角、新使命，持续推进工业企业数字化转型与绿色发展的协同发展，是践行新型工业化发展、实现"双碳"目标的重要举措。通过监测碳排放、调整优化产业及能源结构、协同推进节能降碳、提升生态系统碳汇能力等一系列管控措施，减轻温室气体的负面效应，加速推动绿色协调高质量发展，是立足我国工业发展现状践行碳中和战略的有效路径。将数字技术的减碳优势与绿色发展的广阔前景紧密结合，催生绿色低碳发展新业态、新模式、新行业已成为时代发展的必然趋势。当前，我国尚未形成系统全面的数字化碳管理体系，但数字技术与数字化管理思维正渗透在碳管理的方方面面。

（一）"人工报告式"是企业碳监测管理主要方式，大型企业在数字化动态碳监测中率先迈出一步

当前，我国工业碳管理模式仍具有较强的人为性和静态性，主管部门碳管理的主要依据来自企业提交的年度碳排放报告。报告的数据采集与编制核查主要依靠人工完成，导致相关数据的真实性与时效性无法充分保证。碳监测以海量数据采集为基础，数据精准性、动态时效性等方面对数字化、大数据技术水平提出更高的要求。当前，碳监测能力体系建设普遍强调在线监测能力提升，特别是化石能源使用比例较高的企业建立能耗在线监测系统刻不容缓。融合在线监测、遥感等天地一体化技术，充分利用工业互联网、云计算等数字技术有效支撑工业碳监测、核算、报告及核查工作，提供多元化碳

管理产品与服务，是未来碳监测发展的重要方向。从实践层面看，数字化碳监测已涉及区域、城市、行业、园区、企业，乃至社区层面。特别是大型企业，在数字化碳监测管理中率先迈出一步。截至 2022 年 9 月底，我国已有 40.1% 的大型工业企业应用数字化手段实现能源在线实时监控管理，较 2017 年提升 11.4 个百分点，为基于能耗活动的碳排放核算提供重要支撑。浙江省湖州市以数字化为引领，在全国首创"碳效码"，为湖州全市 3700 余家规上工业企业精准画像，直接监测 381 个细分行业和区域整体碳效情况，解决了企业能耗底数不清的问题，助推高质量绿色发展。

（二）碳排放管理分散于重点关键业务环节，数字化碳排放管理体系尚未构建

碳减排方面，重点关键环节数字化碳减排管理基础夯实，但全流程协同数字化碳减排还存在差距。碳排放贯穿于工业产品全生命周期，工业领域通过低碳技术研发应用、改进生产工艺、加强能源消耗管理、优化调整用能结构、加强资源循环利用、实行强制性清洁生产、提高产品质量和合格率等措施减少碳排放；依托大数据、5G、工业互联网、人工智能、数字孪生等技术开展数字化转型，全面提升绿色研发、绿色生产供应、绿色循环等能力。截至 2022 年 9 月底，我国数字化研发设计工具普及率已达到 76.0%，为产业绿色低碳技术研发奠定了坚实基础。生产设备的数字化、网络化是实现精细化碳管理的基础条件，我国生产设备数字化率为 52.4%，数字化生产设备联网率为 45.9%，为碳排放数据采集与分析等过程管理创造良好基础条件。然而，实现智能化生产的工业企业比例仅为 6.4%，产线智控水平低及设备异常主动预警水平低等都可能导致能耗增高，间接加重碳排放负担。

（三）生态碳汇探索实践动态监测，数字化碳汇管理能力亟待加强

通过碳移除降碳是碳管理的有力手段，生态碳汇、碳捕集利用与封存（CCUS）、直接空气碳捕集（DAC）等都是碳移除的主要方法。探索

卫星遥感等新一代数字技术赋能碳移除管理，2022 年我国成功发射生态系统碳监测卫星，加强生态碳汇数据全面、精准的提取、反演及监测，进一步赋能天地空一体化监测服务体系，助力提升生态固碳能力。我国正积极研发与应用草原生态系统碳汇自动监测系统，搭载高精度二氧化碳传感器，利用先进自动控制和物联网技术，实现生态系统尺度碳通量（包括净生态系统碳交换、生态系统呼吸和总初级生产力）的自动测定，为科学评估草原生态环境质量与碳汇功能、开展不同草原类型生态环境和碳汇功能的长期监测提供便利。与此同时，高碳行业的净零排放更依赖负排放技术的革新，因 CCUS 技术在研发及建设过程成本高昂，结合工艺建模仿真技术等数字技术进行碳封存过程模拟，为安全、低成本实现碳封存提供重要支撑。

（四）电力行业碳资产数字化管理成效初显，但企业碳管理内生动力不足

坚持双轮驱动，发挥市场在资源配置中的决定性作用，激发市场活力，是提升碳管理内生动力、着眼长远的有效举措。在地方碳排放权交易试点及全国碳排放权交易市场的注册登记、交易、数据报送等关键环节中，数字技术充分保障系统间有序交互、备灾系统建设、异常交易行为监控、风险预警等过程安全有效运行。我国以发电行业为突破口，将碳减排责任落实到企业，增强企业"排碳有成本、减碳有收益"的低碳发展意识，充分发挥碳定价功能。发电行业已纳入所有地方碳排放权交易试点，2162 家重点排放单位率先纳入全国碳排放权交易市场，截至 2022 年 7 月 15 日，碳排放配额累计成交量达 1.9 亿吨，累计成交额达 84.9 亿元。2022 年 1 月和 5 月，广州电力交易中心和北京电力交易中心分别发布了《绿色电力交易实施细则》，细化了绿电交易的组织、价格、结算、绿证划转等方式和流程，依托区块链加密存储、上链存证的特点，为绿电交易常态化开展提供支持。

三　数字化碳管理路径分析

从数字化碳管理基本结构分析，数字化碳管理的各主要环节涉及对应的管理主客体。不同环节的管理主体既有政府主管部门，也有企业主体，还存在第三方管理机构。但从整体管理架构来看，企业的碳排放管理是数字化碳管理的核心，企业是否能主动进行数字化碳管理，并持续进行下去，从实践中提炼经验，实现循环提升，是数字化碳管理价值成效能否充分展现的关键。本部分尝试梳理分析企业数字化碳管理技术路径，旨在给予企业相关活动参考。

数字化碳管理以基础技术路径为框架，在组织管理部门的支持和引导下，从感知监测、能源管理、控制减排、碳资产管理四个层面建立管理主要流程（见图3）。国内外学者都非常重视量化监测的作用，以感知监测作为碳管理的循环节点，从感知监测出发，指导能源管理与减排控制，在资产管理的内生动力驱使下，实现管理的支持、实施与运行，评测和改进过程（PDCA）。

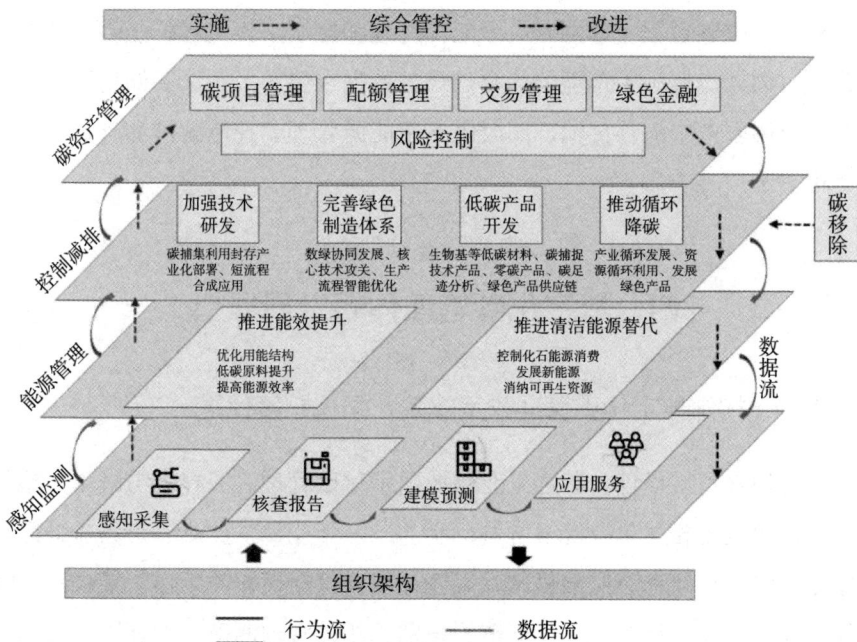

图 3　企业数字化碳管理技术架构

企业在数字化碳管理的感知层，通过建立碳管理服务平台，连接工业设备，实现对能耗、碳排放等情况的可控可管。在感知层，对数据进行标准化、规范化、统一化采集，通过平台搭载的大数据分析、机器学习等各类数字技术类服务，打通各流程的用能监测、设备监管、碳排放核算相关数据的采集、流转、分析和治理，助力企业摸清排放底数，为减排提供目标参考，同时周期性监测也能对控制减排的成效进行量化评估。在能源管理层，数字技术赋能能效提升与清洁能源替代，实现源头上的碳管理。在排放管理层，企业通过发展数字化、网络化、智能化的技术手段，助力企业产业升级和结构优化，通过数字技术深度应用，构建覆盖产品研发、绿色制造、低碳产品开发、资源低碳循环等主要流程的数字化碳排放管理过程。碳资产管理涉及碳项目管理、碳账目分析、碳配额管理、碳资产交易、绿色金融等内容管理，数字技术赋能管理效率提升与安全保障，为碳管理循环提升提供不竭动力。

碳管理路径中包含两条流向，分别为行为流和数据流。行为流展示了管理的实施及改进过程，分别对应于能源管理和控制减排过程，是碳流转的主要载体。数据流展示了管理的评测过程，数据在感知采集、存储传输、计算查询和应用服务中流动传输，同时服务于能源管理、控制减排和碳资产管理等过程。

四　数字化碳管理体系发展展望

（一）构建数字化碳管理政策体系，强化制度保障

一是加强顶层设计。制定工业领域数字化碳管理发展规划与战略实施指导文件，健全各相关单位统筹协调机制。二是强化评估监测、市场监管等机制保障。建立长效动态监测机制，有序开展评价反馈相关工作。推动建立基于数字技术的碳数据核查、数据造假识别等相关管理制度，发挥数字技术在碳市场运行监督、预警决策等方面的积极作用。三是完善安全保障机制。建

立碳数据开发利用、产权隐私保护、行业公共安全等相关基础制度和要求规范，为数据要素市场化配置提供制度保障。

（二）加强数字减碳技术研发创新，全流程推动绿色制造与绿色产品供给

一是加大减碳核心技术研发创新。依托数字技术在仿真模拟、并行计算、多目标决策等方面的优势，助力重点行业减碳技术研发及关键项目攻关。二是提升工业全链条碳减排成效。深入实施智能制造，推进企业智能化、绿色化转型，持续推动工艺革新、装备升级、管理优化和生产过程智能化。三是保障绿色低碳产品服务供给。推动开展低能耗、平台化、智能化研发与生产制造活动，基于数字技术推行绿色产品认证与产品碳足迹核算，加大绿色低碳产品推广力度。

（三）健全数字化碳管理服务体系，全面提升服务质量

一是加强标准体系建设。建立健全工业低碳数字化改造、碳数据采集、碳数据接口、碳监测平台建设、数字化碳计量等相关标准，形成统一的数字化碳管理标准体系。二是培育智库咨询服务体系。发挥机构智库职能，推进数字化碳管理相关理论研究，有序开展评估调研与数字化碳管理水平监测工作，支持数字化碳管理场景构建及整体解决方案供给，形成"诊断对标—工程实施"的闭环服务体系。三是发展数字绿色金融服务。建立健全工业领域数字化碳管理指导目录和项目库，加大金融产品对工业绿色发展和企业低碳数字化转型的支持力度，扩大绿色信贷投放，满足企业差异化融资需求。四是培养复合型人才。开展数字化碳管理相关培训，增强融合发展共识与认知素养，畅通复合型碳管理人才培养发展渠道。

（四）创新生态体系构建，开展国际交流合作

一是促进多方合作。联合行业协会、科研院所、企业等组建创新联合体，推进数字化碳管理领域关键技术协同攻关和研发创新。二是打造试点示

范。系统梳理数字化碳管理的典型示范案例，打造行业标杆样板，推进碳管理场景标准化建设。三是构建开放生态。推动建设数字化碳管理公共服务平台，汇聚行业碳管理智能产品、解决方案供应商以及平台服务商等资源，有效推进供需匹配对接。四是深化国际交流合作。围绕数字化碳管理技术创新、成果转化、政策标准等方面开展交流，充分发挥数字技术在全球碳监测方面的积极作用，增强碳管理国际话语权。

参考文献

郭朝先：《2060 年碳中和引致中国经济系统根本性变革》，《北京工业大学学报》（社会科学版）2021 年第 5 期。

吴宏杰编著《碳资产管理》，北京联合出版公司，2015。

李昕、肖思瑶、周俊涛：《我国碳排放数据整合与应用的国际比较》，《金融市场研究》2022 年第 1 期。

张凯、王冠：《碳监测评估信息化发展的战略导向、体系架构及应用探索——基于科技支撑"双碳"目标的前瞻性思考》，《企业经济》2023 年第 1 期。

陈善荣、陈传忠、文小明、胡天洋：《"十四五"生态环境监测发展的总体思路与重点内容》，《环境保护》2022 年第 Z2 期。

刘刚、孙毅、袁芳：《碳监测评估信息化的体系架构与应用探索》，《科学发展》2022 年第 8 期。

理 论 篇
Theory Section

B.3

标识解析技术在碳管理领域的
应用场景研究

孟琦　师丽娟　赵珏昱　张宏博　苏泳睿*

摘　要： 在工业领域积极开展碳管理，是立足我国工业发展现状，面向高质量发展与新型工业化发展目标，践行绿色发展理念的必选项。然而，当前工业碳数据相对分散，缺乏统一标准，无法实现对生产和管理全范围能耗和碳排放、产品碳足迹的高效管理，碳减排目标管理、监督和预测预警等决策缺乏有效支撑。标识解析体系在整合处理产业链的复杂数据、打通数据孤岛、打消信息共享顾虑、构建数据资源池、保护关键数据等方面具有显著优势。针对

* 孟琦，国家工业信息安全发展研究中心信息化所高级工程师，从事"双碳"、两化融合、数字化转型等相关领域研究；师丽娟，博士，国家工业信息安全发展研究中心信息化所高级工程师，从事"双碳"、两化融合、工业互联网、数字化转型等相关领域研究；赵珏昱，国家工业信息安全发展研究中心信息化所工程师，从事数字化转型、工业互联网、两化融合等相关领域研究；张宏博，博士，国家工业信息安全发展研究中心信息化所工程师，从事"双碳"、两化融合等相关领域研究；苏泳睿，博士，国家工业信息安全发展研究中心信息化所工程师，从事数字化绿色化协同转型发展（双化协同）、产业数字化转型相关领域研究。

当前数字化碳管理需求，本文分析梳理了碳监测、碳足迹分析、碳产品认证、碳资产管理和碳数据安全治理五种典型场景，为标识解析技术在碳管理领域的应用提供了思路。

关键词： 标识解析技术　数字化碳管理　工业碳数据

当前，数字经济迎来高速发展浪潮，"双碳"目标对产业发展提出高质量要求，在此背景下，数字化与绿色化呈现新的时代特征。将数字技术的减碳优势与绿色发展的广阔前景紧密结合，有利于发展效率更高、品质更优、效益更好的绿色低碳新品类、新模式、新业态。《关于完整准确全面贯彻新发展理念做好碳达峰碳中和工作的意见》明确指出，要"推动互联网、大数据、人工智能、第五代移动通信（5G）等新兴技术与绿色低碳产业深度融合"。

一　我国工业领域数字化碳管理面临的挑战

从流程上讲，碳管理是涵盖碳监测、碳减排、碳移除、碳资产管理等过程管理的综合管理体系，其中碳监测、碳减排、碳移除是碳排放管理的核心对象与内容，碳资产管理是碳排放管理的有效补充，是激发碳排放管理内生动力的有力保障。高质量的碳数据资源与信息集成互联是工业领域推进数字化碳管理的基础，然而，当前高质量的碳数据获取、流通与共享仍存在一定壁垒。

（一）工业领域全产业链碳信息获取难度大

绿色低碳供应链是绿色制造体系的一个重要环节，产品从生产到使用全生命周期碳排放量的监测模式、核算约束边界、数据计量方法等缺乏统一标准，绿色产品认证与标识体系尚不健全，工业全产业链碳信息难以获取并得到有效利用。《工业领域碳达峰实施方案》中明确指出，要"构建绿色低碳供应链"，支持汽车、机械、电子、纺织、通信等行业龙头企业，在供应链整合、创新低碳管理等关键领域发挥引领作用，加快推进构建统一的绿色产品认证与标识体系，推动供应链全链条绿色低碳发展。

（二）碳数据要素流通机制尚未形成

当前碳数据权属问题未全面厘清，难以构建跨企业、跨行业、跨区域的碳数据资源池，上下游流通机制尚未形成，产品碳足迹核算、全生命周期碳排放基础数据库构建等仍待持续推进。当前，我国正积极出台数据开放与共享、数据权利与保护、数据跨境流动、数据要素市场化等相关政策，进一步强化数据安全保障，加快数据要素市场化配置，碳数据也是其中重要一环。《工业领域碳达峰实施方案》中指出，要"建立数字化碳管理体系"，打造重点行业碳达峰碳中和公共服务平台，建立产品全生命周期碳排放基础数据库。

（三）碳数据共享安全基础薄弱

数据作为新型生产要素，是数字经济发展的底座。数据安全将影响数字经济底座的牢固性，是国家安全的重要组成部分。碳数据关系到企业资源投入、生产制造等基础性信息。受限于数据安全保障机制不健全，当前企业数据共享意愿不高，亟待在数字技术保障下持续完善相关机制。2021年9月1日，《中华人民共和国数据安全法》正式施行，此项立法进一步确保了数据处于有效保护和合法利用的状态，使个人或组织在数据开发利用中的合法权益得到保护，进一步维护了国家主权、安全和发展利益。基于此，碳数据方面也亟须采取技术与管理双管齐下的方法，提出系统化的应对措施和解决方案，并制定相关标准和实施办法。

二 标识解析赋能碳管理技术优势

（一）标识解析体系概述

新一轮科技革命和产业革命汹涌袭来，5G、大数据、人工智能、互联网等信息技术不断发展突破，产业应用显著增强，辐射到世界上各个国家和地区，影响广度和影响深度前所未有。当前我国积极推进新型工业化进程，不断加强数字技术在工业发展中的融合应用，高度重视工业互联网体系的建设与发展，积极顺应技术与产业变革，融入全球主要国家抢占产业竞争制高点、重塑工业体系的发展行列。其中，标识编码和标识解析技术是工业互联网体系的基础底层技术，是承载信息资源互通、实现共享协作的关键技术之一。

标识解析体系是实现工业全要素、各环节信息互通的关键枢纽。通过给每一个对象赋予标识，并借助标识解析系统，解决数字对象的标识、解析、数据管理及安全管理问题，实现信息跨行业、跨地域、跨环节的全面互联、共享使用和安全管理，从而可以实现全球体系下的供应链系统、生产系统、消费系统的对接，推动智能化生产、个性化定制、产品追溯及全生命周期管理，提升数据的有效性、丰富利用方式并提高利用价值。

标识编码为物品、信息、设备等赋予唯一标记。工业互联网中的标识是识别和管理物品、信息、机器的关键基础资源，可对工业全流程对象使用字母、符号、数字等构建规则进行唯一编码。标识技术类似于互联网中的域名解析系统（DNS），面向物品对象、数字对象等进行唯一标记并提供信息查询的功能，进而发展成一种底层的信息架构。目前主流的标识技术有Handle、OID（object identifier，对象标识符）、Ecode（entity code for IoT，物联网统一标识体系）、Epc、UCode等。

解析技术实现从标识到地址的映射，进而丰富查询、分析等功能。标识解析是指根据标识编码查询目标对象网络位置或者相关信息的过程，解析技术体系包括分层模型、通信协议、数据格式、安全机制。标识解析系统主要包括互联网域名解析系统DNS、EPC标识解析系统ONS、OID标识解析系统ORS、Handle标识解析系统和基于区块链的分布式解析系统。其中DNS、ONS和ORS均为树形结构，解析技术较为成熟，Handle和区块链为分布式架构，具备更高的安全可靠性和网络管理效率。

（二）标识解析技术应用现状

工业互联网以标识解析体系为纽带，标识解析体系以国家顶级节点为中枢，上联国际根节点，下联二级节点及企业节点，如图1所示。自2018年以来，我国工业互联网标识解析体系从无到有、从小到大，武汉、广州、重庆、上海、北京、南京、成都七地先后建成上线，"5+2"国家顶级节点全面建成，全国累计标识注册量突破2139亿，日解析量1.2亿，服务企业超20万家，覆盖29个省（区、市）和38个重点行业。自主创新、开放融通、安全可靠的标识解析体系为工业互联网全要素、全产业链、全价值链全面连接开启新篇章。《工业互联网创新发展行动计划（2021—2023年）》中明确部署"标识解析增强行动"重点任务，实施工业互联网标识解析体系增强工程，持续建设标识解析节点，加强标识规模化应用推广，推动主动标识载体规模部署，加强标识产业生态培育。

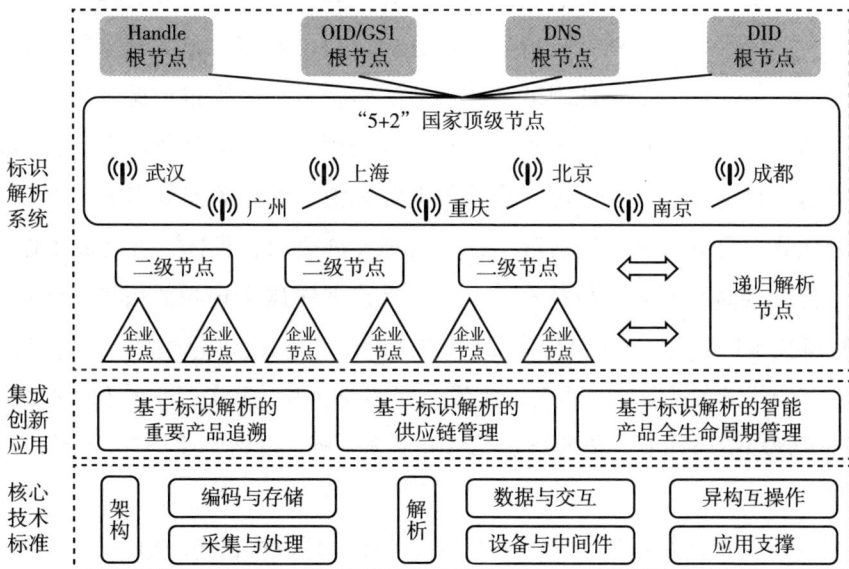

图1　工业互联网标识解析体系

标识解析技术在工业领域产品全生命周期管理及产业链上下游协同方面发挥着重要作用。从产品维度看，由原材料、零部件到产品到最后退役回收，整个流程的时间与地域跨度很大，以往想要实现各环节的数据集成与共享难度极高。基于标识解析技术，可以将各环节的底层标识数据打通，实现过程数据采集并对数据进行分析应用，便于企业开展全生命周期的产品管理，打通由生产到售后的管理与服务。从产业链维度看，大型企业对于上下游中小型企业的吸收及辐射作用突出，依托大型企业领先构建的标识解析体系，对供应商体系的中小型企业形成约束，有利于创建企业产品基础数据标识与共享机制，促进上下游协作共通，提升行业整体竞争力。

（三）标识解析赋能碳管理技术优势

高效开展碳管理有利于促进工业全行业的生产方式转型优化，进一步提高资源配置效率，促进企业技术创新与价值创造。当前，在碳管理方面仍面临碳数据汇聚、监测、追溯、智能分析等多种核心能力支撑不足的问题，为加快助力政府精准决策、成效分析、评估监测、异常预警等方面工作，推进数字化赋能节能减碳工作落地实施，亟须加快布局提升工业领域碳管理能力。Handle标识解析体系在整合处理产业链的复杂数据、打通数据孤岛、打消信息共享顾虑、构建数据资源池、保护关键数据等方面具备显著优势，可有效针对当前数字化碳管理发展要求，支撑开展相关工作。

利用Handle标识解析技术可关联汇聚产业链碳管理相关信息。依托标识解析技术可实现关键碳数据资源的快速定位、信息获取及溯源分析，有效掌握全产业链各采集节点位置、来源、状态演变及关联关系，有利于挖掘产业链碳管理薄弱环节，精准开展产品碳足迹分析，助力工业全链条绿色低碳转型。

利用Handle标识解析技术可有效打通碳管理数据孤岛。DOA/Handle应用于碳管理数据共享交换，可以有效解决传统共享交换方式存在的技术局限性，基于分布式架构实现全网信息共享横跨碳管理多领域，利用身份验证和授权统一控制，模式灵活且复用性强，借助多维度碳数据信息，精准摸清碳家底。

利用 DOA/Handle 系统可构建碳管理业务数据资源池，支撑逻辑应用。依托 DOA/Handle 系统构建的虚拟数据资源池及其核心功能，可实现跨系统碳数据查询、不同系统间碳数据比对、引用其他系统碳数据、从其他系统同步碳数据、跨系统碳数据统计与分析等，高效支撑数字化碳管理实践应用。

利用 Handle 标识解析技术可有效保护碳管理关键数据信息。Handle 系统基于身份验证的数据访问和操作及集成国密算法，可有效解决数据关键信息保护问题。同时按照访问控制权限对碳信息资源的不同级别授权访问，阻止数据资源越级或非法使用，有效实施碳资产与碳数据安全治理。

三 碳管理标识解析技术应用场景研究

（一）碳监测

监测核算碳排放量是摸清碳家底、寻找降碳环节、开展各项减排工作的基本前提，也是促进碳排放权交易活动客观公正的关键保障。当前，国内外通常采用排放因子法、质量平衡法和实测法等进行碳排放量的统计与核算。其中，排放因子法大多适用于宏观层面的核算，如国家和省区市范围等，部分微观层面的粗略估算也使用该方法，主要基于煤炭、石油、电力等能源消耗活动结合对应排放因子进行计算，但受限于不同区域能源品质差异、燃烧效率不同等，排放因子需要精准校核，否则碳排放的统计核算结果将与真实情况产生较大偏差。质量平衡法更适用于工业流程的碳排放核算，如脱硫过程排放、化工生产企业过程排放等，该方法是基于具体设施和工艺流程进行的碳质量平衡核算，可以对不同设备及不同过程精细化计量。实测法采用传感器对实时排放烟气进行成分测量，计算汇总得到碳排放量，相比核算法更加准确，但目前尚未开展大规模应用，仅在局部试点城市、企业布设监测设备采集数据。

《关于加快建立统一规范的碳排放统计核算体系实施方案》中指出，要加强碳排放统计核算信息化能力建设，推进5G、大数据等现代信息技术的应用，优化数据采集、处理、存储方式。依托标识解析体系规范性强、编码体系固定等优点，在用能监测、排放实测和统计核算过程中，对相关设备、系统、信息等进行标识编码，打通底层标识数据，实现规模化能耗及碳数据采集与共享，开展数据分析应用，高效赋能应用端的能耗综合分析、碳数据采集与管理等场景。企业基于标识解析工作统一部署安排，为碳监测相关用能设备、采集终端、电表/流量计等元器件、日志文件信息等提供唯一标识编码，以条形码、二维码、RFID、NFC、文本或二进制数字信息等形式作为承载标识编码资源的标签，结合设备使用及监测情况开展碳数据统计、核算等工作。

（二）碳足迹分析

当前碳管理领域在新能源、新材料、水处理等环保产业大力推进新型技术攻关、示范和产业化应用，在研发相关技术、建设科技创新平台等领域进入发展快车道。碳管理中开展碳足迹分析作为必要环节可为"双碳"规划提供科学有力的依据支撑，推动碳管理手段措施有效发展。

碳足迹指标注重从产品、个体、组织等角度衡量整个生命周期的碳排放量，通常使用跟踪追溯、量化评估等方式进行审核与监测。按应用层次的级别进行划分，可分为个人、产品、企业、地区、国家等多级别碳足迹汇聚管理。Handle 标识解析技术可在碳数据的采集标识、汇聚分析、解析管理等应用全过程中进行数据行为标签记录存储，便于对碳足迹在产品、企业、地区性等多维度的操作行为、业务备注等进行全面的行为监测，在此基础上可完成碳足迹数据实时监控、整体碳排放数据趋势分析。后续可配合碳管理数据探针的应用搭建，对数据操作的具体行为（包括动态业务在内）等进行合理的汇聚分析和审计管理，进一步完善在工业行业各领域、各应用中不同业务的碳数据画像及关系谱图建设，加深对碳数据排放趋势变化的感知与掌握，从而协助建设碳行为评估管理能力，有助于后续的碳数据智能关联分析、态势感知等"双碳"目标治理研究方向的工作推进。

因当前碳排放数据涉及范围广泛，在进行碳足迹数据汇聚分级时需考虑多方融合，数据跨行业、跨区域复杂传输流动等行为模式。可应用标识解析数据溯源技术实现数据状态演变及传输路径的追溯，掌握数据控制管理权及当前领域定位来保障数据治理，追溯流程贯穿数据应用共享全过程，有助于实现全生命周期碳足迹分析。

（三）碳产品认证

2015 年，我国更新颁布了《节能低碳产品认证管理办法》，组织开展节能产品认证和低碳产品认证工作，旨在提高用能产品以及其他产品的能源利用效率，改进材料利用，控制温室气体排放等。节能提效是工业绿色低碳转型、推动高质量发展的重要抓手。工业绿色技术装备产品供给不断丰富，党的十八大以来，工信部已累计推荐节能技术装备产品 3561 项、节水工艺技术装备 353 项、工业资源综合利用先进适用工艺技术及装备 350 项，推广近 2 万种绿色产品，培育国家绿色数据中心 153 个，逐步构建起从基础原材料到终端消费品的全链条绿色产品供给体系。然而，目前在绿色产品认证过程中，还存在碳信息不透明、全流程碳数据缺失等情况，难以开展全面综合的产品碳评估。

充分利用标识解析体系信息容量大、纠错能力高、编码范围广、可加密编制、解码可靠性强等优点，对原材料、零部件、产品等进行碳标识编码，将生产信息（生产步骤、生产原材料、供应商等）和碳信息整合、赋码、编排并喷印到产品表面形成身份代码，并使之随生产过程扫描录入数据库，可起到追溯、防窜货、防伪等作用。在开展产品认证工作时，直接调取末端碳信息，即可读取全流程碳数据，助力实现产业链绿色化、协同化发展。

（四）碳资产管理

从广义上理解，政府分配的碳排放配额、企业的零排放或减排项目产生的减排信用额都可以作为碳资产。在碳排放权交易机制下，碳资产可在全国碳排放权交易市场或地方碳排放权交易试点中进行履约交易，为企业带来经济效益。碳资产管理的核心在于提高配额持有量、控制排放量、缩小配额缺口，在确保配额量能够满足履约要求的前提下控制履约成本。当前，统一、规范的碳排放数据监测计量、核算、报告、核查等技术规范体系尚不健全，未能实现全面的碳排放及相关数据信息化存证溯源、数据在线交叉验证、在线核查、异常数据精准识别和预警等功能。

以碳数据信息采集、安全存储为切入点，针对相关数据离散分布、异构信息存储管理困难等情况，利用 Handle 技术构建分布式的业务数据及碳资产数据存储及信息关联管理模式，支持在数据采集层面进行对数据的标识、存储、管理及审计，可在各个采集业务单元之间更好地收集信息并建立信息间的关联关系，通过预先定义好的元数据标准，建立数据安全黑白名单，保障关键数据质量及其可追溯性。同时，提供多领域、多地域的分层分级的数据分布式存储能力，构建统一的逻辑资源池，实现全网信息共享，有力保障数据资源池的完整性、统一性和可追溯性，针对敏感信息可采取加密存储的方式确保数据存储安全。

（五）碳数据安全治理

《网络安全法》《数据安全法》相继颁布实施，构建了国家数据安全法律框架体系和工作组织体系，党中央、国务院高度重视数据安全工作，并作出了系列部署安排，数据安全已经成为总体国家安全观的重要组成部分。碳数据作为与我国整体生产水平、生产能力密切相关的要素之一，在一定程度上可以反映我国整体经济水平、核心生产及重要能源情况，一旦发生数据泄露、数据篡改等，将会造成严重后果，甚至可能直接影响国家层面的战略规划部署。但是目前碳数据管理体系方面存在管理监督体制不完善、数据安全风险点多难以全面保障等问题，尤其是针对碳排放数据测算与申报、碳足迹汇聚等相关数据的安全保障措施存在不足。

加强碳数据安全治理保障能力主要通过采取边界防护、身份认证、访问控制、入侵检测等一系列防护措施，并结合人工智能、区块链等新兴技术定制智能化数据安全策略。标识解析技术本身具备的自主安全管理、辅助数据追溯、灵活访问控制等特性，可与深化数据安全保障能力的研究方向良好结合，发挥其优势作用；应用到数据采集识别、建模分析、追本溯源等碳数据管理生命周期的各项环节中，强化了数据安全策略及行为支持的指导能力，在数据安全的治理工作中发挥了关键作用，具备极高的发展价值。

基于 DOA/Handle 标识解析体系全球统一标识、独立解析、数据安全管理等优势特性，建设推动碳管理涉及的相关行业内外统一信息交互和共享的数据安全底座，以此为基础，打破"各自为政"的碳数据源壁垒，统筹建立行业业务数据标识解析机制、贯通产业信息链条，逐步构建碳管理标识智慧网络，支撑和融通新能源产业的数字化进程。

碳数据安全治理应以碳资产相关数据安全防护为核心，在国家政策法规和标准规范的指导下，结合当下碳数据实际，开展合理有效的数据安全防护治理，完善碳数据分类分级体系并利用标识解析技术在分级防护的原则下采取防护力度更细、针对性更强的防范措施，以满足数据采集、存储、加工等全生命周期下的安全保护要求，强化落实碳数据风险监测、预警等安全治理能力。

四　结束语

党的二十大报告中指出，要"积极稳妥推进碳达峰碳中和"，正确认识到实现碳达峰碳中和是一场广泛而深刻的经济社会系统性变革，要立足我国能源资源禀赋，坚持先立后破，有计划分步骤实施碳达峰行动。工业是我国国民经济的主导，加快推动工业领域数字化与绿色化发展，是我国深度融入国内国际双循环，践行制造大国绿色发展责任的重要战略举措。基于标识解析在智能化产品追溯、企业协同生产综合管理、远程在线运维等方面的应用基础，下一步，行业企业将进一步强化落实数字化碳管理工作，充分发挥标识解析技术优势，加速打造融通发展的碳管理新格局。

参考文献

《工业和信息化部 发展改革委 生态环境部关于印发〈工业领域碳达峰实施方案〉的通知》，中国政府网，2022 年 7 月 7 日。

《中华人民共和国数据安全法》，2021 年 6 月 10 日，http：//www.npc.gov.cn/npc/c30834/202106/7c9af12f51334a73b56d7938f99a788a.shtml。

倪东、霍如、张钰雯、黄韬：《新型标识解析技术研究》，《信息通信技术与政策》2022 年第 10 期。

刘锐、杨灵运：《工业互联网标识解析的行业应用与实践》，《中国集体经济》2021 年第 1 期。

《重庆忽米沄析：工业互联网标识解析的常见应用》，2022 年 5 月 9 日。

国家工业信息安全发展研究中心：《数字技术赋能重点行业碳管理技术架构白皮书（V1.0）》，2022 年 12 月。

《标识解析技术是工业互联网和智能制造核心推动力》，广州物联网研究院官网，2023 年 2 月 3 日。

国家工业信息安全发展研究中心：《工业领域碳管理标识解析技术应用路径研究报告》，2023 年 1 月。

国家认监委：《节能低碳产品认证管理办法》，2015 年 9 月 17 日，https：//www.cnca.gov.cn/zwxx/bmgz/art/2017/art_ 2f1561d802da49ccb4f281373359371c.html。

《工信部举行"新时代工业和信息化发展"系列发布会（第八场）》，工业和信息化部网站，2022 年 9 月 16 日。

中国信息通信研究院：《工业互联网标识解析应用案例汇编》，2021 年。

B.4
"双碳"目标导向下光伏供应链
降碳路径与政策研究

顾佰和　于东晖　陈　卓　师丽娟*

摘　要： 光伏产业在推动可再生能源发展、经济社会绿色低碳转型中具有
重要作用，然而光伏产品在生产过程中并非零碳，其部分供应链
环节能耗和碳排放都比较高，全球光伏供应链总排放从 2011 年
至 2021 年增长了 4 倍。基于此，本文首先从产品结构角度梳理
了光伏供应链的构成，并深入分析了行业低碳发展现状。其次从
"双碳"目标要求、绿色竞争力提升与高质量发展角度剖析了光
伏供应链降碳的必要性，之后研判了行业当前面临的障碍与挑
战。最后从用能结构调整、产业布局优化、技术创新、循环利
用、标准完善等方面提出了光伏供应链的降碳路径与建议。

关键词： 光伏供应链　晶硅光伏　绿色低碳　标准体系

中国能源系统的碳排放占全部碳排放的 80% 以上，要实现碳中和目标，
加速能源低碳转型势在必行。能源生产端需要实现可再生能源对化石能源的
逐步替代，光伏产业在推动经济社会绿色低碳转型发展，实现碳达峰、碳中
和目标中大有作为。2022 年，我国光伏行业总产值突破 1.4 万亿元，光伏

---

* 顾佰和，中国科学院科技战略咨询研究院副研究员，博士，从事能源与气候领域研究；于东
晖，中国科学院科技战略咨询研究院，从事"双碳"产业研究；陈卓，中国科学院大学公共
政策与管理学院，从事"双碳"产业研究；师丽娟，国家工业信息安全发展研究中心信息化
所高级工程师，博士，从事"双碳"、两化融合、工业互联网、数字化转型等相关领域研究。

组件产量 288.7GW，占全球产量的八成以上；光伏产品（硅片、电池片、组件）出口额超过 512 亿美元，约占我国出口总额的 1.4%。①

光伏产业是我国战略性新兴产业的重要组成部分，为加速中国乃至全球绿色低碳转型进程提供了有力支撑。但需要注意的是，光伏产品在生产过程中并非零碳，其部分供应链环节能耗和碳排放较高。全球范围内，光伏供应链的碳排放量在 2011~2021 年增长 4 倍，达到 5190 万吨，相当于全球碳排放总量的 0.14%。根据国际能源署的预测，2030 年全球新增光伏装机量将达到 650GW，光伏行业未来仍将在很长一段时间内保持高速增长，推动光伏供应链的低碳发展势在必行。

一 光伏供应链绿色低碳发展现状

（一）光伏供应链概述

光伏分为晶硅光伏和薄膜光伏，2022 年超过 95% 的光伏装机来自晶硅光伏。晶硅光伏又分为多晶硅和单晶硅，2022 年单晶硅片的市场占比超过 97.5%。

典型的晶硅光伏供应链从多晶硅料开始，多晶硅料经过铸锭拉棒环节生产出单晶硅棒或多晶硅锭，硅棒和硅锭经过切片形成硅片，硅片加工成相应的电池片，多个电池片串联在一起，与塑化剂、玻璃叠成多层，外置铝框，加工成组件。光伏组件放置在钢架等上面，加装逆变器，就构成了光伏发电系统，如图 1 所示。

（二）光伏供应链低碳发展现状

全球光伏供应链总排放从 2011 年至 2021 年增长了 4 倍，上升趋势明显，2021 年碳排放已经占到碳排放总量的 0.14%。

---

① 《2022 年光伏产业规模持续增长》，《人民日报》2023 年 2 月 17 日，第 3 版。

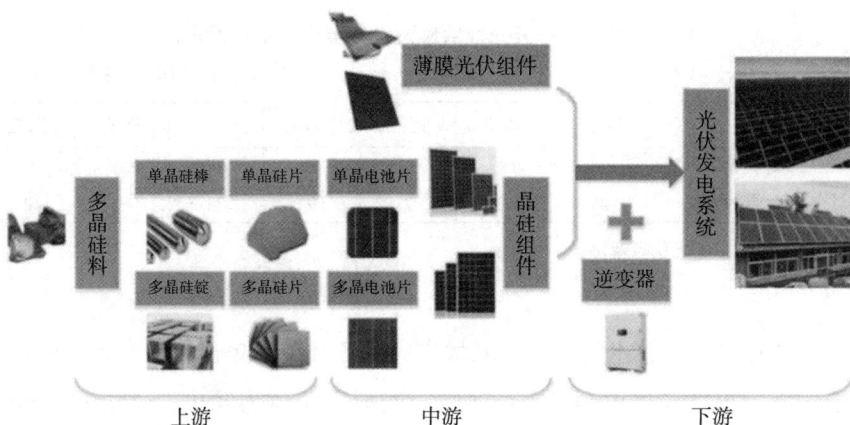

图1 光伏供应链构成

图片来源：中国光伏行业协会。

晶硅光伏的供应链存在多个能源密集环节，其中多晶硅生产、铸锭拉棒为能耗最高的两个环节。多晶硅生产需要长时间高温来熔化石英、提取硅并将其精炼到太阳能电池所需的纯度水平，其碳排放约占光伏供应链的30%～37%。铸锭是电力密集型生产环节，因为也需要长时间的高温加热，这个环节的能耗仅次于多晶硅生产，其碳排放约占整个光伏供应链的16%～24%。切片环节的碳排放较低，仅占整个光伏供应链的2%～4%。电池片环节排放占比9%～11%。组件环节排放占比24%～36%，但组件生产过程耗能较少，大部分电力用于自动化机械工作，这个环节超过80%的碳排放来自组件使用的辅料。

2020年全球晶硅光伏的全生命周期温室气体平均排放量为52～53g CO_2/kWh。中国制造晶硅光伏的排放量略高于全球平均水平，主要因为中国多晶硅生产、铸锭拉棒两个环节的碳排放水平较高。2020年中国光伏供应链各环节碳排放量如表1所示。近年来，随着规模化学习、生产工艺的改进等，中国光伏供应链各环节，尤其是多晶硅制造的能效有较大提升，其生产综合能耗从2015年的11.8 kgce/kg-Si降低至2022年的8.9kgce/kg-Si，多晶硅生产综合能效提升24.6%。

表1　2020年中国光伏供应链各环节碳排放量及占比

单位：kg CO_2 eq/kWp，%

项目	多晶硅	铸锭	切片	电池片	组件	运输	回收
碳排放量	300	189	20	69	196	25	13
排放占比	37	23	2	9	24	3	2

资料来源：中国光伏行业协会。

未来随着生产技术的进步，光伏供应链各环节的单位能耗和碳排放将会不断下降。2022年中国多晶硅企业综合能耗平均值为8.9kgce/kg-Si，预计到2030年可降到7.2kgce/kg-Si。2022年P型PERC电池片电耗为5.3万kWh/MW，到2030年有望降至3.5万kWh/MW。未来组件电耗随着电池效率的提升以及组件的大功率化等也呈下降趋势。

二　光伏供应链降碳的必要性

（一）促进"双碳"目标加速实现

全球范围内，光伏装机从2011年的69GW快速增长到2021年的942GW，与此同时，整个光伏供应链的碳排放量在2011年至2021年几乎增长了4倍，达到5190万吨。由于材料利用率和能源效率的提高以及化石燃料发电量占比的下降，光伏制造业的碳排放强度在过去10年中下降了近45%，如果没有这些改进，2021年光伏产业的总碳排放量将增长1倍以上。

当前全球能源低碳转型的趋势已经明确，未来光伏装机将继续保持高速增长。根据国际可再生能源署预测，2050年全球光伏累计装机量将达到8519GW。当前光伏供应链还有很大的降碳空间，技术进步将进一步促进光伏供应链碳强度的降低，这将对我国"双碳"目标的实现，以及全球低碳转型提供有力支持。

（二）打造全球绿色竞争力

目前中国主导全球光伏供应链，2021 年中国在光伏制造各个环节的全球产量占比均在 75% 以上。目前，欧美国家已经将光伏行业发展作为保障未来国家能源安全的重要因素之一，纷纷出台政策措施推动光伏本土制造、分散全球供应链，同时正在围绕碳足迹推动形成新型绿色贸易壁垒。

欧盟正在制定一系列绿色标准，提高光伏等产品的市场准入门槛，这对中国光伏产业势必产生新的冲击。2022 年 3 月，欧盟委员会通过了《可持续产品生态设计法规》的草案，草案提出以往从未有过的生态设计要求，其中就包括将规定统一的产品碳足迹核算方法。后续光伏产品进入欧盟很可能面临严格的碳足迹门槛，这将对中国光伏产品的优化提升提出较高的要求。2022 年 3 月，欧盟委员会正式发布《净零工业法案》和《关键原材料法案》。《净零工业法案》旨在确保到 2030 年欧盟所需的清洁技术至少 40% 在欧盟内制造，光伏被指定为八种"战略性零碳"技术之一。《关键原材料法案》旨在确保欧盟能够获得安全、多样化、负担得起和可持续的绿色技术制造关键原材料供应，欧盟的目标是到 2030 年至少提取其使用的 10% 的关键原材料，加工其使用的 40%，回收其使用的 15%，以及确保其任何一种战略原材料对单一国家的依赖程度不超过 65%。长期来看，两个法案将会促进欧盟对净零技术的投资且提高其技术竞争力，降低欧盟对于关键原材料和光伏进口的依赖。

美国也在力图通过扩大补贴，激励本土光伏产业发展来保持美国在全球市场中的竞争力。2022 年 8 月，美国众议院通过《通货膨胀削减法案》，法案计划投资 3690 亿美元用于应对气候变化，将重点支持电动汽车、光伏、储能等清洁能源产业的发展，根据是否满足额外条款对光伏项目给予最低6%、最高 70% 的税收抵免，《通货膨胀削减法案》将刺激对美国本土光伏产业的投资，提升供应链产能。

欧美的绿色贸易壁垒以及提振本土光伏制造业的决心对中国光伏行业提出了更高层次的要求。中国光伏供应链应进一步加速技术进步和新技术产业化的步伐，避免高耗能、高排放的路径锁定。一方面，为了应对欧美等随时可能实施的多种形式的"绿色贸易壁垒",另一方面,构建可持续光伏供应链也将保持和强化中国光伏产业的"绿色竞争力",持续引领全球绿色产业发展。

（三）光伏供应链高质量发展的要求

生产晶硅光伏是一个资源、能源密集型过程,材料和能耗成本是光伏供应链成本的最主要组成部分。能源成本不同是关键国家和地区之间光伏组件成本差异的重要原因,尤其是对于多晶硅、铸锭和硅片而言,硅片电力成本占生产成本的近20%,多晶硅则占40%以上。

降低光伏组件生产成本,技术发展方向是提高效率、提高能效、减少浪费,这与光伏供应链降碳是协同一致的。过去40年全球光伏组件价格下降了两个数量级以上,2010～2021年,光伏平准化度电成本下降了88%,成本的下降一方面是由于规模效应和光伏组件效率的不断增强和提升,另一方面来自光伏供应链能源效率的提升以及材料使用强度的不断降低。2011～2021年,光伏组件产量增加了6倍多,但由于晶硅生产过程中实现了节能,满足生产所需的能源仅为原来的4倍。以西门子技术为例,过去10年,其能耗和材料效率显著提高,能源利用效率提升了约50%,其中12%来自直接能耗节约,39%来自材料效率的提升、减少和废物再利用。如果没有这些改进,2021年多晶硅生产能耗可能会至少翻一番。光伏供应链降碳节材技术实现了巨大的经济效益,在促进光伏生产能耗以及碳排放下降的同时,也可以降低材料消耗与用能成本,因此光伏供应链降碳与高质量发展的内涵高度一致。

三　光伏供应链降碳面临的障碍与挑战

（一）光伏供应链的用能结构中煤炭占比较大,使用可再生能源较少

根据国家统计局公布数据统计,2021年我国多晶硅生产企业前10中有

6家位于新疆、内蒙古，两地总产量达到46万吨，占全国总产量的74%，这两个省份的电力结构中煤电发电量占比均超过80%。据中国光伏行业协会统计，2022年来新增的多晶硅产能仍有超过一半集中在新疆、内蒙古。2021年中国铸锭拉棒产能超过380GW，其中大部分位于内蒙古、宁夏、云南、四川、新疆等地。西部省份的低电价带来的低能源成本是高耗能环节集中分布的主要原因之一。许多企业为进一步降低电价，都拥有自备煤电厂，这进一步造成了碳排放的增加。

（二）多晶硅生产、铸锭拉棒环节的研发投入不足，创新活力较低，高能效的清洁生产技术普及率低，新增产能出现低水平重复建设现象

自20世纪50年代以来，多晶硅的生产技术路线主要为三氯氢硅法和硅烷法，目前中国超过95%的多晶硅采用三氯氢硅法（即改良西门子法）生产。该方法的全流程综合电耗约60kWh/kg-Si，使用流化床反应器的硅烷法生产仅需约40 kWh/kg-Si，然而该方法目前面临的设备昂贵、使用寿命较短、杂质含量较高等一系列问题影响其大规模应用，主要用于生产颗粒多晶硅，用于后续生产的辅助投入。近年来，随着多晶硅价格的上涨，多晶硅产能在逐年大幅增加，又因多晶硅生产资本密集程度、技术门槛较高，新增产能集中在头部企业，并仍然依赖较成熟的三氯氢硅法。由于生产工艺的同质化，产业竞争的主要因素集中在对低价能源的竞逐，对先进节能技术、清洁生产工艺的投入较为保守。中国光伏行业协会指出，行业内企业缺乏长期规划理念，对知识创造和产权保护不够，高薪"挖人"现象频出。

（三）辅料中铝合金框、玻璃与钢架等材料碳足迹较大，绿色材料使用率不高

光伏回收利用体系发展不健全，尚未出现成功的回收利用商业运营模式。典型的晶硅光伏组件制造流程是先将电池片串联成发电阵列，安装在一块玻璃或者背板上，填充封装剂并将另一块玻璃盖板封装在整个组件上，安

装接线盒，最后在模块周围安装铝框。要形成完整的光伏发电系统还需要将成套的组件通过钢制的框架固定在适当位置，并连接逆变器。这些环节的主要投入品是高透光的光伏用玻璃、铝合金框架、钢架等碳密集产品。全球大部分光伏用玻璃产能位于中国，同时中国也是铝材和钢铁生产大国。玻璃与铝框的碳足迹约占到整个光伏生命周期碳排放的14%，当前光伏供应链内绿色辅料的使用率极低。光伏电站的运行周期一般为25~30年，根据国际可再生能源署与国际能源署的预测，到2050年全球将有6000万~7800万吨报废光伏组件。中国光伏行业协会进一步推测，早在2030年前后中国就将会迎来大规模的光伏退役。光伏系统的可回收部分包括硅晶片以及辅材，如玻璃、塑料、贵金属以及剧毒的重金属。然而当前供应链回收端的发展远远滞后，尚未有成功盈利的光伏回收企业，回收主体以小作坊为主，主要回收的材料是光伏电池板所涂银浆中包含的银。

（四）缺少绿色供应链标准，未有统一规范的碳排放核算体系

2017年，工业和信息化部制定的《太阳能光伏产业综合标准化技术体系》内将绿色光伏标准分为节能环保、绿色制造、资源回收利用、碳达峰碳中和四部分。其中关于低碳产品评价、产品碳足迹测算的标准仍在制定中，尚未正式发布。国内外光伏产品在碳足迹方法论、能效等级标识方面的差别仍然较大。国内第三方认证机构对碳足迹评价方法理解标准不一，难以形成具有可信度与可比性的统一排放核算方法，在全链条、可追溯的绿色供应链设计上尚未形成共识。由于缺乏标准指导，国内企业在设计光伏产品时缺乏"从摇篮到坟墓"的全生命周期生态设计意识，进一步增加了降低碳排放的难度。

四 光伏供应链的降碳路径与建议

（一）调整用能结构

从硅料到光伏系统，光伏供应链碳排放集中于多晶硅生产、铸锭拉棒

这两个高耗能环节。在不同机构与研究的测算中，这两个部分合计的碳排放量占组件碳排放量的比重在55%~95%。在技术上，不论是多晶硅的还原还是单晶硅的制备，都需要大量电力。当前产能集中在电力结构依赖煤炭的西部地区，在用能结构上提高清洁能源的比例可以高效率地降低碳排放。

在多晶硅生产、铸锭拉棒环节鼓励可再生能源的使用，与绿电的消纳政策协同。当前光伏供应链高耗能环节的产能集中于西部省份，应充分利用宁夏、青海等省份的大型风光基地优势，调整优化用能结构。一方面，规定可再生能源消纳比例，另一方面，支持相关企业参与清洁能源系统建设，从"自备煤电厂"到"自备清洁电源"。支持相关企业参与储能、并网及输送环节的设计与建设，从规划之初深度参与绿电供应体系。与当前的绿电消纳政策协同，降低源、网、荷、储各环节成本，在降碳的同时帮助企业降低能源成本，进而鼓励企业提高高耗能环节用电中可再生能源比例。

（二）优化供应链布局

当前中国的光伏供应链的上游、中游产能主要集中于西北、西南地区，下游组件产能主要集中在东部沿海地区，国内需求地集中在西北、西南地区，同时也有大量出海的组件以满足国际需求。当前供应链格局下，一方面，高耗能产业集中在能源结构中煤炭比例较高的地区，另一方面，为满足国内地面电站的装机需求而产生大量物流运输。与此同时，近年来国内分布式光伏电站发展迅速，需求在不断扩大，光伏组件物流也呈现下沉化、复杂化的趋势。适当的优化产业布局，向可再生能源丰富省份聚集新增产能，将有效降低碳排放。拉近产能建设与销售地距离，可以降低物流运输所产生的碳排放。

引导多晶硅生产、铸锭拉棒环节的新增产能向可再生能源丰富地区聚集，探索组件制造基地建设靠近需求地的可能性。做好多晶硅产能规划顶层设计，面向全球"双碳"目标合理规划产能增长路径，主动引导多晶硅生产等高耗能环节的新增产能向可再生能源丰富地区集中，在依赖化石能源发电的地区减少电价优惠，逐渐限制依赖化石能源的新产能增加。同时引导头部企业积极尝试新增组件制造产能靠近需求地，在物流网发达的东部地区生产分布式电站所需组件，在中西部地区生产集中电站所需组件，积极探索组件制造基地与大型光伏发电基地相结合的清洁光伏制造集群的发展路径。

（三）加速绿色低碳技术创新

加速绿色技术创新和清洁制造流程等可以发挥降本减碳协同作用，并与产业高质量发展的方向一致。光伏供应链的多个环节，从多晶硅生产、铸锭拉棒、晶圆制备、电池片生产到组件制造，主要的竞争优势来源于成本的降低。这些产业的技术进步，如多晶硅生产、铸锭拉棒环节的能效提升，晶圆制备过程中硅料利用率提高、浪费减少，高效率电池片的开发，无框组件、轻质组件的开发等，既降低成本也减少碳排放。

重视、鼓励光伏供应链各个环节的低碳技术创新，加强在前沿及颠覆性光伏技术、降碳实践领域的国际合作。注重全链条的创新研发，包括从多晶硅生产到光伏系统建设，以及回收利用技术。引导企业重视绿色技术、清洁生产与成本降低间的协同作用，加大多晶硅生产等基础研究欠缺环节的研发投入，为技术发展制定长期战略，培养相关人才。关注钙钛矿电池、叠层电池等生产能耗低、效率更高的前沿技术，加强与国际先进研究机构间的合作，探索长期的合作机制，利用国际合作加快技术的转化与普及，积极分享光伏供应链降碳最佳实践，吸取国际先进经验。

（四）促进材料循环利用

不论是晶硅光伏还是薄膜光伏，其生产阶段都需要多种辅料，如塑封剂、玻璃、铝材、黄铜和银浆等。据估计，这些辅材的碳足迹占整个供应链碳足迹的比例在 20% 到 30% 之间。提高低碳材料的使用率，将有利于光伏供应链整体碳排放的降低。面对可能的巨量退役光伏组件，提前考虑合理处置废弃物，并进行回收利用，对减少其环境影响至关重要。

尽快制定回收标准，制定光伏回收利用产业发展规划，提倡考虑全生命周期的生态设计，降低回收难度，全面支持回收产业的良性发展。基于现实设计光伏组件的回收标准，限制具有较大环境影响和碳排放的辅材使用，提高光伏组件退役后材料的回收率。科学测算随时间逐步增加的光伏退役规模，为回收产业探索长期发展路径，释放长期政策信号，全面支持回收产业的成长。动员市场份额较大的头部企业开展全生命周期生态设计，提倡组件的模块化、易重复利用化设计。逐步探索绿色设计产品的商业模式，从设计之初降低回收难度。

（五）构建绿色供应链标准

设计覆盖"从摇篮到坟墓"的供应链绿色标准，完善口径统一、接轨国际标准的光伏供应链碳排放统计核算方法，可以帮助政府、组织与企业了解供应链碳排放状况与特点，诊断和识别具有减排潜力的环节，支撑企业评估低碳发展路径，制定更科学、更具成本有效性的减排措施，提高减排效率的同时有效应对可能的绿色贸易壁垒。

建立全链条、可追溯的光伏供应链温室气体排放数据库，制定科学、透明的排放统计核算标准，开展绿色产品认证，利用产业优势主动参与全球标准制定。吸取国际国内先进经验，联合政府、认证机构、行业协会与企业等利益相关方，构建全链条、可追溯、适用于具体产品的碳足迹测算边界与规则，构建动态、透明的供应链绿色数据库。开展绿色产品认证，在公用事业电站建设中提高绿色产品的使用比例。充分利用中国在全链条所占的产业优势，主动应对可能的绿色贸易壁垒，联合国际供应链伙伴制定公开、可信的绿色供应链全球标准，发展"绿色供应链"伙伴圈。逐步搭建多方参与的能力建设交流、培训平台，重视碳排放相关人才能力建设。

参考文献

IEA，Special Report on Solar PV Global Supply Chains，2022.

VDMA，International Technology Roadmap for Photovoltaic，2022.

UNECE，Life Cycle Assessment of Electricity Generation Options（2022），2022.

YUE D，YOU F，DARLING S B，"Domestic and overseas manufacturing scenarios of silicon-based photovoltaics：Life cycle energy and environmental comparative analysis"，*Solar Energy* 2014.

MüLLER A，FRIEDRICH L，REICHEL C，et al.，"A comparative life cycle assessment of silicon PV modules：Impact of module design，manufacturing location and inventory"，*Solar Energy Materials and Solar Cells* 2021.

中国光伏行业协会：《中国光伏产业发展路线报告》，2022。

中国光伏行业协会：《2021-2022 年中国光伏产业年度报告》，2022。

OSTI，Expanding the Photovoltaic Supply Chain in the United States：Opportunities and Challenges（2019），2019.

B.5

可再生能源发展综合评价方法与实证研究

——以"一带一路"国家和地区为例

安岩 谭显春 顾佰和 朱开伟 师丽娟*

摘 要： 可再生能源是实现疫后经济绿色复苏、推进社会可持续发展的关键。我国工业快速发展，对能源需求巨大，能源供应与工业快速发展矛盾凸显。构建一套科学的可再生能源评估体系，并对世界各国（地区），尤其是"一带一路"国家和地区进行评价，对我国立足自身资源禀赋，借鉴国外发展经验具有重要意义。本文从政治、经济、技术、能源与环境等维度出发，构建了可量化的多维度综合评价指标体系，对亚洲、欧洲、非洲、美洲、大洋洲的47个国家/地区可再生能源发展进行分析评价。结果表明，研究期间各国/地区的可再生能源整体发展水平不高，但呈现稳中有升的发展态势，中国、印度尼西亚、巴基斯坦、俄罗斯、南非、新西兰等典型国家/地区在上述4个维度表现出明显增长趋势。从横向对比的角度来看，美洲、大洋洲的可再生能源发展水平最高，之后是欧洲，亚洲和非洲得分靠后。欧洲、大洋洲在政治维度的优势明显，主要原因是其良好的政策环境以及较高的经济发展水平，美洲和大洋洲的可再生能源技术成熟度高，推动其在技术维度有较好的表现，而能源与环境维度发展较好的国家（地区）则分散在亚洲、大洋洲和欧洲。

---

* 安岩，博士，中核战略规划研究总院高级工程师，从事能源与气候变化研究；谭显春，博士，中国科学院科技战略咨询研究院研究员，从事能源与气候变化研究；顾佰和，博士，中国科学院科技战略咨询研究院副研究员，从事能源与气候变化研究；朱开伟，博士，中国科学院科技战略咨询研究院，从事能源政策、能源建模研究；师丽娟，博士，国家工业信息安全发展研究中心信息化所高级工程师，从事"双碳"、两化融合、工业互联网、数字化转型等相关领域研究。

关键词： "一带一路" 可再生能源 综合评价 熵权法 TOPSIS 方法

"一带一路"国家和地区已经遍布亚洲、欧洲、非洲、美洲和大洋洲，这些国家包括 2022 年人均 GDP 分别为 12.76 万美元和 8.28 万美元的欧洲国家卢森堡和亚洲国家新加坡，也包括非洲国家苏丹（1059 美元）和布隆迪（309 美元）。[①] 电力部门低碳发展依赖资金投入，不同经济发展水平的国家，对电力部门低碳发展的资金扶持能力不同。同时，越发达的国家，政府治理能力越强，政策环境稳定，有利于电力部门低碳投资。可见，影响电力部门低碳发展的因素是综合性的、多角度的。为了系统全面了解电力部门低碳发展水平，有必要多维度地构建电力部门低碳发展评价指标体系，综合评估电力部门的低碳发展情况。

当前"一带一路"国家和地区覆盖五大洲——亚洲、欧洲、美洲、非洲、大洋洲，但部分国家的数据较难获取，考虑到国家的覆盖面和数据的完备性、可得性，选取涉及五大洲的 47 个"一带一路"国家/地区为研究对象，亚洲、欧洲、美洲、非洲、大洋洲的国家/地区个数分别为 15 个、18 个、5 个、8 个、1 个（见表 1）。研究期间为 2009~2017 年，共计 423 条样本。

表 1　研究对象

大洲	数量	国家/地区
亚洲	15	中国、韩国、泰国、印度尼西亚、马来西亚、越南、新加坡、斯里兰卡、巴基斯坦、尼泊尔、约旦、以色列、土耳其、哈萨克斯坦、吉尔吉斯斯坦
欧洲	18	马耳他、卢森堡、立陶宛、爱沙尼亚、斯洛伐克、保加利亚、葡萄牙、奥地利、希腊、匈牙利、意大利、捷克、波兰、俄罗斯、斯洛文尼亚、拉脱维亚、罗马尼亚、白俄罗斯
美洲	5	萨尔瓦多、哥斯达黎加、智利、秘鲁、乌拉圭
非洲	8	埃及、阿尔及利亚、南非、突尼斯、肯尼亚、坦桑尼亚、乌干达、马里
大洋洲	1	新西兰

注：中国数据不含港、澳、台，后文同。

---

① 数据来源于国际货币基金组织（IMF）"2022 年全球人均 GDP 排名"公开结果。

本文从政治、经济、技术、能源与环境维度，构建"一带一路"电力部门低碳发展综合评价指标体系，选取熵权法和改进的 TOPSIS 评价方法，对涉及五大洲（亚洲、欧洲、非洲、美洲、大洋洲）的 47 个国家/地区的数据进行分析，评估"一带一路"电力部门低碳发展的水平，并根据评价结果，提出"一带一路"电力部门低碳发展建议。

一 可再生能源综合评价指标体系

本文参考全球可再生能源吸引力指数、"一带一路"国家和地区可再生能源发展与能源转型和中国可再生能源发展评价指标体系的构建，以"有助于可再生能源发展、可展示可再生能源发展水平"为原则，考虑到数据的可得性，主要从政治、经济、技术、能源与环境维度，构建形成以 4 个一级指标、10 个二级指标和 16 个三级指标为架构的"一带一路"可再生能源综合评价指标体系（见表 2）。

表 2　综合评价指标体系

一级指标	二级指标	三级指标	指标类型	数据来源
政治（D1）	治理能力（S1）	控制腐败（I1）	正向	世界银行
		政府效率（I2）	正向	世界银行
		政治稳定与非暴力（I3）	正向	世界银行
		监管质量（I4）	正向	世界银行
		法治（I5）	正向	世界银行
		表达与问责（I6）	正向	世界银行
	政策力度（S2）	可再生能源政策（I7）	正向	REN21
经济（D2）	财政支持（S3）	人均 GDP（2010 年不变价，美元）（I8）	正向	世界银行
	金融能力（S4）	净国内信贷占 GDP 的比重（I9）	正向	世界银行
	国际合作（S5）	外国直接投资净流入占 GDP 的比重（I10）	正向	世界银行

续表

一级指标	二级指标	三级指标	指标类型	数据来源
技术(D3)	创新能力(S6)	高科技出口占制成品出口的百分比(I11)	正向	世界银行
	技术成熟度(S7)	可再生能源装机占比(I12)	正向	EIA
		非化石和非核电的消费占总消费的比重(I13)	正向	EIA
能源与环境(D4)	气候变化考量(S8)	CO_2排放量（千克/2010年美元 GDP）(I14)	负向	CO_2 和 GDP 分别来自 EIA 和世界银行
	资源禀赋(S9)	人均可再生能源资源禀赋（风能、太阳能、水能）(MWh)(I15)	正向	风能、水能、太阳能来自文献和 OpenEI
	电力基础设施(S10)	通电率（占人口的百分比）(I16)	正向	世界银行

注：①仅有 CO_2 排放量为负向指标（值越小越优），其余均为正向指标（值越大越优）；②存在部分缺省数据，I7、I9、I11 存在部分缺失，做线性插值处理；2009 年缺失的样本数据，以 2010 年数据进行填补；③I7 的数据来自 REN21 每年发布的 *Renewables Global Status Report*，将报告中各国（地区）数据区分为存量的全国性政策和省域政策，为每条全国性政策和省域政策分别赋 6 分和 4 分，I7 的得分则为全国性政策和省域政策的得分总和。

二　指标体系量化方法研究

（一）基于熵权法的影响因子权重确定

熵权法的步骤如下：

第一，原始数据矩阵标准化。设 $X = \{x_{ij}\}$，其中 x_{ij} 表示第 i 个指标在第 j 个样本上的值；标准化为 $R = \{r_{ij}\}$

对于越大越优的正向指标而言，

$$r_{ij} = \frac{x_{ij} - \min_j \{x_{ij}\}}{\max_j \{x_{ij}\} - \min_j \{x_{ij}\}} \qquad (1)$$

对于越小越优的负向指标而言，

$$r_{ij} = \frac{\max_j \{x_{ij}\} - x_{ij}}{\max_j \{x_{ij}\} - \min_j \{x_{ij}\}} \tag{2}$$

第二，定义熵。第 i 个指标的熵定义为

$$H_i = -k \sum_{j=1}^{n} f_{ij} \, lnf_{ij}, \ i = 1, 2, \cdots, m \tag{3}$$

式中 $f_{ij} = r_{ij} / \sum_{j=1}^{n} r_{ij}$ ， $k = 1/\ln n$ ，当 $f_{ij} = 0$ 时，令 $f_{ij} \ln f_{ij} = 0$。

第三，定义熵权。第 i 个指标的熵权为

$$w_i = \frac{1 - H_i}{m - \sum_{i=1}^{m} H_i} \tag{4}$$

式中 $0 \leqslant w_i \leqslant 1$ ， $\sum_{i=1}^{m} w_i = 1$。

（二）基于 TOPSIS 方法的可再生能源发展评价方法

TOPSIS 方法是一种多属性决策方法，根据评价对象与理想化目标的相对贴近度来进行优劣排序。传统 TOPSIS 方法所使用的距离计算公式是欧氏距离，容易造成评价前后部分排序结果矛盾，降低评价方法的可信度。因此，选取改进的 TOPSIS 方法——在保留欧氏距离的同时，引入汉明距离，提高方法的可信度。

第一，构建决策矩阵 $X = \{x_{ij}\}$ ，其中 x_{ij} 为第 j 个样本的第 i 项指标， $i = 1, 2, \cdots, m$ ； $j = 1, 2, \cdots, n$。

第二，由原始决策矩阵 $X = \{x_{ij}\}$ 得到规范化决策矩阵 $X' = \{x'_{ij}\}$ ，以消除指标的不同量纲。X' 可以被表示为：

$$x'_{ij} = \frac{x_{ij}}{\sqrt{\sum_{j=1}^{n} x_{ij}^2}}, \ i = 1, 2, \cdots, m; j = 1, 2, \cdots, n \tag{5}$$

第三，计算加权规范化矩阵 $V = \{v_{ij}\}$ 如下：

$$v_{ij} = w_i \times x'_{ij}, \quad i = 1,2,\cdots,m; \quad j = 1,2,\cdots, n \tag{6}$$

其中，w_i 是基于熵权法计算出的第 i 个指标的权重。

第四，确定正理想解 A^+ 和负理想解 A^-：

$$A^+ = \{(\max_i v_{ij} | j \in J), (\min_i v_{ij} | j \in J') | i = 1,2,\cdots,m\} = \{v_1^+, v_2^+, \cdots, v_m^+\} \tag{7}$$

$$A^- = \{(\min_i v_{ij} | j \in J), (\max_i v_{ij} | j \in J') | i = 1,2,\cdots,m\} = \{v_1^-, v_2^-, \cdots, v_m^-\} \tag{8}$$

其中，J 和 J' 分别是正向和负向指标的集合。

第五，计算样本到正理想解和负理想解的欧氏距离 s_i^+ 和 s_i^-，以及样本到正理想解和负理想解的汉明距离 h_i^+ 和 h_i^-。

$$s_i^+ = \sqrt{\sum_{j=1}^n (v_{ij} - v_j^+)^2}, \quad i = 1,2,\cdots,m \tag{9}$$

$$s_i^- = \sqrt{\sum_{j=1}^n (v_{ij} - v_j^-)^2}, \quad i = 1,2,\cdots,m \tag{10}$$

$$h_i^+ = \max_j | v_{ij} - v_j^+ |, \quad i = 1,2,\cdots,m \tag{11}$$

$$h_i^- = \min_j | v_{ij} - v_j^- |, \quad i = 1,2,\cdots,m \tag{12}$$

第六，考虑到欧氏距离和汉明距离的差异性，对获得的两种距离结果进行规范化处理。

$$S_i^+ = \frac{s_i^+}{\sum_i^m s_i^+} \tag{13}$$

$$S_i^- = \frac{s_i^-}{\sum_i^m s_i^-} \tag{14}$$

$$H_i^+ = \frac{h_i^+}{\sum_i^m h_i^+} \tag{15}$$

$$H_i^- = \frac{h_i^-}{\sum_i^m h_i^-} \tag{16}$$

第七，根据规范化处理后的欧氏距离和汉明距离，得到每个待选方案与最优方案的集成距离 R_i^+，每个待选方案与最差方案的集成距离 R_i^-。

$$R_i^+ = a\,S_i^+ + b\,H_i^+ \tag{17}$$

$$R_i^- = a\,S_i^- + b\,H_i^- \tag{18}$$

其中，a、b 是两个参数，满足条件 $a + b = 1$，$i = 1, 2, \cdots, m$，本文中 a 和 b 的取值分别为 0.8 和 0.2。

第八，计算各方案与理想解的贴近度：

$$C_i = \frac{R_i^-}{R_i^+ + R_i^-}, \ 0 < C_i < 1, \ i = 1,2,\cdots,m \tag{19}$$

第九，根据贴近度 C_i 的大小对待选方案进行排序，贴近度越大表示该待选方案越优，反之亦然。

三 "一带一路"国家和地区可再生能源发展评价结果

（一）权重确定结果分析

熵权法确定综合评价指标体系的指标权重如图 1 所示。可以看出，一级指标中，能源与环境维度（D4）的权重最高（0.3115），经济维度（D2）的权重最低（0.1860）。二级指标中，资源禀赋（S9）的权重最高（0.2320），之后是治理能力（S1）（0.1999）、技术成熟度（S7）（0.1791）和财政支持（S3）（0.1347），其余二级指标的权重均未超过 0.1。三级指标中，人均可再生能源资源禀赋（I15）、人均 GDP（I8）、非化石和非核电的消费占总消费的比重（I13）的权重超过 0.1，分别为 0.2320、0.1347、0.1052。

可见，电力部门低碳发展水平与资源禀赋（人均可再生能源资源禀赋）、财政支持（人均 GDP）、技术成熟度（非化石和非核电的消费）的关联性较强。

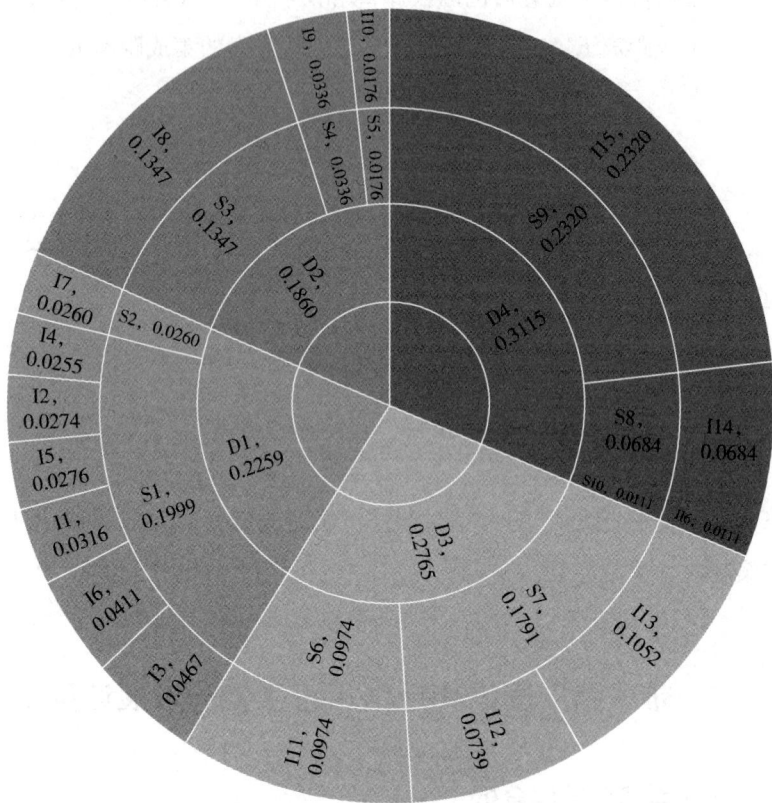

图 1　指标权重

（二）等级的划分标准

为更好地展现各样本的评价等级，将各样本的得分映射到［0，5］区间上。根据映射后 423 条样本的结果（见图 2），按照［0，0.5）为极低、［0.5，1）为低、［1，2.5）为中等、［2.5，4）为高、［4，5］为极高的标准，判定各样本的等级。

（三）纵向对比各国/地区的情况

从各大洲电力部门低碳发展的级别来看，亚洲地区的电力部门低碳

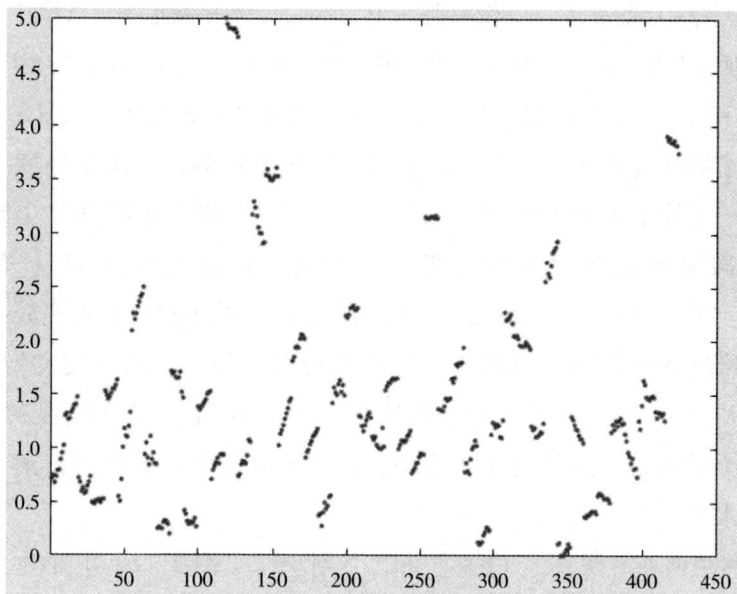

图 2　映射后的样本得分结果

发展水平参差不齐，发展等级涵盖从极低到极高（除了高），但各国/地区 2009~2017 年的发展等级变化较为平稳，其中印度尼西亚由极低到低，越南和吉尔吉斯斯坦由低到中等。欧洲地区的电力部门低碳发展等级则以中等水平为主，发展等级包括极低、低、高，其中保加利亚由极低到低，罗马尼亚和捷克由低到中等。美洲和非洲电力部门低碳发展等级则处于相对稳定的状态，其中坦桑尼亚的电力部门低碳发展等级由中等滑落到低。

为更好展现各大洲可再生能源发展的得分态势，本报告计算研究期间各大洲国家/地区每年电力部门低碳发展得分的平均值。结果显示，大洋洲得分遥遥领先，在 3.75 和 3.91 间浮动，之后是美洲（1.82~1.88）、欧洲（1.52~1.64）、亚洲（1.24~1.36），非洲的得分最低，在 0.84 和 0.92 间浮动。从各大洲的得分变动趋势来看，亚洲、欧洲、美洲的电力部门低碳发展水平得分呈现上升趋势，非洲和大洋洲则有轻微下降趋势，但二者的等级分别维持在低和高。

为从国家层面展现"一带一路"电力部门低碳发展水平，选取中国、印度尼西亚、巴基斯坦、哈萨克斯坦、俄罗斯、南非、新西兰作为典型国家/地区，进行时间序列层面（2009年、2013年、2017年）的分析（见图3）。

技术维度是中国电力部门低碳发展的最大优势，能源与环境维度的得分则与平均水平相差大［见图3（a）］。2009～2017年，中国电力部门低碳发展的等级判定由低升到中等，得分也由0.7151增长到1.0216。可以看出，4个维度的得分逐年增加，技术维度的增幅较小，其他3个维度的增幅则非常明显；即便能源与环境、政治维度的增幅大，但与平均水平仍有一定差距；研究期间经济维度也得到明显的改善，2017年的得分已经稍超过平均水平；研究期间技术维度的得分则大幅高于平均水平。

印度尼西亚［见图3（b）］和巴基斯坦［见图3（c）］的电力部门低碳发展情况具有一定的相似之处，两者各维度的得分均明显低于平均水平，两者的不同之处体现在政治维度，虽然2009年两者在该维度的得分相差无几，但印度尼西亚在研究期间得到了明显的增长，2017年其与平均水平非常接近，而巴基斯坦在该维度与平均水平的差距仍然非常明显，该维度也是巴基斯坦最大的短板。

哈萨克斯坦［见图3（d）］和俄罗斯［见图3e］的电力部门低碳发展情况也具有一定的相似之处。两者共同的优势是能源与环境维度，得分均远超过平均水平，经济维度则都与平均水平相当。哈萨克斯坦政治维度和技术维度的得分比俄罗斯高，尤其是技术维度的得分已经明显超过平均水平，而俄罗斯在研究期间技术维度的得分变化不大，仍低于平均水平。

南非的电力部门低碳发展得分在研究期间几乎没有变化［见图3（f）］，4个维度中，技术维度成为南非电力部门低碳发展最大的短板，能源与环境维度和经济维度与平均水平也有较大的差距，仅有政治维度的得分稍超过平均水平，成为南非电力部门低碳发展的优势所在。

新西兰的各维度发展均衡，均远高于平均水平，仅政治维度在研究期间的得分有所增长，其他维度的得分变化不明显［见图3（g）］。

（a）中国大陆

（b）印度尼西亚

（c）巴基斯坦

（d）哈萨克斯坦

（e）俄罗斯

（f）南非

（g）新西兰

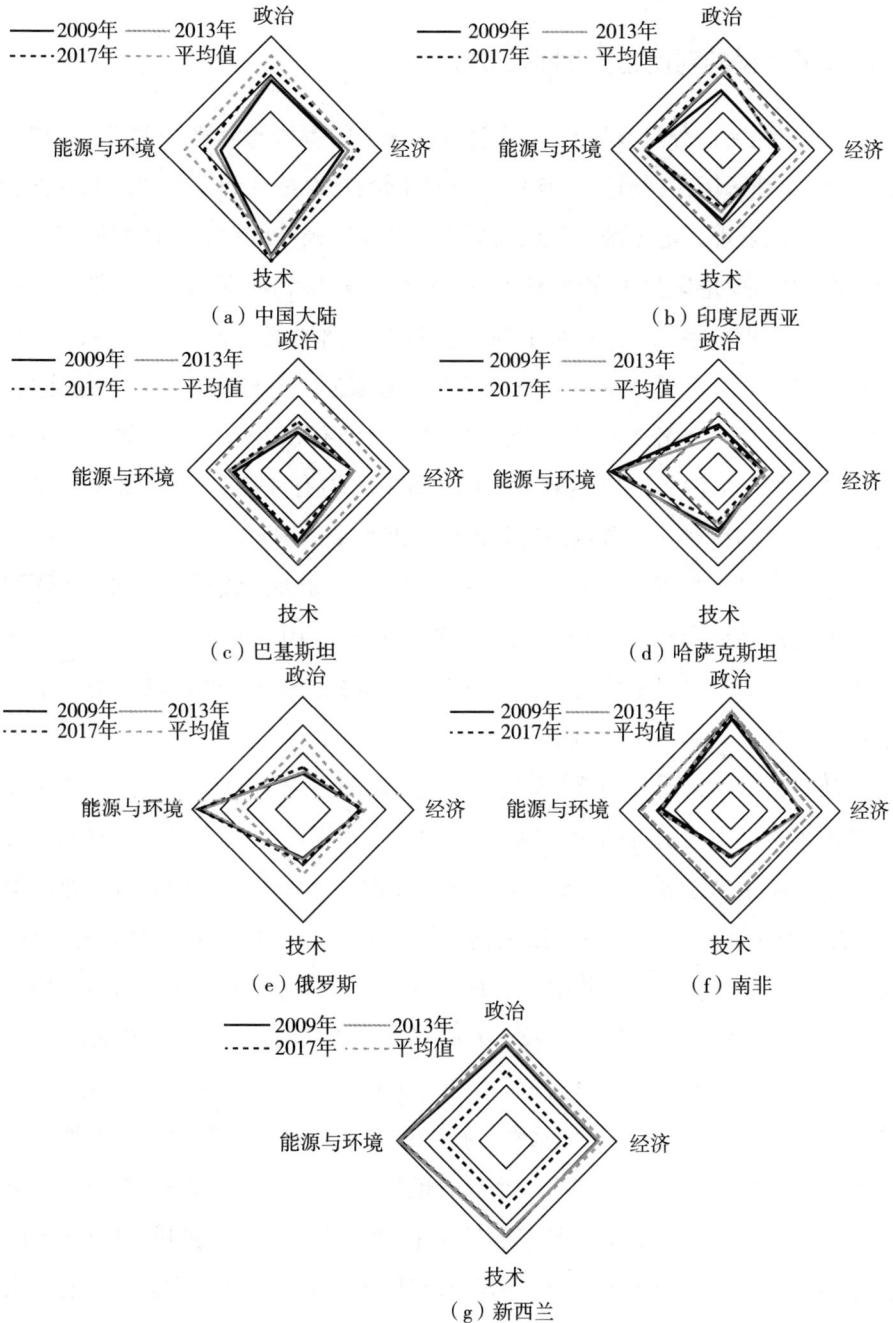

图3　典型国家/地区的分析

注：平均值指所有样本的均值，即所有研究对象的平均水平。

（四）横向对比各国/地区的发展情况

各国/地区得分呈现整体上升趋势，判定的等级整体较为稳定，因此，选取各国/地区历年得分的平均值，横向比较各国/地区的电力部门低碳发展情况。可以发现，电力部门低碳发展等级判定为极高的仅有哈萨克斯坦；等级为高的国家/地区集中在欧洲（马耳他、卢森堡、俄罗斯）、美洲（乌拉圭）和大洋洲（新西兰）；水平为中等的以欧洲国家（地区）为主，有11个国家（立陶宛、爱沙尼亚、斯洛伐克、葡萄牙、奥地利、希腊、匈牙利、意大利、捷克、斯洛文尼亚、拉脱维亚），亚洲有5个国家（韩国、马来西亚、新加坡、尼泊尔、以色列），美洲和非洲均有4个；除美洲和大洋洲外，其他洲都存在一定数量的低和极低发展水平的国家。

整体来看，中等及以上发展水平中，亚洲、非洲、欧洲、美洲、大洋洲所占的比重分别为40%、50%、77.78%、100%、100%。美洲、大洋洲、欧洲可再生能源发展水平居前列，而亚洲、非洲的国家/地区，除个别（哈萨克斯坦）外，发展水平较低。

从政治维度来看（见图4），欧洲、大洋洲、美洲的得分较高，普遍高于平均水平，排名前五的为奥地利、卢森堡、新西兰、葡萄牙、马耳他，其中4个国家来自欧洲，1个来自大洋洲。亚洲、非洲的得分则较低，亚洲国家/地区中除新加坡、韩国、以色列、马来西亚外，非洲国家中除南非外，政治维度得分均远低于平均水平。排名后五的国家为巴基斯坦、吉尔吉斯斯坦、阿尔及利亚、俄罗斯、埃及，其中有2个亚洲国家、2个非洲国家。

从经济维度来看（见图5），欧洲、大洋洲的水平普遍高于平均水平，亚洲部分国家/地区高于平均水平，排名前五的国家为卢森堡、新加坡、奥地利、新西兰、意大利，其中3个来自欧洲、1个来自大洋洲、1个来自亚洲。美洲、非洲国家的得分则多数低于平均水平，美洲除智利、乌拉圭外，其他国家均低于平均水平，非洲则全部明显低于平均水平，排名后五的国家（乌干达、坦桑尼亚、马里、巴基斯坦、肯尼亚）中4个来自非洲、1个来自亚洲。

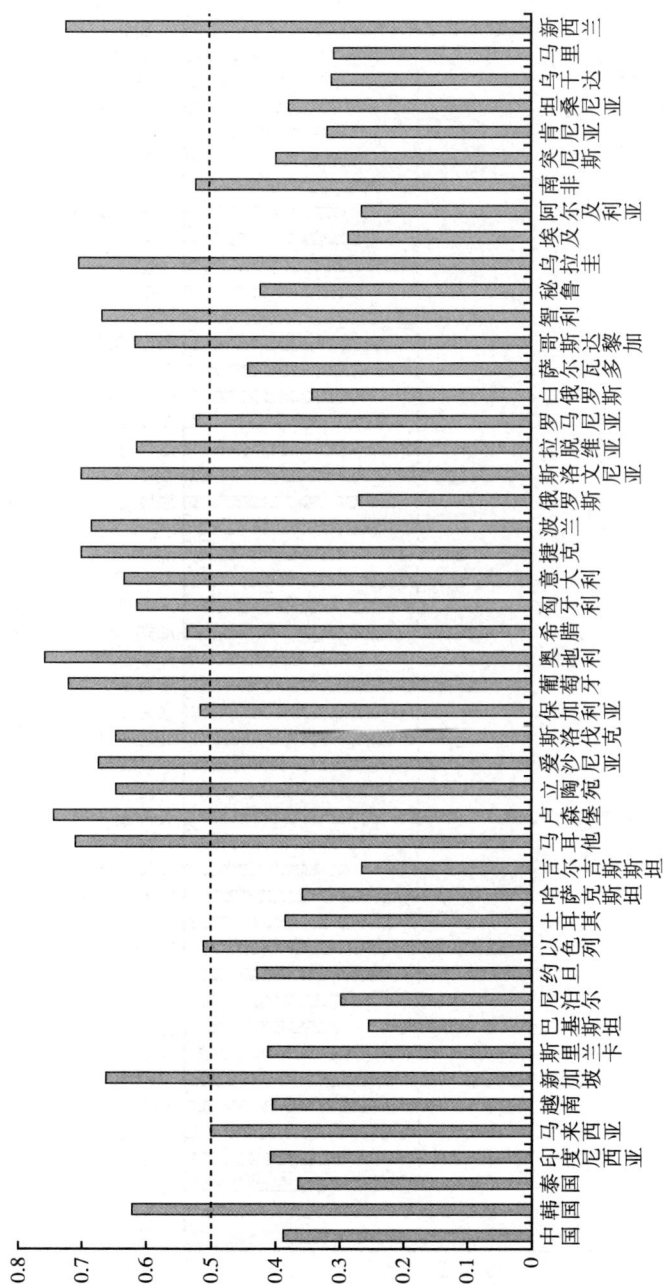

图4 各国/地区政治维度分析

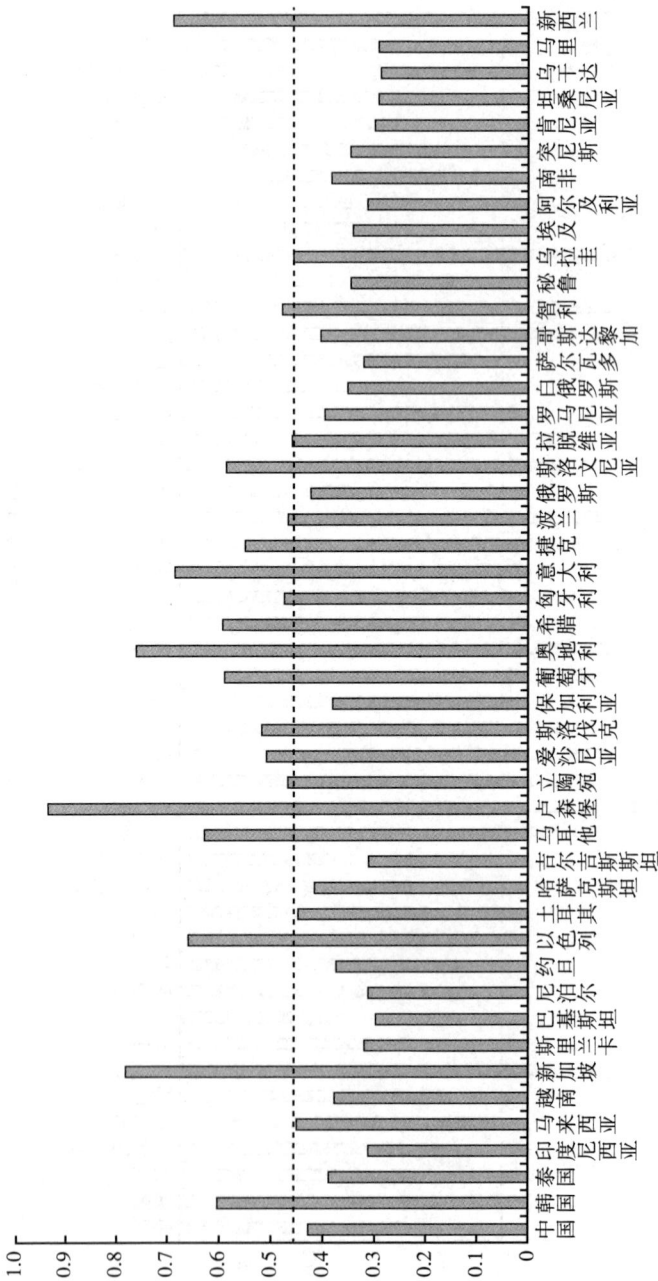

图 5　各国/地区经济维度分析

从技术维度来看（见图6），美洲、大洋洲各国/地区的技术维度得分明显高于平均水平，亚洲、非洲各国/地区的技术维度得分存在较大差异，欧洲的技术维度优势则不如政治、经济维度那么明显。同样的，从排名前五的国家（哥斯达黎加、乌拉圭、新西兰、尼泊尔、奥地利）来看，前两名均来自美洲，而排名后五的国家（阿尔及利亚、约旦、白俄罗斯、埃及、南非）中，有3个国家来自非洲。

从能源与环境维度来看（见图7），除个别国家明显高于平均水平外，大部分国家的差别并不大。哈萨克斯坦（亚洲）、新西兰（大洋洲）、俄罗斯（欧洲）位居前三，而4个亚洲国家/地区（吉尔吉斯斯坦、中国、越南、巴基斯坦）的得分排名则为后四位。可见，除了哈萨克斯坦外，亚洲其他国家/地区在能源与环境维度有一定的劣势。

从以上四个维度的分析可以看出，各国/地区政治、技术维度的得分相差较大，而经济、能源与环境维度的差异相对较小。大洋洲国家/地区各维度得分具有明显优势，远高于各维度平均水平，欧洲、美洲国家/地区的得分也有一定优势，而亚洲、非洲国家/地区的政治维度得分则有明显的劣势，亚洲、非洲国家/地区中得分较高的为韩国、新加坡、以色列、南非，这可能与世界治理指数是基于西方的价值观而构建的有一定的关系。

四　结束语

本文从政治、经济、技术、能源与环境维度出发，构建"一带一路"可再生能源发展综合评价指标体系，选取亚洲、欧洲、非洲、美洲、大洋洲的47个"一带一路"国家和地区为研究对象，采用熵权法和改进的TOPSIS方法，计算各国/地区可再生能源发展得分，由此分析可再生能源发展的时序变化情况，同时取各研究对象研究期间的得分平均值，横向对比各国/地区的可再生能源发展水平。

通过时间序列的结果分析，各国/地区可再生能源都得到了不同程度的发展，尤其是2013年"一带一路"倡议提出后，各国/地区可再生能源保持

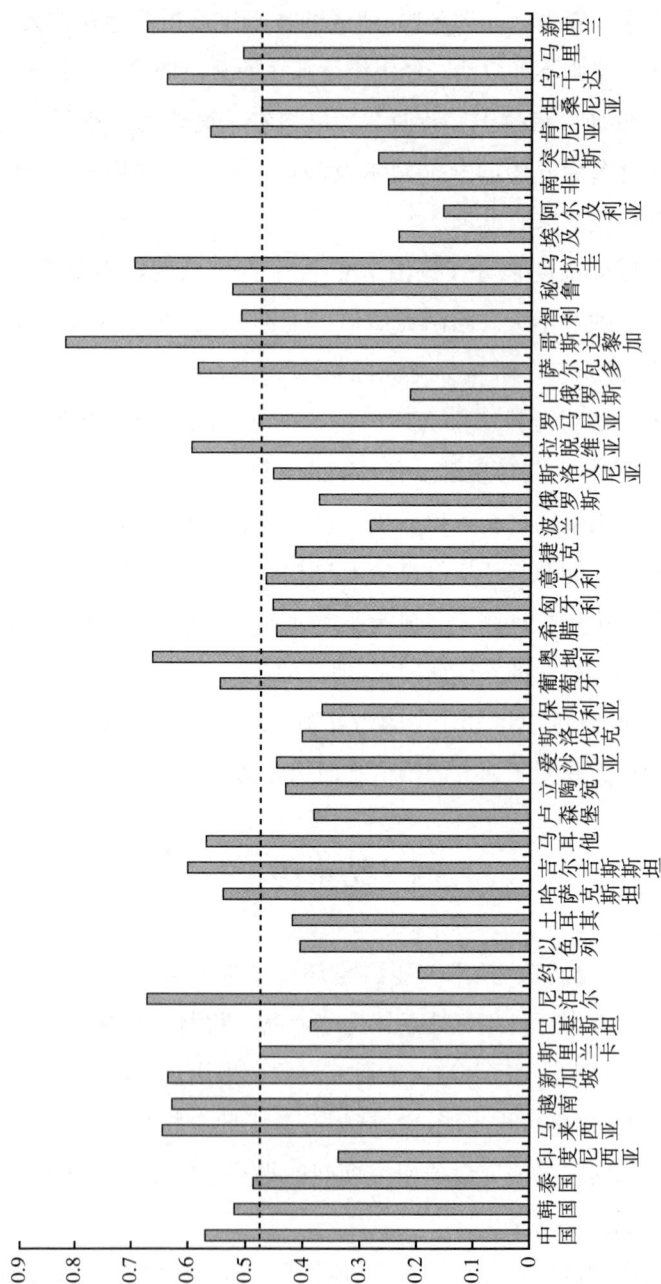

图 6 各国/地区技术维度分析

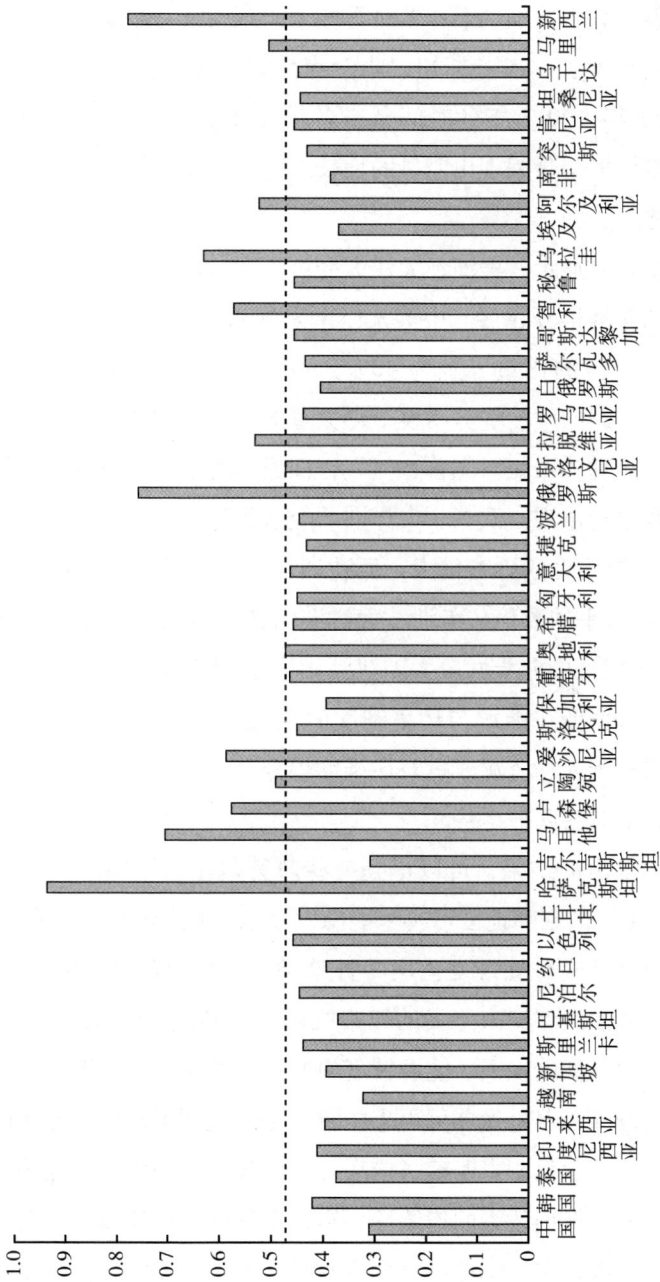

图 7　各国/地区能源与环境维度分析

稳定向好的发展态势。包括中国、韩国、意大利等在内的 29 个国家出现得分上涨的现象，其中保加利亚、罗马等国家出现明显等级上升的态势。通过对中国、印度尼西亚、巴基斯坦、哈萨克斯坦、俄罗斯、南非、新西兰在 2009 年、2013 年、2017 年各时间节点各维度得分与均值的比较，可以看出，整体上各维度得分表现出明显的增长趋势，从雷达图也可以清晰看出各维度的优劣势。

横向对比结果显示，美洲、大洋洲的可再生能源发展水平最高，之后是欧洲，亚洲和非洲得分靠后。中等及以上发展水平上，亚洲、非洲、欧洲、美洲、大洋洲所占的比重分别为 40%、50%、77.78%、100%、100%。欧洲、大洋洲、美洲的政治优势明显，得分普遍高于平均水平，一方面原因在于这些国家的治理体系相对完善，另一方面原因可能在于世界治理指数的构建主要基于西方价值观。欧洲、大洋洲的经济维度得分多高于均值，原因在于人均 GDP 对该维度的影响最大，而欧洲和大洋洲的经济发展水平高，人均 GDP 是平均水平的数倍。美洲、大洋洲的技术维度具有明显优势，其他洲的国家/地区发展的差异性较大。亚洲国家哈萨克斯坦、大洋洲国家新西兰、欧洲国家俄罗斯在能源与环境维度的表现不俗，其他国家的差别并不大，主要原因在于人均资源禀赋对该维度得分有重要影响，而上述三个国家的人均资源禀赋具有明显优势。

结合本文得出的结果，可以得到一些政策启示。第一，从评价结果来看，"一带一路"国家和地区可再生能源发展水平比较有限，有待进一步提升。结合当前全球应对气候变化压力日趋增加、疫后经济绿色复苏的大环境，可再生能源发展将迎来重大的战略机遇期。各国/地区政府应当深刻认识到可再生能源在低碳发展、能源转型中的重要作用，系统地做好可再生能源发展的顶层设计，着重发展可再生能源，全面规划可再生能源在低碳发展中的路径。第二，建设职责明确、依法行政的政府治理体系，提升政府治理能力和治理水平，保证政策的连续性，构建良好的营商环境，吸引境内外资金流入可再生能源领域，降低可再生能源投资风险。加大可再生能源政策扶持力度，建立健全可再生能源发展的政策体系。第三，注重加强国际合作。

"一带一路"国家和地区经济发展不平衡，以发展中国家为主，也有发达国家、正在快速发展的新兴国家和部分最不发达国家。"一带一路"国家和地区需要加强相互之间的技术转移，同时要推动发达国家向"一带一路"国家和地区的技术转移，不断提升可再生能源产业的技术水平和创新能力。积极引进国际资金，为可再生能源产业发展提供充足的可持续的资金支持，形成多元化的资金支持体系。加强能源基础设施互联互通，为能源资源互补协作和互惠贸易创造条件。通过搭建可再生能源或清洁能源合作平台，建立可再生能源或清洁能源论坛，增加国家或区域间的合作交流，增强国家/地区的可再生能源能力建设。第四，各国/地区应当实施有针对性的政策，推动可再生能源发展。从评价结果来看，部分国家/地区的优势在于人均资源禀赋，有些国家/地区优势在于强大的经济发展，有些国家/地区擅长政府治理和可再生能源政策扶持，有些国家/地区的可再生能源技术发展更为成熟。因此，不同国家/地区应当有针对性地补短板，尤其是在当今化石能源投资受限，利好可再生能源投资的疫后经济绿色复苏的大背景下，各国/地区应抓住历史机遇，大力发展可再生能源。

参考文献

Ernst & Young, Renewable energy country attractiveness index, 2015.

Global Environmental Institute, The potential analysis of renewable energy development and energy transition: the Belt and Road Initiative (in Chinese), 2019.

Y. Wang, D. Zhang, Q. Ji, X. Shi, "Regional renewable energy development in China: A multidimensional assessment", *Renew. Sustain. Energy Rev* 124 (2020): 109797.

X. Lu, M. B. McElroy, J. Kiviluoma, "Global potential for wind-generated electricity", *Proc. Natl. Acad. Sci* 106 (2009): 10933–10938.

O. A. C. Hoes, L. J. J. Meijer, R. J. Van Der Ent, N. C. Van De Giesen, "Systematic high-resolution assessment of global hydropower potential", *PLoS One* 12 (2017): 1–10.

W. G. Yang, H. Shang, C. Luo, "Research on national urban emergency management capability assessment under the improved TOPSIS method", *Math. Pract. Theory* 50 (2020): 21–28.

B.6
数字技术赋能区域碳市场的应用研究

黄友笋　俞杨建一　康晓荣　崔　健　赵珏昱*

摘　要： 随着全球气候变化，碳排放成为全球关注的焦点。为了应对气候变化和减少碳排放，区域碳市场应运而生。数字技术作为一种重要的手段，可以为区域碳市场的建设和发展提供有效的支持和保障。本文分析了支撑碳市场的关键机制 MRV 体系存在的问题，并以基于物联网和区块链技术的碳监测一体机为例，对数字技术在完善 MRV 体系、促进区域碳市场建设中的应用进行了探讨，以期为推动数字技术在区域碳市场中的应用提供参考。

关键词： 数字技术　区域碳市场　MRV　碳排放

为了应对气候变化和减少碳排放，全球各国家（地区）纷纷出台了减排政策和措施，其中包括碳排放交易制度。碳交易制度是一种重要的减排政策，通过制定碳排放限额和建立碳交易市场，实现减少碳排放的目标。数字

* 黄友笋，中电福富信息科技有限公司，"双碳"行业咨询专家，CCAA 温室气体核查员，主要研究领域为温室气体排放核算、碳资产管理、碳交易等；俞杨建一，中电福富信息科技有限公司，"双碳"行业总监，数字碳中和工程师，主要研究领域为"双碳"行业信息化、MRV体系数字化治理等；康晓荣，中电福富信息科技有限公司，"双碳"行业咨询专家，数字碳中和工程师，主要研究领域为企业碳核算、低碳产品认证、碳排放核查、碳达峰规划、绿色低碳转型升级等；崔健，江苏翼企云通信科技有限公司北京分公司业务负责人，主要研究领域为工业行业数字化转型、企业"互联网+"转型、工业以太网、工业 PON、企业综合节能、绿色低碳等；赵珏昱，国家工业信息安全发展研究中心信息化所工程师，从事数字化转型、工业互联网、两化融合等相关领域研究。

技术作为一种重要的手段，可以为区域碳市场的建设和发展提供有效的支持和保障。数字技术在碳排放数据采集与监测、排放报告的填报、核查阶段的质量保证等方面具有很高的应用价值。

一 碳排放权交易与碳市场

（一）碳交易基本原理

碳排放权交易（简称碳交易）起源于 1997 年签订的《京都议定书》，把碳排放权作为一种商品进行交易，简称碳交易，主要交易标的物是碳排放配额。配额分配方式各大碳市场有所不同。欧盟碳市场为总量控制的形式，政府对控排行业的排放总量设定上限，并发放不超过排放总量水平的可交易的配额。中国的配额不设定固定的总量，分配方法主要有两种，一种根据行业基准值和实际产出确定，另一种根据企业近几年的排放强度来确定。每个配额通常相当于 1 吨的排放量，碳市场中的控排企业必须清缴与其实际排放量相等的配额。对于完成履约义务后仍盈余的配额，控排企业可以选择将其出售获利，或存储以供未来使用；对于配额有缺口的控排企业，可以通过在碳交易市场购买配额的方式补足缺口，也可使用来自当地政府认可的减排机制的减排量（见图 1）。

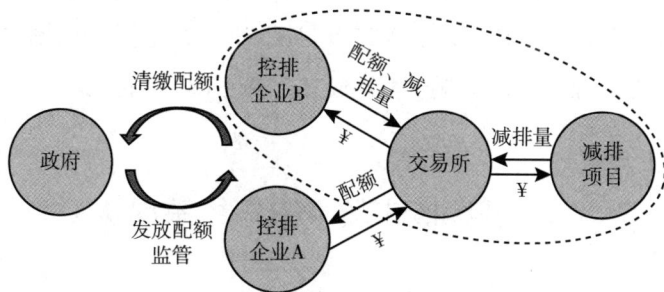

图 1　碳交易基本原理示意

由于受到经济激励，减排成本相对较低的企业会率先进行减排，并将多余的碳排放权卖给减排成本相对较高的企业以获取额外收益；减排成本较高的企业通过购买碳排放权可降低其达标成本；最终实现社会减排成本最小化。

（二）全球碳市场进展

全球首个碳市场是 2005 年成立的欧盟碳市场，截至 2023 年 1 月，全球共有 28 个碳市场正在运行，另外有 8 个碳市场正在建设中。全球碳市场体系覆盖的排放量从 2014 年的 40 亿吨提高到如今的 90 亿吨，占全球温室气体排放总量的比重从 2014 年的 8% 提高到 17%，碳排放量是 2005 年欧盟碳市场启动时的 3 倍之多。这些正在运行的碳市场所在司法管辖区的 GDP 占全球 GDP 的 55%，覆盖地区的人口约占全球人口的 1/3。

（三）中国碳市场进展

2011 年 10 月，《国家发展改革委办公厅关于开展碳排放权交易试点工作的通知》发布，发改委同意在北京、天津、上海、重庆、湖北、广东和深圳 7 省市开展碳交易试点工作，我国碳市场建设工作拉开序幕。2013 年至 2014 年，七大试点碳市场陆续开始交易。2016 年底，福建成为第八个开展碳交易的试点省份。2017 年 12 月，《全国碳排放权交易市场建设方案（发电行业）》发布，全国碳市场启动建设。2020 年 12 月，生态环境部公布《全国碳排放权交易管理办法（试行）》，全国碳市场首个履约周期于 2021 年 1 月 1 日开启。2021 年 7 月，全国碳市场正式上线交易，截至 2023 年 4 月 13 日，全国碳市场碳排放配额（CEA）累计成交量达 2.33 亿吨，累计成交金额达 106.87 亿元。

二 我国碳市场 MRV 体系现状

（一）我国 MRV 体系概况

我国先后建立了八大试点碳市场，建立试点的最主要任务之一就是探索和建立我国的 MRV 体系。MRV 是温室气体排放和减排量量化的基本要求，是碳交易体系实施的基础，也是《京都议定书》提出的应对气候变化国际合作机制之一。MRV 即监测（Monitoring）、报告（Reporting）、核查（Verification），我国 MRV 体系基本流程如图 2 所示。

企业	第三方审核/核查机构	省级主管部门

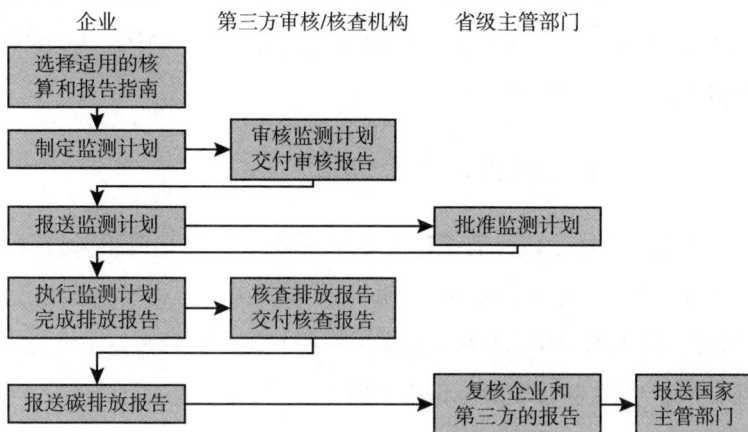

图 2　我国 MRV 体系基本流程

　　监测是指为了计算企业的碳排放量而采取的一系列技术和管理措施，包括能源、物料等数据的测量、获取、分析、记录等。企业根据所在行业的排放指南要求制定监测计划（数据质量控制计划），并向主管部门备案，若发生排放设施变更、计量设备变更等情况需要重新备案。监测计划要求企业明确各项数据的获取方式，监测设备型号、安装位置，监测频次、精度，校准频次，记录频次，数据缺失的处理方式等信息。核查机构每年对企业的监测计划进行审核，出具审核报告，确保监测计划的有效性。

　　报告是指企业将碳排放相关监测数据进行处理、整合、计算，并按照统一的格式向主管部门提交温室气体排放报告。填报方式从早期纸质化填报，发展为信息化填报，每年第一季度企业须在主管部门指定的系统上填报数据生成排放报告初版，并将排放报告相关数据来源的佐证材料，同时上传至平台供查验。

核查是指主管部门委托第三方独立机构，通过文件审核和现场走访等方式对企业的排放报告信息进行核实。核查机构通过企业的线上文件评审企业提交的排放报告初版及佐证材料，判断企业报送内容是否存疑，以确定是否需要开展现场核查。现场核查根据事前制定的现场核查计划执行。核查机构结合文件评审结果及现场核查结果，向企业开具不符合项清单，要求企业限期整改，完成排放报告终版；核查机构对整改结果予以确认，并编写核查结论/核查报告，向主管部门提交。

（二）MRV 体系面临的问题

MRV 体系的良好运转，能够极大地保证碳交易及其他相关过程的公平和透明，保证结果的真实、可信，有助于实现减排义务和权益的对等。经过多年的运行，我国的 MRV 体系也暴露了一些问题，大致有以下几方面。

1. 碳排放数据监测管理规范程度不足

企业的碳排放数据监测管理不规范问题在中小型控排企业中尤为常见。一是对碳排放活动水平数据的计量工作缺乏足够的重视。许多企业管理者主观认为部分碳排放活动水平数据对企业的生产经营影响不大，在企业无大量配额缺口或仍有盈余的情况下，疏忽管理，仅关注涉及贸易结算的相关计量器具，没有意识到计量管理的提升也能为企业带来更多收益或挽回损失。二是计量管理标准规章制度缺乏或未落实到位。部分企业未建立计量管理制度，虽制定了碳排放监测计划，但未严格执行，如煤质化验数据，未按照要求的频次开展检测，仅每月抽取部分天数检测，造成数据无法被采信。三是缺乏计量管理的专业人才。国内专家指出，90%企业能源计量管理人员学历水平较低，缺少相关的专业知识和管理经验，超过40%的企业没有组织过能源计量培训，相关人员大都没有持证上岗，且身兼多职，疲于应付。四是计量器具管理不足。不少企业为节约成本或减少工作量，未将计量器具及时送检，许多计量器具已过检定有效期或多年未检定，存在较大误差。部分计量器具损坏、缺失、未及时更换，往往仅采用购买凭证作为单一数据来源衡量消耗量，无法满足数据交叉核验的要求。五是计量信息化程度低。中小企业考虑到成本因素，计量信息化应用较少，碳排放活动水平数据以人工抄录为主，易于篡改、伪造且难以溯源。抄录失误导致的数据失真、保存不当导致的数据丢失也极其常见。

2. 企业排放报告质量低

我国从开展碳核查工作以来，经过数年发展，企业自身的碳排放核算能力有了长足的提高，向主管部门报送的排放报告质量也显著提升，但随着纳入控排企业的规模不断扩大，新纳入企业的排放报告问题明显，整体报告质量较差，低质量排放报告加大了碳核查工作及主管部门的审核难度。

一方面，部分企业碳排放管理体系的缺失或流于形式，在排放报告的填报上很随意，加之排放报告填报错误不会对企业产生负面影响，且不影响最终的碳排放数据核查结果，造成企业对排放报告重视程度较低，初始排放报告错漏百出。另一方面，企业缺乏碳管理人才，碳排放管理通常由 EHS 部门或办公室人员兼任。众多企业的碳排放管理人员填报排放报告知识匮乏，难以保证排放报告质量。另外，监管层面缺乏对报告体系的考核。目前国内碳市场政策并未对企业的排放报告填报质量做出考核，也致使企业对排放报告填报工作重视度低。

3. 碳核查工作存在多种问题

2022 年生态环境部公告了数起碳排放数据造假及核查机构履职不到位事件，知名机构在列。可以推测，有更多类似的造假问题存在，只是未被发现。这一事件暴露了许多碳核查工作的问题，事件的背后，无疑存在多种原因。

一是碳核查工作周期短。招标采购等流程较长，多数省份正式开展核查工作已经到上半年末或下半年初。此外，各地主管部门要预留充足的时间开展报告评审、复查、数据汇总整理等工作，最后给核查机构完成核查任务的时间通常为 1 个月左右。各核查机构需在 1 个月时间内完成 30 家左右企业的核查工作，并出具核查报告，需要短时间内抽调大量核查员集中开展核查工作，造成人员调配困难，出现机构间挂名、转包等情况。

二是碳核查费用走低。首先，随着碳市场的发展，控排企业数量逐步增多，各地政府对碳核查的预算也有所增长，但增长比例较控排企业增长比例不匹配。其次，国内碳核查工作已开展多年，众多新机构入场，造成核查市场竞争激烈。部分机构为顺利中标，采取低价竞争的策略，也拉低了核查工作价格。与价格的降低矛盾的是，随着"双碳"政策体系的发展，碳交易制度的日趋完善，机构所需承担的责任风险日益增大，多家老牌核查机构纷纷退出碳核查市场。

三是核查机构参差不齐。在如今的市场环境下，过低的核查价格难以支撑核查机构聘请优秀的人才，老机构的退出也造成许多有经验的核查员流失。许多中小机构考虑到成本，仅留存极少数的技术骨干，通过招聘新人以老带新或在项目阶段以低廉的价格聘请兼职人员的方式完成核查工作，难以保证工作质量。核查工作出现了许多"走形式""睁一只眼、闭一只眼"等乱象。

三 数字技术赋能区域碳市场 MRV 体系完善

要完善我国的 MRV 体系，除了从政策法规层面加强保障，总结 MRV 体系运行经验、及时优化调整，保障碳核查工作的经费，加强对核查机构的监管等手段外，数字技术的应用也可起到重要的作用。

（一）数字技术赋能碳市场优势分析

数字技术是多种数字化技术的统称，涵盖大数据、人工智能、云计算、物联网、区块链等时下热门技术。数字技术以现代信息网络作为重要载体，凭借信息通信技术对知识和信息进行高效处理，成为数字经济时代的关键生产要素，本身具有跨时空信息传播、数据创造、降低交易成本等优势。其中的物联网技术是指通过信息传感设备，按约定的协议，将任何物体与网络连接，物体通过信息传播媒介进行信息交换和通信，以实现智能化识别、定位、跟踪、监管等功能。通过物联网技术，可将不同的碳排放活动水平数据进行整合、计算、处理，以达到碳市场的碳排放数据要求。区块链相比于传统的网络，具有数据难以篡改、去中心化等特点，因此区块链所记录的信息更加真实可靠，可以帮助解决人们互不信任的问题。

（二）"物联网+区块链"的应用——集碳一体机

随着技术的发展，物联网和区块链已经广泛应用于工业、农业、交通、物流等多个领域，在碳排放管理上，不少企业也开展了探索。本文以中电福富信息科技有限公司研发的集碳一体机为例介绍物联网在支撑区域碳市场中的应用，如图 3 所示。

展示层

服务层

数据处理层

集碳一体机

数据采集层

智能电表　高拍仪　汽车衡　燃气表　皮带秤　其他监测设备

图 3　集碳一体机方案示意

集碳一体机是基于工业自动化控制系统的硬件，以物联网为依托，以区块链为保障，实现"活动数据采集—核算方法关联—排放边界管理—排放在线监测"全过程的企业可信碳计量，做到碳排放数据实时可知、实时可视、实时可控。集碳一体机可通过 Modbus（GB/T19582）、DL/T645、CJ/T188 等协议，从现场仪表采集需要的实时能耗数据，同时支持排放因子法、物料平衡法、实测法三种核算形式，内嵌发改委公布的 24 个行业企业温室气体排放核算方法，以及 ISO 14064、ISO 14067、PAS 2050、ISO 16745 国际国内主流核算标准库，适用于工业、交通、建筑等多个应用场景。

（三）集碳一体机在水泥行业应用案例

我国生产了全球近六成的水泥，水泥行业碳排放量也逾全球水泥行业碳排放总量的一半。水泥生产过程中的二氧化碳排放主要源于熟料生产过程，其中石灰石煅烧产生生石灰的过程所排放的二氧化碳，约占全生产过程碳排放总量的 55%~70%；高温煅烧过程需要燃烧燃料，因此产生的二氧化碳，约占全生产过程碳排放总量的 25%~40%。目前，中国水泥行业碳排放量占全国碳排放总量的约 9%，是制造业中主要的二氧化碳排放源。

以集碳一体机在水泥企业应用为例（水泥生产过程示意见图 4），按照《中国水泥生产企业温室气体排放核算方法与报告指南（试行）》，水泥行业碳排放活动由化石燃料燃烧、替代燃料及废弃物燃烧、原料中碳酸盐分解、生料中非燃料碳煅烧、净购入电力和热力几个方面组成。

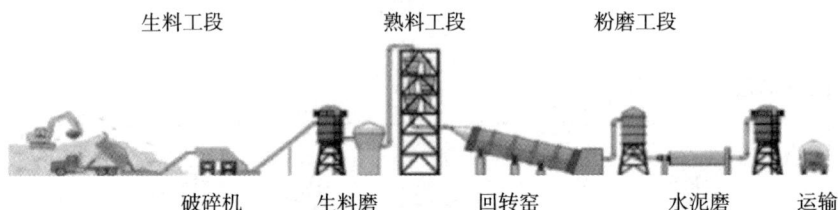

生料工段　　　　　　　　熟料工段　　　　　　粉磨工段

破碎机　　生料磨　　　　回转窑　　　　水泥磨　　运输

图 4　水泥生产过程示意

水泥企业的化石燃料、替代燃料及废弃物、原料的消耗量数据一般通过入厂地磅计量、入炉皮带秤计量的方式。集碳一体机兼容多种通信协议，带远程传输模块，可实现燃料过磅、过程数据的实时采集与记录。管理人员通过高拍仪结合 OCR 技术扫描获取各类物料购销的单据凭证等，自动生成报表。计量数据与财务单据通过集碳一体机的交叉核验模块核验，若误差大于预警值，则提醒管理人员查明原因，并于系统内记录，避免料不足秤、计量作弊等问题，同时满足碳排放核查的数据需要不同数据来源交叉核验的要求。

在获取原料分解排放的数据时，需要获取窑头粉尘量，旁路放风粉尘量，熟料中氧化钙、氧化镁含量，熟料中不是来源于碳酸盐分解的氧化钙和氧化镁含量。集碳一体机可对接污染源监控系统/粉尘在线监测设备实时监测粉尘污染情况，还可对接实验室化验设备熟料成分数据、化石燃料碳氧化率等数据，实时计算熟料工段碳排放量、碳排放强度及单位产品能耗，并可设置排放限额指标，实现超标预警。在水泥粉磨工段，产生的排放为消耗电量的间接排放。通过智能电表与集碳一体机的通信，亦可便捷计算出粉磨工段的排放量。每次的计量数据采集，单据记录，计量器具的检定情况、检定日期都运用区块链技术进行链上存储，确保数据的不可篡改、可溯源。

通过上述案例，不难发现，基于物联网和区块链技术的集碳一体机的应用，可以对区域碳市场起到如下作用。①提升数据质量。不论是企业的能耗数据还是生产数据，都可通过计量器具与集碳一体机的互联实现实时采集与记录、电子化管理，避免了数据的丢失及人工抄录的失误。②提升排放报告水平。通过内置24个行业的其他温室气体排放核算方法，可实现碳排放数据的自动计算，并导入主管部门要求的报告模板，可实现一键输出碳排放报告，为企业减少了大量的工作量，降低对碳排放管理人员的要求，提升排放报告质量。③碳核查更便捷可信。一方面，通过集碳一体机采集的数据运用区块链技术留存，在核查期间直接下载，供核查机构查验，避免了核查期间企业与核查机构"手忙脚乱"的局面，另一方面，区块链数据公开透明、不可篡改的特性有助于提高碳交易相关数据的真实性、准确性和安全性，进而维护碳市场的良好秩序。

四　数字技术应用于区域碳市场的风险与挑战

数字技术可对区域碳市场起到重要作用，但目前在国内应用还较少，有较大的发展空间，除了由于我国碳市场起步较晚外，数字技术应用于区域碳市场还存在一些风险与挑战。①技术标准化问题。数字技术的应用需要遵循一定的技术标准，以确保数据交换和共享的顺利进行。然而，在目前的数字技术应用中，存在各种不同的标准和规范，应用标准和规范缺乏一定的统一性和通用性。②成本问题。数字技术带来的便利往往也附带着高昂的成本。我国的碳市场与西方的碳市场相比，产品单一，市场活跃度低，企业的交易意愿较弱，多数企业参与碳市场仅为完成政府的工作要求，通过碳市场获得较大收益的企业寥寥无几，企业不愿在碳排放管理上投入过多的成本，政府在此方面也无奖补政策。③数据安全问题。近年来，数据安全技术已经较为成熟，但仍有不少数据泄露的事件发生，不少企业对应用数据安全问题较为担忧，对新生的数字化产品持审慎态度。

五　区域碳市场数字化发展建议

（一）推广碳排放数字化管理平台

建议政府、行业协会等多个渠道推动碳排放数字化管理平台建设，制定奖补政策，鼓励和引导各方积极参与研发与应用。通过建立数字化管理平台，实现纳入碳市场企业数据在线监测和反馈，加强数据的动态管理和实效性监控，同时还需要满足数据标准化、安全性、隐私保护和易用性等要求，推进管理决策的科学化和实时化。

（二）推进数据共享和协同

碳市场数字化发展，需要政府各部门之间的信息共享和协同，以提高数据的质量和准确性。为此，需要建立数据、协议和接口标准，促进数据的互通和共享，推动各部门之间的信息共享和协作。此外，还需要建立数据共享的机制和评价体系，为数据共享提供保障。

（三）加强数据安全保护

碳市场数字化发展需要保障数据的安全性和可靠性，防止数据泄露和篡改。为此，需要建立数据加密、备份和恢复机制，强化数字化平台的数据安全性和可靠性，增强参与者间的信任和合作。此外，还需要完善数据隐私保护的机制和法律法规，保障数据的合法使用并保护个人隐私。

（四）建立数字化监管机制

建立数字化监管机制，设立数字化监管机构，实现数字化平台的监管、评估和反馈，提高数字化平台的规范化和可持续发展水平。数字化监管包括对数字化平台的数据安全性、质量管理、数据共享和隐私保护等方面的监管，同时还需要对数字化平台数据采集与分析的实效性和成效进行监督和评估。

六　结束语

数字技术的应用可将企业碳排放活动水平数据采集与企业可信碳计量结合，实现企业生产全生命周期碳排放闭环管理，为企业建立数字化、全周期、全链路的可信碳计量管理体系，帮助企业解决碳排放数据治理问题，对完善 MRV 体系、辅助相关部门提升监管水平、提升区域碳市场数据质量起到重要的作用。可以预见，未来随着我国区域碳市场逐步成熟，相关政策更加完善，数字技术也将发挥更大的价值。

参考文献

International Carbon Action Partnership, Emissions Trading Worldwide: 2023 ICAP Status Report, 2023 年 3 月 22 日, https://icapcarbonaction.com/en/publications/emissions- trading-worldwide-2023-icap-status-report.

生态环境部：《碳排放权交易管理办法（试行）》，2021 年 1 月 5 日，https://www. mee. gov. cn/xxgk2018/xxgk/xxgk02/202101/t20210105_ 816131. html。

《国家发展改革委办公厅关于开展碳排放权交易试点工作的通知》，2011 年 10 月 29 日，https://www. ndrc. gov. cn/xxgk/zcfb/tz/201201/t20120113_ 964370. html。

上海环境能源交易所：《全国碳市场每日成交数据》，2023 年 4 月 13 日，https：//www. cneeex. com/c/2023－04－13/493947. shtml。

刘启龙：《欧美碳排放权交易 MRV 体系及启示》，《环境影响评价》2022 年第 6 期。

孙永平主编《碳排放权交易概论》，社会科学文献出版社，2016。

高新愿、杨新光、孟鲁民：《重点用能企业能源计量管理中存在的问题分析及对策建议》，《中国计量》2021 年第 8 期。

《生态环境部公开中碳能投等机构碳排放报告数据弄虚作假等典型问题案例（2022年第一批突出环境问题）》，生态环境部官网，2022 年 3 月 14 日。

刘婧玲、陈艳莹：《数字技术发展、时空动态效应与区域碳排放》，《科学学研究》2023 年第 5 期。

黄孝斌：《物联网应用实践》，《信息化建设》2019 年第 11 期。

林亚龙：《关于区块链，你想知道的都在这里》，2021 年 6 月 21 日，http：//kpzg. people. com. cn/n1/2021/0621/c437610－32136167. html。

孙李平：《探讨煤炭在我国能源转型中的作用及出路》，http：//iigf. cufe. edu. cn/info/1012/4750. htm。

周业军、邓若翰：《区块链应用于碳交易：应用优势、潜在挑战与制度应对》，《西南金融》2023 年第 3 期。

能源装备产品碳足迹核算数字系统
建设与应用研究

张媛　陈明仁　韩鑫　郑玉恒　张宏博*

摘　要： 以碳标签为载体的能源装备产品碳足迹是能源行业碳核算的源头和基础，当前行业对大型能源装备产品的碳足迹数据披露较少，缺乏数字化碳足迹核算系统。中国东方电气集团构建了集团级能源装备产品全生命周期碳足迹管理平台，以工艺过程碳排放模型和车间碳排放增量评估为基础，构建了"从摇篮到大门"的产品碳足迹自动核算和全生命周期碳标签标准体系，实现了能源装备产品全生命周期碳足迹统一核算与追溯。本报告从建立和完善碳排放基础数据库、建立碳足迹数据共享机制以及建立与国际接轨的碳认证体系三个方面提出发展建议。

关键词： 能源装备　碳足迹　碳标签　碳核算

　　"双碳"目标背景下，推进能源产业链碳减排是加快能源行业绿色低碳转型的关键，其中全产业链的碳核算是减碳的关键基础，能源装备产品的碳

---

* 张媛，中国东方电气集团科学技术研究院有限公司战略与技术研究所副所长，高级工程师，主要研究方向为能源电力装备产品低碳化发展及企业绿色低碳转型；陈明仁，中国东方电气集团科学技术研究院有限公司软件研发工程师，主要研究方向为工业互联网及信息安全；韩鑫，博士，中国东方电气集团科学技术研究院有限公司副主任研究员，主要研究方向为工业互联网及智能制造；郑玉恒，博士，中国东方电气集团科学技术研究院有限公司战略与技术研究所，主要研究方向为碳管理及企业低碳发展；张宏博，博士，国家工业信息安全发展研究中心信息化所工程师，从事"双碳"、两化融合等相关领域研究。

足迹对能源产业链减碳至关重要。同时，能源装备产品碳足迹的研究还需要跟产品碳标签结合起来，产品的碳标签是其碳足迹的展现形式，碳足迹是碳标签的理论和数据基础。应探索建立以碳标签为载体的能源装备产品碳足迹核算系统，形成碳标签的标准化体系和评估方法，最终建立覆盖面广、使用方便快捷、计算结果准确的平台化产品，促使碳足迹、碳标签真正发挥对节能减排降碳的促进作用。

能源装备产品包括能源生产、运输（传输）、使用等过程中的装备产品，能源电力装备是其中重要的一部分。一般而言，能源装备产品体积大，加工过程繁杂，涉及材料广、零部件多、装配复杂等，所以能源装备产品的碳足迹核算也较复杂。全生命周期碳足迹涵盖从生产到消费全环节流程，包括上游原材料、中游加工过程、下游使用及回收过程碳排放等，碳足迹核算与分析可推动实现全产业链低碳化。能源电力装备产品行业暂未要求实施碳足迹信息披露，仅有部分核心企业开展了电力装备碳足迹核算的相关工作，如电站锅炉产品、光伏产品等，数字化碳足迹核算系统建设尚处于探索阶段。

中国东方电气集团是中央管理的涉及国家安全和国民经济命脉的国有重要骨干企业，是全球最大的能源装备制造企业集团之一，以"绿色动力、驱动未来"为己任，形成了"六电并举、六业协同"的产业格局，致力于为客户提供集能源装备、绿色低碳装备、高端智能装备于一体的综合能源解决方案。中国东方电气集团"十四五"期间加快绿色低碳转型，构建集团级能源装备产品全生命周期管理平台，建设大型能源电力装备产品碳足迹核算数字系统，以水电、风电等电力装备产品为试点，建立"从摇篮到大门"的产品碳足迹自动核算系统，形成碳标签体系，推动能源装备产品全生命周期碳标签标准体系建设，强化全产业链的精细化管理和减碳降碳，助力我国"双碳"目标实现。

一　能源装备产品碳足迹核算系统框架

（一）能源装备产品碳足迹核算系统架构

面向能源装备产品全生命周期碳核算需求，基于《ISO14067 产品碳足迹量化与交流的要求与指导技术规范》《PAS2050：2011 产品与服务生命周期温室气体排放的评价规范》等碳排放、碳足迹相关标准，采用云原生、物联网、微服务、工业互联网等先进技术，搭建适用于能源装备上下游企业的碳足迹核算数字系统，其架构如图 1 所示。

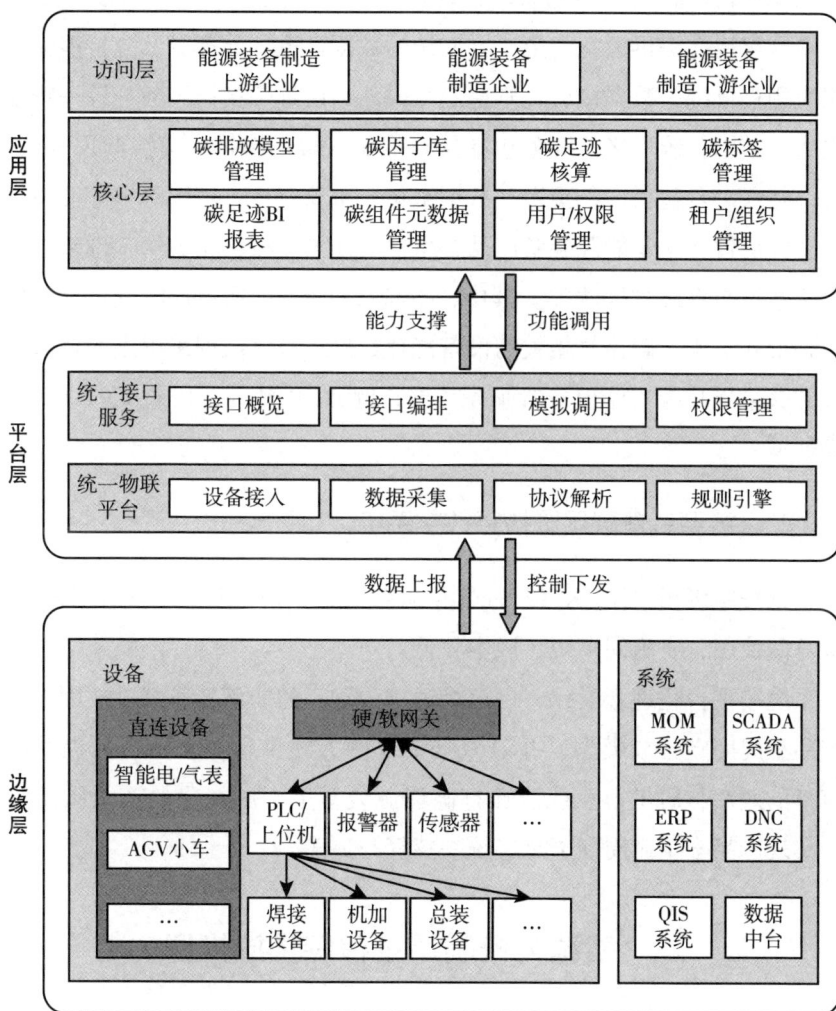

图 1　能源装备产品碳足迹核算数字系统架构

能源装备产品碳足迹核算数字系统包括应用、平台、感知三层架构。

应用层旨在为能源装备上下游企业以租户形式提供便捷、可靠的碳足迹核算服务，包含访问层与核心层两部分。其中，访问层为企业提供碳足迹核算数字系统的统一访问入口；核心层则以微服务的方式为系统提供碳排放模型管理、碳因子库管理、碳足迹核算、碳标签管理、碳足迹 BI 报表等能力支撑。

平台层旨在提供设备与第三方系统的数据汇聚、处理以及分析能力，为上层应用提供统一数据接口，避免信息孤岛，由统一接口服务与统一物联平台组成。其中，统一接口服务包括接口概览、接口编排、模拟调用等能力，而统一物联平台包括设备接入、数据采集、协议解析、规则引擎等能力。

感知层旨在采集能源装备产品全生命周期与碳核算相关的基础数据，包括设备数据与系统数据两类。其中，设备数据采集主要通过直连、硬/软网关两种形式采集与碳核算相关的设备能耗数据；系统数据采集主要通过云云对接方式采集与碳核算相关的业务数据，例如 MOM、ERP 系统的订单、排产等数据。

（二）能源装备碳足迹核算数字系统特点

系统按照多租户设计，以 SaaS 化服务的方式对外赋能，上下游企业可直接订阅使用，实施周期短、成本较低。

系统按平台化理念设计，可沉淀通用、动态的能源装备碳排放因子库以及产品全周期碳排放模型，并以 OpenAPI 的方式供行业复用，可提升碳足迹核算的效率与质量；系统能够打破能源装备上下游企业的产品碳足迹鸿沟，实现产品全生命周期碳足迹统一核算与追溯。

二　能源装备制造过程碳排放模型

开展产品工艺过程碳排放模型研究，形成能源装备典型工艺过程的碳排放模型库，完善能源装备产品碳排放的基础因子库，是实现能源装备产品碳足迹核查的重要内容。产品工艺过程碳排放模型和车间碳排放增量评估工作可以产品碳足迹评估系统与车间碳排放评估系统，为构建企业产品碳排放核算系统提供基础能力。

（一）碳排放模型构建原则

以能源装备制造的典型工艺过程为研究对象，建立参数化的车间工艺碳排放模型库，是实现能源装备产品碳足迹核算的基础。模型构建主要有以下三个原则。

1. 边界清晰，流程完整

根据国际指南，产品碳足迹核算的系统边界，一般采用"摇篮到大门"或者"摇篮到坟墓"的方式。"摇篮到大门"通常是指以从原材料提取、完成产品本身的生产加工、包装，到出厂或下游客户的过程为核算边界；"摇篮到坟墓"则是指以从原材料的提取加工，到产品的生产、包装、营销、使用、维护、再循环、废弃处置等全过程为核算边界。产品碳足迹核算的时间边界，通常可以选择"一年/一段时间/一批次的生产时间"等。选择时间边界的目的是保障目标产品涉及的数据收集的完整性和准确性，评价数据应与评价时间段相匹配。

2. 方法权威，数据准确

在产品层级，碳足迹核算的国际标准主要有三个：《PAS2050：2011 产品与服务生命周期温室气体排放的评价规范》（BSI.，2011）、《产品生命周期核算与报告标准》（GHG Protocol）（WRI，WBCSD，2011）以及《ISO14067 产品碳足迹量化与交流的要求与指导技术规范》（ISO，2013）。生命周期评价方法（Life cycle assessment，LCA）作为一种评价手段，主要应用于评价和核算产品或服务整个生命周期过程，即从摇篮到坟墓的能源消耗和环境影响。过程生命周期评价（Process-based，PLCA）是比较常用的方法之一，该方法是最传统的生命周期评价法，同时仍然是目前最主流的评价方法（ISO，199SETAC，1993，1998）。根据 ISO 颁布的《生命周期评价原则与框架》（ISO14040）（I7SO，1998），该方法主要包括四个基本步骤：目标定义及范围的界定、清单分析、影响评价和结果解释，而每个基本步骤又包含一系列具体的步骤流程。过程生命周期评价方法采用"自下而上"（bottom-up）模型，基于清单分析，通过实地监测调研或者其他数据库资料收集来获取产品或服务在生命周期内所有的输入及输出数据，以核算研究对象总的碳排量和环境影响。

3. 易用兼容，扩展性强

碳排放模型按照管理层级，能够实现将工艺横向拼接为车间，将车间横向拼接为工厂；将工艺纵向拼接为零件，将零件按照 BOM 表拼接为产品。

（二）生产单元模型构建方法

生产单元模型是碳足迹核算过程中的最小单元，与生成流程中的某一工艺关联。生产单元模型包含直接生产系统和辅助生产系统。直接生产系统包含物料输入、物料输出、能源输入、能源输出、废弃物输出等。辅助生产系统主要考虑如公共压缩机、照明等，这些非直接生产的能源消耗未被包含在生产单元中，但也是产品碳足迹重要的组成部分，根据《PAS2050：2011产品与服务生命周期温室气体排放的评价规范》和《ISO14067 产品碳足迹量化与交流的要求与指导技术规范》规范需计算在内。

在数字化车间中，可根据生产过程全工序与产品生命周期管理系统中的实际生产情况进行生产单元模型构建。例如，在能源装备制造过程中，根据实际的刷漆工艺过程，可配置相应的输入输出表，如表 1 所示。

表 1　刷漆工序输入输出

类别	参数
生产单元名称	刷漆
生产单元类型	直接生产系统
物料输入	原材料、水性漆（HRT1260）
能源输入	电力、天然气
物料输出	产品（中间形态）
能源输出	无
废弃物输出	废漆桶、废漆水

通过对不同生产单元模型的拼接，可形成符合车间生产要求的多种产品的完整工艺流程，实现对车间各类产品的碳足迹核算。

三　能源装备碳足迹核算实例

以某型号风电机组为例，采用国际通用的碳排放因子数据库，通过对产品碳足迹和能源消耗的核算，可多维度开展减碳降碳的分析，并提出减碳建议。

如图2所示，从产业链各环节来看，该型号风电机组原材料碳足迹占风电机组碳足迹的90%以上。各类原材料由于使用量和碳排放强度不同贡献有差异。由此可见，一方面，要优化能源装备产品设计，减少产品用料；另一方面，要加强关键材料和部件的制造过程管理，减少碳排放。运输和储存环节、装配和集成环节碳足迹在总的碳足迹中占比较小，不足10%，但绝对值仍不容忽视。要加强绿色物流和制造过程的减碳，树立设计、制造、物流等全产业链减碳的理念。

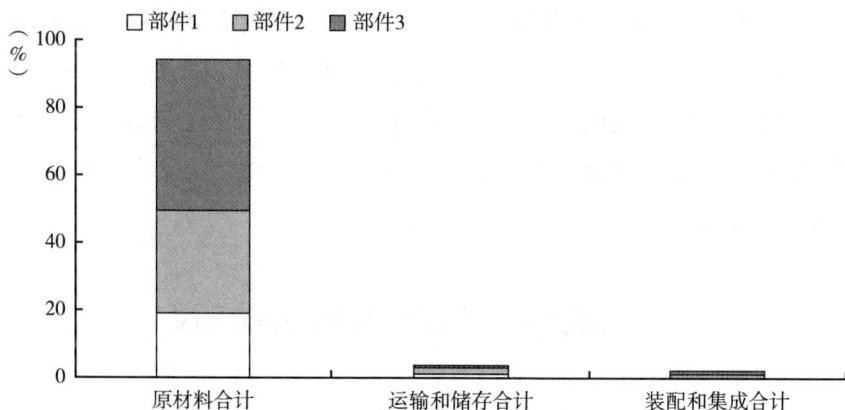

图2　某风电机组碳足迹占比统计

资料来源：本研究统计测算。

从能源消耗上来看，各环节的能耗占比与碳排放占比并不对等，如图3所示。能源方式差别决定了碳排放量，原材料的能耗占比较大，绿色低碳能源替代将是能源装备减碳的主要路径。

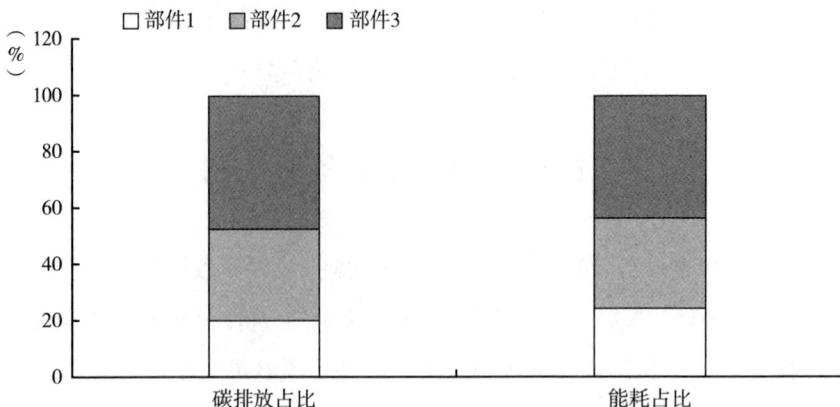

图3 某风电机组原材料碳排放和能耗占比对比

资料来源：本研究统计测算。

对该风电机组碳足迹进一步分析，原材料环节是其产品全生命周期碳足迹中碳排放较高的环节，装配和集成环节虽然是连接上游原材料和下游产品运行的重要部分，但是其碳排放在全生命周期中的占比较小（通常不足10%），是产品碳足迹各环节中的"洼地"。但是对于大型离散型装备制造来说，该环节过程复杂，数据监测和获取难度较高。所以需要建立一套适用于大型离散型装备制造的简化全生命周期碳足迹核算方法和标准，对于装配和集成环节进行适当简化，并逐步完善，以提高产品碳足迹核算的效率，有效降低核算成本。

四 能源装备产品碳足迹核算建议

建立数字系统，为能源装备产品碳足迹核算提供数字工具与技术支撑。但目前能源装备产品碳足迹核算仍有一些亟待解决的问题，如全生命周期产品碳足迹核算中碳排放因子数据库不完善，上下游产品碳足迹的信息共享机制未建立，制造环节产品碳足迹核算较复杂，适应国际贸易新形势、新规则的认证体系也未建立，阻碍了能源行业及其他重点排放行业全产业链的减碳降碳。为此，本报告提出能源装备产品碳足迹核算的建议如下。

（一）建立并完善碳排放基础数据库

建立并完善国家碳排放因子数据库，鼓励高校、科研院所及企事业单位进行产品（含半成品）的碳排放因子测算，并由国家或行业主管部门认定后进入碳排放因子数据库，不断提高精准度，扩大行业覆盖范围。建立数据库常态化、规范化更新机制，逐步建立覆盖面广、适用性强、可信度高的排放因子编制和更新体系，为碳排放核算提供基础数据支撑。

（二）建立碳足迹数据共享机制

开展产品碳足迹数据共享及碳标签传递的机制研究，加快推进区块链等现代信息技术的应用，建立数据的去中心化协作和可信流动机制，优化数据采集、处理、存储方式，推动行业碳数据的传递，为全行业减碳降碳提供支撑。

（三）完善制造环节产品碳足迹核算的方法和标准

全生命周期产品碳足迹作为产品碳足迹核算基本的也是最重要的方法，具有普遍适用性。但是大型离散型装备产品，制造环节繁杂但碳排放在总的产品碳足迹中的占比较小。建议完善制造环节产品碳足迹核算的方法和标准，优化大型离散型装备产品的全生命周期产品碳足迹核算的过程，建立成本低、效率高的装备产品碳足迹核算体系。

（四）建立与国际接轨的碳认证体系

借鉴国外产品碳足迹标准体系，建立国内产品碳足迹评估和认证体系，按行业或产品类别建立统一碳足迹核算标准，明确核算对象，范围边界，数据处理、核算和报告，规范认证流程，推动国内外产品核算方法和数据库的互认，掌握我国出口产品碳足迹核算的主动性。

参考文献

郭振岩：《电力装备产业助力碳达峰碳中和途径与措施研究》，《电器工业》2023年第3期。

刘美玲、刘含笑、寿恬雨：《碳足迹评价体系探索燃煤电厂绿色低碳发展》，《中国环保产业》2023年第2期。

赵钦新、邓世丰、王善武等：《锅炉生命周期碳减排和企业创新转型》，《工业锅炉》2022年第1期。

刘灿邦：《全球首个碳关税落地 光伏企业备战碳足迹认证》，《证券时报》2023年2月17日。

行 业 篇

Industry Section

B.8

我国有色金属行业绿色低碳
发展现状及建议

孟琦 赵珏昱 师丽娟 付宇涵 张宏博*

摘 要： 有色金属行业是关系国民经济和国防建设的重要支柱性产业。近年来，我国铝、铜、锌等十种有色金属产量连续多年居世界首位，工业生产稳中有升，数字化网络化智能化发展模式日益显著。在"碳达峰、碳中和"背景下，有色金属行业面临二氧化碳排放量高、原材料端降碳脱碳需求、欧盟绿色贸易壁垒等制约因素，逐渐向绿色低碳转型发展，当前已取得显著成效，产业结构持续优化，绿色冶炼创新水平不断提升，循环体系逐渐形成，

---

* 孟琦，国家工业信息安全发展研究中心信息化所高级工程师，从事"双碳"、两化融合、数字化转型等相关领域研究；赵珏昱，国家工业信息安全发展研究中心信息化所工程师，从事数字化转型、工业互联网、两化融合等相关领域研究；师丽娟，博士，国家工业信息安全发展研究中心信息化所高级工程师，从事"双碳"、两化融合、工业互联网、数字化转型等相关领域研究；付宇涵，国家工业信息安全发展研究中心信息化所高级工程师，从事两化融合、工业互联网、数字化转型相关领域研究；张宏博，博士，国家工业信息安全发展研究中心信息化所工程师，从事"双碳"、两化融合等相关领域研究。

碳管理态势有序发展。在此，建议行业锁定绿色发展，进一步优化产业结构布局，提升综合发展效率，持续打造创新合力，推进技术产品研发推广，全面促进数字化绿色化协同提升，以国际交流合作共助全球绿色发展。

关键词： 有色金属行业　绿色低碳发展　高质量发展　再生有色金属

一　绿色低碳是有色金属行业高质量发展的必选项

有色金属行业是关系国民经济和国防建设的重要支柱性产业，也是人机密集协调、生产环境复杂的重工业领域，涵盖有色金属矿采选业、有色金属冶炼和压延加工业等子行业。随着科技与工艺的进步与发展，有色金属在国防军工、航空航天、汽车、高端装备、电力、建筑、家电等行业的应用日益广泛，行业资源制约与高质量发展需求也不断深化。

（一）我国有色金属行业发展现状

我国有色金属产量连续 20 年稳居世界第一，工业生产稳中有升。2022年，我国有色金属行业工业增加值同比增长 5.2%，较工业平均水平高 1.6个百分点。[①] 自 2002 年以来，我国十种有色金属（铝、铜、锌、铅、硅、镁、锑、镍、锡、钛）产量稳居世界第一，近十年产量稳中有升，如图 1所示。2022 年全国十种有色金属总产量达 6793.60 万吨，其中精炼铜产量1106.3 万吨，占总产量的 16.3%，原铝（电解铝）产量 4021.4 万吨，占比达 59.2%。[②] 世界十大铜、铝、铅、锌冶炼企业中，我国均有 3 家以上位列其中。此外，先进冶炼技术也不断得到突破创新，铝冶炼大型预焙槽技术，

---

① 数据来源于工业和信息化部原材料工业司公布情况（https：//www.miit.gov.cn/jgsj/ycls/gzdt/art/2023/art_ 514c50db877f46328e604c8a8ab1a0e9.html）。

② 数据来源于国家统计局公布情况。

铜、镍闪速熔炼技术，铜、铅、锡富氧溶池熔炼技术等，已达到了世界先进水平。

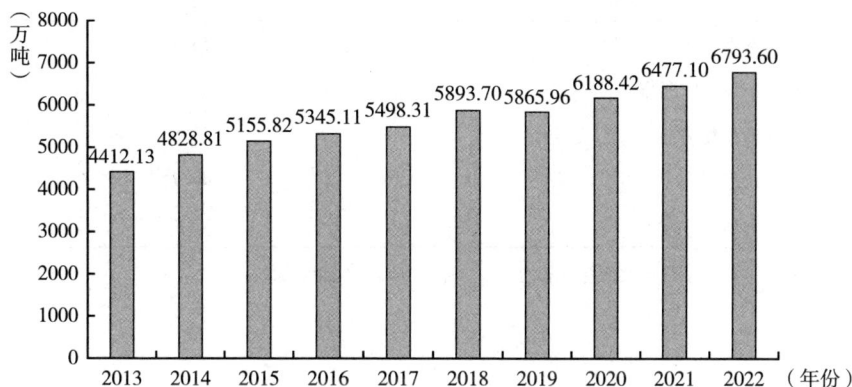

图1　2013~2022年我国十种有色金属产量

资料来源：国家统计局。

冶金行业数字化基础坚实，网络化智能化水平有待提升。有色金属行业企业正由传统资源依赖型的生产制造型企业向涵盖高水平的制造、贸易、物流等多产业集群的综合性生产服务型企业转型，企业呈现多维丰富的数字化转型态势。数字化方面，截至2022年底，冶金行业生产设备数字化率、数字化生产设备联网率分别为53.8%和51.3%，分别高于全国平均水平1.3个和5.2个百分点；行业关键工序数控化率达73.8%，分别高于全国平均水平和原材料行业平均水平15.2个和1.5个百分点，数字化基础较为坚实。网络化方面，冶金行业统计企业中有近一半在生产经营等过程中应用了工业云平台，行业工业云平台应用率为46.7%，与全国及原材料行业平均水平略有差距。智能化方面，行业约一成企业初步具备智能制造基础条件，行业智能制造就绪率为12.1%，与原材料行业平均水平（12.2%）基本持平①，具体如表1所示。

---

①　数据来源于两化融合公共服务平台（www.cspiii.com）统计监测结果。

表1　冶金行业两化融合关键指标

单位：%

关键特征	指标
生产设备数字化率	53.8
数字化生产设备联网率	51.3
关键工序数控化率	73.8
工业云平台应用率	46.7
智能制造就绪率	12.1

资料来源：两化融合公共服务平台（www.cspiii.com）统计监测。

（二）有色金属行业绿色发展需求

"2030 年前实现碳达峰、2060 年前实现碳中和"是中国向世界作出的庄严承诺，是我国贯彻新发展理念、构建新发展格局、推动高质量发展的内在要求。有色金属行业作为建设制造强国的重要支撑，也是工业领域碳排放的重点行业，在产业竞争力和国际影响力逐步提升的背景下，有色金属行业绿色低碳发展需求日益显著。

有色金属行业规模大、用电依赖火电，导致二氧化碳排放量居高不下。我国有色金属行业发展迅速，重点品种冶炼及压延加工产能产量占全球过半，铜、铝、铅、锌冶炼产品产量分别占到全球的 42%、56%、41% 和45%，遥居世界第一。电解铝是有色金属行业节能降碳的重点品种，据有色金属工业协会统计，2020 年我国有色金属行业二氧化碳排放量约为 6.6 亿吨，其中电解铝二氧化碳排放约 5.5 亿吨，占行业二氧化碳总排放量的八成。除此之外，有色金属产业链长，涉及矿山采选、冶炼及压延加工，其中冶炼环节碳排放约占全行业碳排放总量的 90%，冶炼过程中电力和热力产生的间接排放最多，如表 2 所示，且行业用电以火电为主，导致行业碳排放总量居高不下。

表 2　有色冶炼行业碳排放类型

单位：%

名称	排放源	排放类型	排放比例
电力和热力产生的碳排放	有色金属电解及高温电炉等冶炼用电产生的碳排放	间接排放	68
含碳原料产生的碳排放	碳作为反应物产生的碳排放，如铝电解过程用碳素阳极，硅冶炼、钛冶炼用碳等	直接排放	12
燃料燃烧产生的碳排放	化石燃料燃烧产生的碳排放，如高温窑炉及蒸汽生产等	直接排放	15
过程排放	工艺过程产生的碳排放，如碳酸钙分解制石灰产生的二氧化碳等	其他	5

资料来源：《有色金属工业低碳技术分析与思考》数据统计。

产业链降碳脱碳倒逼原材料绿色转型，对有色金属绿色发展提出更高要求。"双碳"目标驱动下，新一代信息技术、新能源、新材料、高端装备、新能源汽车、航空航天、海洋装备等战略性新兴产业蓬勃发展，有色金属作为重要的基础原材料，在各行业领域应用广泛，市场需求旺盛。当前，我国积极引导产品供给绿色化转型，重点产业链积极打造从基础原材料到终端消费品全链条的绿色产品供给体系，产业链降碳脱碳倒逼有色金属行业绿色转型发展。据统计，新能源汽车每减重 100kg 将提升 10% 以上的续航能力，还可减少 20% 的电池成本及 20% 的日常损耗成本，镁、铝及其合金材料已成为整车轻量化的关键替代材料；锂和钴也是制备新能源汽车锂电池的基本原料，铜铟镓硒 CIGS 薄膜太阳电池是充电桩的关键材料，产业链的应用与降碳双重需求对有色金属行业绿色发展提出更高要求。

欧盟碳边境调节机制对铝产品征收碳关税，我国出口贸易利润空间承压。欧盟以避免"碳泄漏"为由，实行碳边境调节机制（Carbon Bonder Adjustment Mechanism，CBAM），拟自 2026 年起，对铝行业等进口产品全面征收碳关税，届时将抬升铝产品的对欧出口成本，影响我国的出口贸易格局。据统计，CBAM 覆盖的与铝相关的商品共 14 项，对照 2021 年欧盟海关进口数据，以贸易金额计，对应我国约 198.44 亿元的输欧铝商品金额；以贸易数量计，对应我国约 61.05 万吨的输欧铝商品总量。在市场体量和调节机制的双重约束下，需积极跟踪国际碳关税政策进展，提高行业清洁能源使用比例，推动促进铝资源循环利用，开展全生命周期碳足迹核算和碳排放强度评估等，细化明确减碳成本，避免出口产品双重征税问题。

二　有色金属行业绿色低碳发展现状

2022 年 7 月 7 日，工业和信息化部、国家发改委、生态环境部联合印发《工业领域碳达峰实施方案》，其中对有色金属行业提出了明确的碳达峰任务与目标，主要面向产能约束控制、技术改造升级、进出口要求等方面，还明确了 2025 年、2030 年前关键任务指标。同年 11 月 15 日，《有色金属行业碳达峰实施方案》印发，部署了五大重点任务，具体包括优化冶炼产能规模、调整优化产业结构、强化技术节能降碳、推进清洁能源替代和建设绿色制造体系，为有色金属行业实现碳达峰指明了方向。在相关工作推进过程中，行业绿色低碳发展已取得一定成果，但同时也面临着一定风险与挑战。

（一）产业结构持续优化，落后产能逐步置换退出

在工业化、城镇化高速发展阶段，有色金属行业也存在盲目式扩张、粗放式发展等情况，致使行业出现产能过剩、污染物排放加重、利润率下滑、经营困难等现象。自供给侧结构性改革实施以来，我国有色金属行业企业数量规模得到有效控制，矿采选业、冶炼和压延加工业企业数量均呈现下降态势，行业大中型企业总数总体下降，如图 2 所示。电解铝行业进一步控制优化产能规模，严守 4500 万吨/年合规上限，如图 3 所示，高载能、高碳排的煤电铝发展模式得到有效控制，绿色化、低碳排的水电铝产能替换优势显现，产业分布正在从山东、新疆、内蒙古等富煤区域向云南、广西、四川等多水区域转移。然而，西南地区水电铝运行产能受自然气候环境影响较大，高温和枯水期地区电力缺口增大，电解铝企业会面临被迫停产降负荷的情况，区域电网应加紧建设以改善用能结构。

□ 矿采选业　　▨ 冶炼和压延加工业

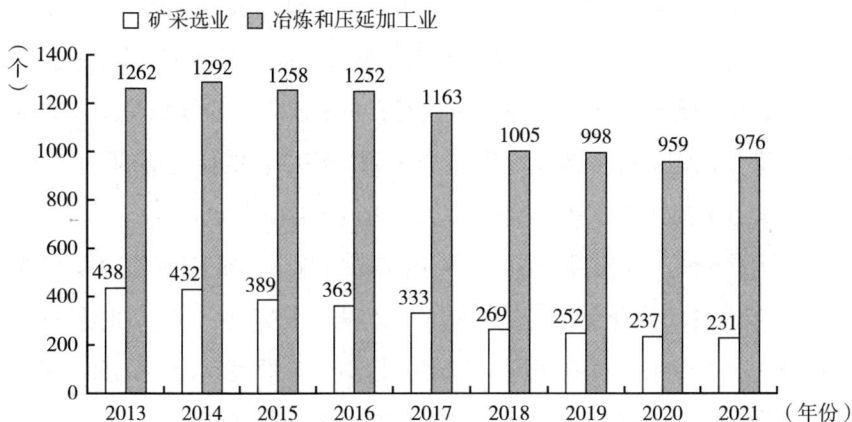

图2　2013~2021年我国有色金属行业大中型工业企业数量

资料来源：国家统计局。

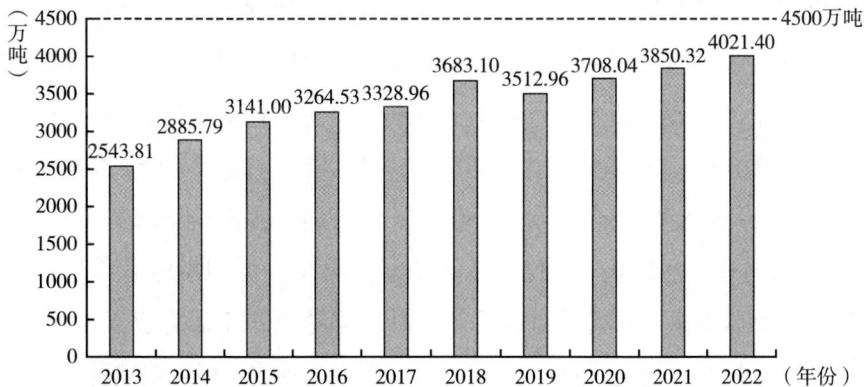

图3　2013~2022年我国电解铝产量

资料来源：国家统计局。

（二）绿色冶炼创新突破，技术装备达国际先进水平

有色金属行业大力推动科技创新，产业基础研究和协同创新能力显著增强，在矿山、冶炼、加工与新材料等领域取得了明显技术突破，大型骨干企

业的技术装备已达到或领先世界先进水平，行业已建成国家级"绿色矿山"163 座、"绿色工厂"120 家。富氧熔炼、湿法冶炼等非碳还原工艺逐渐成为铜、铅、锡等有色金属生产的主流，使有色金属生产的能源消耗和碳排放量大幅下降。以铜冶炼为例，2020 年全国铜冶炼综合能耗比 2000 年减少近80%，粗铜焦炭消耗比 2000 年减少 87%，粗铜煤耗比 2000 年减少 80%，大幅减少了铜冶炼的二氧化碳排放量。[①] 电解铝方面，企业广泛采用大型预焙槽，2021 年电解铝综合交流电耗已降至 13518 千瓦时/吨，达到世界领先水平，300KA 技术和装备已在伊朗、印度、越南、哈萨克斯坦等国建厂投产。一批先进铜、铝加工技术取得显著突破，中厚板高端航空铝材已用于大飞机和军工等领域，高铁用铝材全部实现了国产化。

（三）循环体系逐渐形成，可再生有色金属产量破千万吨

发展循环经济具有显著的资源节约和碳减排协同效应，有色金属具备可循环利用的特点，可通过废旧金属制品（如报废汽车、废弃电子器件、废电线电缆等）和工业生产过程中的金属废料进行回收炼制，得到再生有色金属及其合金。2012 年，我国再生铜、铝、铅、锌总产量为 1039 万吨，到 2021 年，全国再生有色金属产量达 1572 万吨，占国内十种有色金属总产量的 24.4%，各类金属占比如图 4 所示，再生资源利用能力显著增强。再生有色金属带来的减排效果显著，2021 年再生有色金属主要品种实现二氧化碳减排超 0.9 亿吨，其中，再生铜减排 385 万吨、再生铝减排 8800 万吨、再生铅减排 178 万吨。与此同时，还节能 3317.04 万吨标准煤，节水22.5 亿立方米，减少固体废物排放 18.9 亿吨，减少二氧化硫排放 58.1 万吨。但我国有色金属再生产业高端化水平不足，部分再生铝因工艺落后、产品质量低只能用在汽车、摩托车配件等领域，尚且达不到精密高端产品使用标准。

---

① 数据来源于《有色金属行业碳达峰实施方案》系列解读文章之三情况公布。

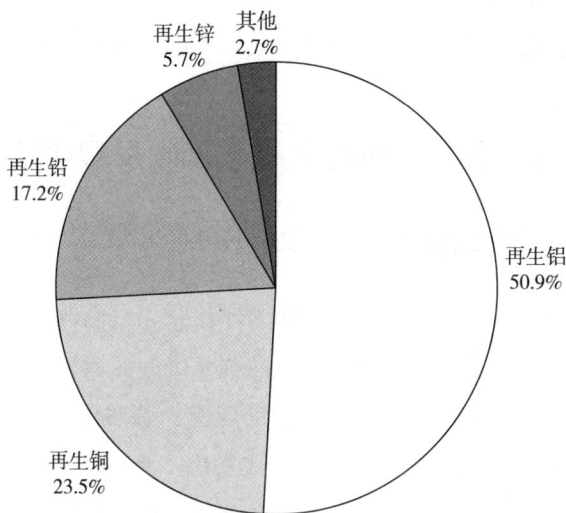

图 4　2021 年我国各类再生有色金属占比情况

资料来源：国家统计局。

（四）积极开展碳管理，行业降碳减碳基础夯实

从流程上讲，碳管理是涵盖碳监测、碳减排、碳移除、碳资产等过程管理的综合管理体系，有色金属行业企业多维度积极开展碳管理工作。截至2022 年 9 月底，行业约有 47.6% 的企业基于数字化手段实现能源在线实时监控管理，为基于能耗活动的碳排放核算提供数据支撑。有色金属绿色清洁智慧开采、先进冶炼工艺技术、新型生产加工技术方法、关键新材料制备、固废处理技术装备开发等方面取得系列突破，节能降碳减排水平不断提升。因有色金属行业排放的烟气温度高、成分复杂等，开展二氧化碳捕集与利用有一定难度，而行业产生的固废却是优质的碳捕集原料，如氧化铝生产过程中产生的赤泥固废具有强碱性，可用于捕集二氧化碳、制备生物质能碳汇材料等。中科院过程工程研究所采用亚熔盐法将赤泥与粉煤灰联合处理提取氧化铝后，富硅相转化成为生态碳汇材料，在盐碱地改良、沙地治理等方面显现良好的应用前景。重庆、湖北等地方碳排放权交易试点已覆盖有色金属行

业，2021 年全国碳排放权交易市场上线交易，第一个履约周期仅覆盖了发电企业，后续有色金属行业也将被逐步纳入全国碳交易体系。

三　有色金属行业绿色低碳发展建议

（一）优化产业结构布局，全面提升综合效率

持续防范高耗能、高碳排冶炼产能无序扩张，对低效率、高污染企业实施绿色升级改造，推进产业分布向清洁能源充足的区域转移，进一步做好市场规范引导，促进良性高水平供需平衡的建立。着眼于产业综合效率提升，布局上提高产业集中度，鼓励产业聚集式发展，减少过程环节损耗与浪费，扩大区域清洁能源使用占比，促进资源合理化共享，吸引产业链上下游优质企业，打造先进产业集群。

（二）形成创新合力，推进技术产品研发推广

鼓励企业、科研院所、行业协会、高等院校等形成创新合力，针对产业难点及"卡脖子"问题协同攻关，推进关键技术和工艺设备创新研发。扩大全生命周期低碳化、绿色化产品供给，从基础原材料到加工生产到利用回收等环节提升产业链绿色化水平。促进先进适用的绿色低碳新技术、新工艺、新设备、新产品推广应用，依托公共服务平台和推广活动等提升供需精准对接水平。

（三）借力数字技术优势，促进数绿协同提升

推动有色金属行业数字化、网络化、智能化发展，持续推动工艺革新、装备升级、管理优化和生产过程智能化，提升采掘、冶炼、生产等环节的数控化水平，增强安全生产保障能力，提高生产效率。借力 5G、人工智能、大数据等新一代信息技术优势，深入赋能行业仿真模拟、并行计算、多目标决策、数字化碳管理等工作，助力行业减碳技术研发及关键项目攻关，实现科学管碳降碳去碳。

（四）深化国际交流合作，共筑全球绿色发展

积极参与全球贸易合作，把握绿色发展新契机，建立长远化合作模式，构筑互利共赢的产业链、供应链利益共同体。广泛开展标准化合作，争取在管理制度、技术规范、标准体系等方面的合作由参与向牵头延伸，提升我国国际话语权。推行绿色产品认证与产品全生命周期碳足迹追踪核算，为妥善应对绿色贸易壁垒打好基础，积极参与碳关税国际协调与规则制定，保障我国产品的国际竞争力。

四　结束语

绿色发展是破解资源环境约束突出问题、实现高质量发展的必然选择。近年来，我国有色金属行业实力不断增强，科技创新能力显著提高，国际影响力逐渐提升，但行业绿色发展格局尚未形成，可能面临国内国际多重压力。后续，行业将以《有色金属行业碳达峰实施方案》为纲，坚持双轮驱动、技术创新、重点突破、有序推进，进一步优化产业结构和用能结构，推进低碳工艺研发应用，进一步降低重点品种单位产品能耗与碳排放强度，完成各项重点任务工作，做好统筹协调、激励约束、金融支持、标准计量、公共服务、示范引导等全方位保障支撑，确保 2030 年前有色金属行业实现碳达峰。

参考文献

张楠、刘若曦：《"双碳""双循环"下我国有色金属矿业发展新趋势》，《中国有色金属》2022 年第 21 期。

《我国再生金属产业现状研究》，https：//www.chinairn.com/hyzx/20221116/175322991.shtml。

《汽车轻量化重点》，https：//baijiahao.baidu.com/s？id = 1689452183370383226&wfr =

spider&for＝pc。

郑诗礼、叶树峰、王倩等：《有色金属工业低碳技术分析与思考》，《过程工程学报》2022 年第 10 期。

中研普华产业研究院：《2022～2027 年再生金属市场发展现状调查及供需格局预测报告》，2022 年。

莫欣达：《欧盟碳关税对中国铝产业的潜在影响研究》，《中国有色金属》2022 年第12 期。

《欧盟碳关税对我国铝出口成本冲击的定量情景分析》，https：//m. jrj. com. cn/madapter/futures/2023/03/21094237415406. shtml。

王倩倩、张彤：《新时代背景下推动有色金属行业高质量发展战略研究》，《有色金属工程》2023 年第 2 期。

陈钰、杨铄华：《这十年我国有色金属工业在推进高质量发展进程中取得显著成效》，《中国有色金属》2022 年第 20 期。

《谱写有色金属工业辉煌新篇章》，https：//www. chinania. org. cn/html/xiehuidongtai/xiehuidongtai/2023/0408/52987. html。

《〈有色金属行业碳达峰实施方案〉系列解读文章之三》，https：//www. miit. gov. cn/jgsj/ycls/ghzc/art/2022/art_ 4910116823b94159b967b411fa1a0b25. html。

雷英杰：《再生有色金属产业迎来新增长点》，《环境经济》2022 年第 24 期。

《辉煌十年有色志·再生金属篇》，https：//mp. weixin. qq. com/s？＿＿biz＝MzA3ODM0NTI4Nw＝＝&mid＝2704816086&idx＝2&sn＝ea2f6272d5ec5438abe665034912af2b&chksm＝bb88b2fe8cff3be8fad5f804215fa82a9890777f699677fea9489cfddf5393d4d1d6922a3d67&scene＝27。

B.9
我国钢铁行业绿色低碳发展分析及建议

苏泳睿　赵珏昱　师丽娟　高欣东　王茂安*

摘　要： 钢铁行业是支撑国民经济社会健康发展的支柱产业，在长期发展
过程中，行业现代化水平持续提高，循环利用效率显著提升，节
能提效成为发展方向标，但也面临产能过剩压力大、产业集中度
偏低、产业安全保障能力不足、绿色低碳发展水平有待提升等问
题。本文基于我国钢铁行业绿色低碳发展现状，依据国家发展导
向与产业发展要求，系统分析了钢铁行业低碳发展趋势，并针对
当前行业面临的问题以及绿色低碳发展要求，提出了强化政策协
同、优化产业布局、增强创新发展、推进数字赋能绿色发展等
建议。

关键词： 钢铁行业　绿色低碳发展　新型工业化　数字赋能

一　钢铁行业绿色发展需求

世界钢铁协会发布数据显示，2023 年 2 月全球 63 个纳入世界钢铁协

＊ 苏泳睿，博士，国家工业信息安全发展研究中心信息化所工程师，从事数字化绿色化协同转
型发展（双化协同）、产业数字化转型相关领域研究；赵珏昱，国家工业信息安全发展研究
中心信息化所工程师，从事数字化转型、工业互联网、两化融合等相关领域研究；师丽娟，
博士，国家工业信息安全发展研究中心信息化所高级工程师，从事"双碳"、两化融合、工
业互联网、数字化转型等相关领域研究；高欣东，博士，国家工业信息安全发展研究中心信
息化所高级工程师，博士，从事两化融合、数字化转型、智慧应急相关领域研究；王茂安，
北京邮电大学。

会统计国家的粗钢产量为 1.424 亿吨，同比下降 1.0%，其中，我国粗钢预估产量为 8006 万吨，同比提高 5.6%，已实现粗钢预估产量"两连增"，如图 1 所示。结合中国钢铁工业协会统计信息，2023 年 3 月中旬，重点统计钢铁企业共生产粗钢 2253.07 万吨，粗钢日产 225.31 万吨，环比增长 4.71%。当前，世界经济仍未复苏，钢铁产业需求与供给呈现不平衡态势，需求结构不断变化，供给侧结构深入调整，产能过剩，市场需求不足，价格、需求双双承压，实现钢铁行业高质量发展，化解好产能过剩问题是当务之急。

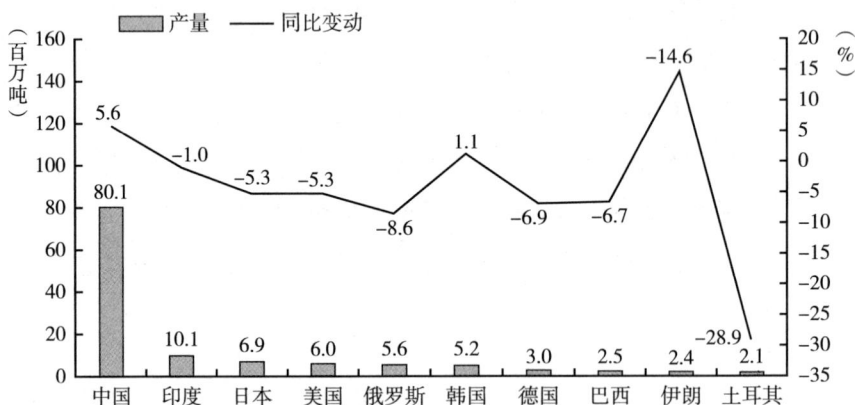

图 1　2023 年 2 月粗钢产量排名前十国家

资料来源：世界钢铁协会。

2020 年 9 月，我国向世界提出中国将于 2030 年前实现"碳达峰"、2060 年前实现"碳中和"的承诺。在兼顾经济发展和绿色达标的要求下，我国实现"双碳"任务十分艰巨。我国粗钢产量巨大，超 10 亿吨的粗钢产量导致钢铁行业碳排放位居全国第二，仅低于电力行业，如图 2 所示。钢铁行业是实现"双碳"目标的重点领域，要想实现"双碳"目标，钢铁行业必须率先达标。中国钢铁工业协会最新数据显示，2023 年 1～2 月，重点统计钢铁企业用水总量 151 亿立方米，同比增长 6.2%；废气排放总量同比上升 7.9%；钢渣产生量 1415 万吨，同比增长 4.9%；高炉煤气产生量 1588 亿立方米，同比增长 6.5%；绿色低碳发展压力显著。[①]而导致绿色低碳发展水平有待提升的深层次原因是节能技术、产量控制、循环利用、新能源替代等方面存在较大的提升空间，行业整体绿色发展需提质增效。

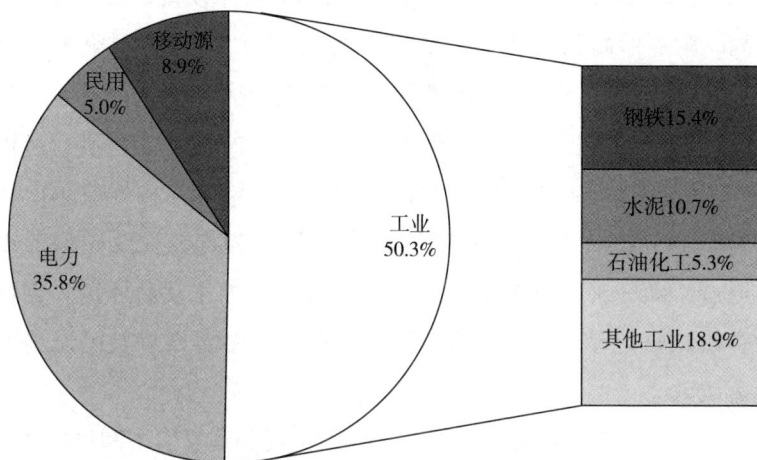

图 2　2020 年中国行业大类碳排放数据

资料来源：网易研究局碳中和报告。

二　钢铁行业绿色发展现状

钢铁行业一般指黑色金属冶炼及压延加工业。按《国民经济行业分类》，黑色金属冶炼及压延加工业包括炼铁、炼钢、钢压延加工和铁合金冶炼四个中类行业，是国家重要的原材料工业之一。此外，由于钢铁生产工序复杂多样，易于衍生多种工业生产门类，其中包括非金属矿物采选和制品等其他一些工业门类，如耐火材料、碳素制品、焦化产品等，因此通常将这些与钢铁生产直接关联的工业生产门类也纳入钢铁工业范围。

---

① 数据来源于中国钢铁工业协会。

钢铁工业是国民经济的重要基础产业，直接关乎经济发展与平稳运行；是建设现代化强国的重要支撑，直接影响新型工业化体系构建；是实现绿色低碳发展的重要领域，直接反映绿色发展理念的贯彻实施情况。党的十八大以来，习近平总书记多次深入钢铁企业进行深度走访调研，着重强调"产品和技术是企业安身立命之本""加强新材料新技术研发，开发生产更多技术含量高、附加值高的新产品，增强市场竞争力"。在我国第十三个五年规划纲要实施期间，钢铁行业不断深入推进供给侧结构性改革，产品质量和产业效益水平持续提升，有力保障了国民经济的稳定健康运行。进入我国第十四个五年规划纲要实施时期，钢铁工业供给侧结构性改革向实向深迈进，"巩固、增强、提升、畅通"八字方针成为产业发展转型的重要方向标，通过不断完善政策体系、强化政策引导、优化营商环境、创新管理方式等举措，坚持绿色发展、低碳发展，在产业融合发展转型发展方面取得了显著成效。

钢铁行业的绿色低碳转型发展对于我国实现碳达峰碳中和目标具有至关重要的作用，是实现可持续发展的重要途径。截止到 2019 年，中国钢铁行业二氧化碳排放量达到 22.27 亿吨，相较于 2000 年的 4.92 亿吨，增长了大约 3.5 倍。[①] 碳排放量的增长虽然与钢产量的逐年攀升密不可分，但也清晰地反映了钢铁行业是节能减排、低碳发展的关键领域，绿色化转型发展是其必然选择。近年来，绿色发展已成为钢铁行业发展战略制定的首要考量因素，逐渐内化为钢铁企业发展的基本理念。为了更加清晰地了解钢铁行业绿色低碳发展现状，根据相关研究以及实践结果，本部分从数字化赋能、循环利用、节能技术三个部分进行阐述。

（一）数字化赋能产品效果显现，产业绿色发展不断迈进

1949 年新中国成立时，我国钢铁总量仅有 15.8 万吨；到 2021 年，我国钢铁产量达 10.3 亿吨，占全球产量的 50%以上，连续 26 年稳居全球钢铁

---

① 数据来源于中国碳核算数据库（CEADs），https：//www.ceads.net/。

生产和消费首位，[①] 如图 3 所示；2022 年钢材产量 134033.5 万吨，同比增长 0.3%。经过 70 多年的发展，我国钢铁工业自主创新能力增强，19 类钢铁产品自给率达到了 100%，3 类产品自给率超过 98.8%，所有 22 个大类钢铁产品自给能力均实现了高水平发展。[②] 同时，产业智能制造水平更高，整个冶金行业的关键工序数控化率达到 73.8%，数字化研发设计工具普及率达到 63.0%，数字化网络化智能化建设逐步完善。

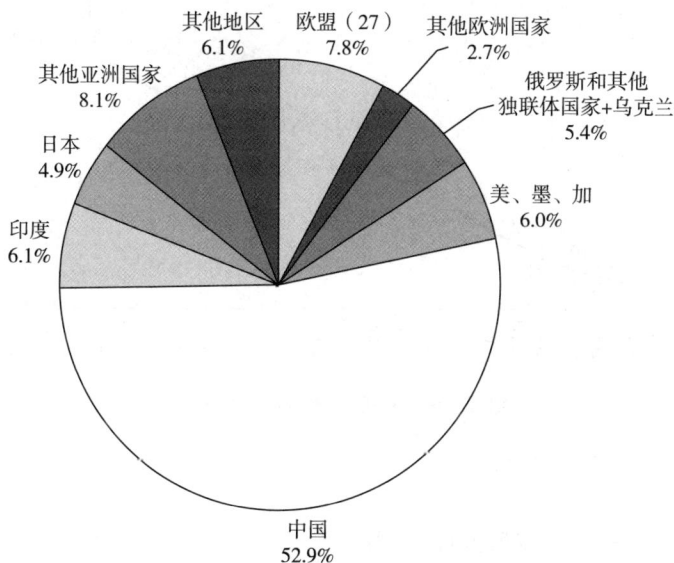

图 3　2021 年全球粗钢产量地区分布

资料来源：世界钢铁协会。

钢铁产量与钢铁碳排放密不可分，随着钢铁产量的增长，钢铁碳排放也呈现正向上升态势。数据显示，2014~2017 年我国钢铁行业经历了短暂的产量低谷期，2018 年后产量逐渐回弹，到 2021 年钢材产量达到 13.37 亿吨（见图 4），粗钢产量和碳排放量目前仍未处于绝对达峰的阶段。近两年，由

---

① 数据来源于中国钢铁工业协会。

② 数据来源于世界钢铁协会。

于全球经济逐渐复苏，粗钢产量出现波动，但在严格的绿色低碳发展要求下，2022年1~12月，我国累计粗钢产量为10.13亿吨，同比下降2.1%，截止到2023年3月，全国粗钢产量同比下降6.4%。① 同时生产过程更绿色，截止至2022年7月，有超过50家钢铁企业、超3亿吨钢产能完成超低排放改造公示，节能降碳、绿色发展工作有序推进。②

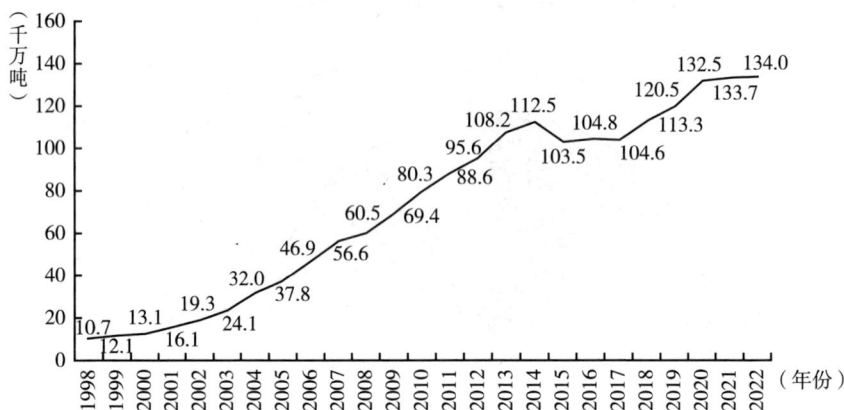

图4 1998~2022年中国钢材产量

资料来源：国家统计局。

在提升钢铁工业质量方面，2022年1月，工业和信息化部联合三部委下发的《关于促进钢铁工业高质量发展的指导意见》指出，突出创新驱动引领，推进产学研用协同创新，强化高端材料、绿色低碳等工艺技术基础研究和应用研究，强化产业链工艺、装备、技术集成创新，促进产业耦合发展，强化钢铁工业与新技术、新业态融合创新。力争到2025年，钢铁工业基本形成布局结构合理、资源供应稳定、技术装备先进、质量品牌突出、智能化水平高、全球竞争力强、绿色低碳可持续的高质量发展格局。

当前我国钢铁领域碳排放占比高，碳管理压力大，基于数字化转型实

---

① 数据来源于中国钢铁工业协会。
② 数据来源于国家统计局、中国钢铁工业协会。

践，数字技术在降低碳管理成本、提高碳管理效率、提升碳管理质量等方面已发挥积极的促进作用。在数字化赋能碳监测方面，截至2022年9月，钢铁行业基于数字化手段实现能源在线实时监控管理的企业比例为62.7%，超六成的钢铁企业为基于能耗活动的碳排放核算提供数据支撑。钢铁行业作为碳监测评估试点行业，宝武、首钢等企业已取得连续监测数据，并依托数字化平台进行监测数据的实时采集与核算，为行业碳监测标准的制定奠定了良好数据基础。

在数字化赋能能源管理升级方面，钢铁行业促进数字化绿色化融合发展。以宝武钢铁为代表的大型钢铁企业已经建设成"黑灯工厂"和智能车间，并已实现稳定运行，其中宝山基地入选全球"灯塔工厂"名单。加快能源管控中心建设，钢铁企业能源管控中心配备率提高到80%左右，利用数字化技术对生产过程的能源及相关数据进行采集、分析、调度、预测和管理，实现了多工序、多介质等不同维度之间的能源协同平衡与优化利用，提升了能源精细化管理水平。①

总体来看，数字化赋能钢铁行业绿色低碳发展的效果日益显现。2023年2月，《数字中国建设整体布局规划》正式发布，提出"加快数字化绿色化协同转型"。以数字化引领绿色化，以绿色化带动数字化，在钢铁行业中不断推动数字化绿色化发展进程，促进节能降碳，实现钢铁行业高端化智能化绿色化发展。

（二）现代化水平持续提升，循环利用效率显著提升

党的十八大以来，钢铁业现代化水平不断提升。我国钢铁产业已逐步建成较为完备的世界级钢铁工业体系，规模庞大，产业链供应链稳定；生产装备、工艺和技术均已达到世界先进水平，能够满足多种钢铁产品需求。不仅如此，钢铁行业的产能过剩问题，随着产业现代化水平的提高也得到进一步

---

① 数据来源于《〈工业能效提升行动计划〉专家解读系列文章之六：系统推进节能提效　加快钢铁行业转型升级》。

化解。2017 年，工业和信息化部出台《钢铁行业产能置换实施办法》，严禁钢铁行业新增产能，推进布局优化、结构调整和转型升级，产能的无序扩张得到抑制。2022 年全年黑色金属冶炼和压延加工业产能利用率达 76.3%[①]，基本恢复至合理区间。

钢铁行业是能源消耗与碳排放的重点领域，能源消费量占全国能源消费总量的 11%，碳排放量占全国碳排放量的 15%。[②] 而导致该种情况出现的主要原因之一是钢铁行业以高炉—转炉长流程工艺为主，能源结构高碳化，实现循环利用存在较大困难，大量的废钢堆积。但废钢并不是一无是处，可作为短流程电炉工艺的直接原材料。充分利用废钢特别是清洁废钢能够有效推动钢铁产业的绿色循环发展，开辟发展新道路。通过实践检验，2020 年我国废钢利用量约 2.6 亿吨，替代 62% 品位铁精矿约 4.1 亿吨[③]，通过工艺的变化能够变废为宝，实现循环利用的价值转化。

电炉工艺作为循环利用废钢资源，不断增加循环利用效益的主要手段。其应用与发展一方面取决于废钢质量，更重要的一方面是取决于配电情况。近些年来，钢铁行业广泛应用副产煤气发电，吨钢转炉煤气回收量达到 119m^3（吨钢节能量约 30kg 标准煤），煤气放散率接近于零。先进余热余能回收利用技术装备普及率大幅提高，高炉煤气干式余压发电 TRT（或 BPRT）配备率达 99% 以上，干熄焦发电配备率达 93% 以上。2021 年我国钢铁行业余热余能自发电率约 54%，较 2012 年提高 18 个百分点，[④] 电炉工艺配电也基本实现了循环利用，更好地推动钢铁行业能源双圈循环，利用效果显著增强。

（三）节能提效成为发展方向标，节能技术创新深入发展

绿色发展是对生产方式、生活方式、思维方式和价值观念的全方位、革命

---

① 数据来源于中国钢铁工业协会。
② 数据来源于《中国环境电子报》。
③ 数据来源于《"十四五"循环经济发展规划》。
④ 数据来源于《〈工业能效提升行动计划〉专家解读系列文章之六：系统推进节能提效　加快钢铁行业转型升级》。

性变革。党的十八大以来，我国钢铁行业积极推进供给侧结构性改革，推动结构优化、节能降碳、转型提效、绿色发展，迎来了从"钢铁大国"到"钢铁强国"的历史性跨越。工业和信息化部等六部门联合印发的《工业能效提升行动计划》提出，到2025年，重点工业行业能效全面提升，绿色低碳能源利用比例显著提高，钢铁行业重点产品能效达到国际先进水平，规模以上工业单位增加值能耗比2020年下降13.5%，节能提效成为行业绿色发展的主旋律。

节能技术是指采取先进的技术手段来实现节约能源的目的，钢铁工业作为支撑国民经济的重要基础产业，是节能技术应用和发展的重点环节。《国家工业节能技术应用指南与案例（2022年版）》中，将钢铁行业的主要工序总结为炼铁、焦化、烧结等，铁水一罐到底、烧结烟气内循环、高炉炉顶均压煤气回收、薄带铸轧、余热余压梯级综合利用、铸坯热装热送、副产煤气高参数机组发电、智能化能源管控等技术是钢铁行业节能技术的发展方向。

节能技术对于钢铁产业控碳降碳具有直接的促进作用。一方面，节能技术是培育工业绿色低碳发展新动能，锻造产业新优势的重要推手。节能技术能够有效控制钢铁生产中的能源消耗，降低碳排放与污染物排放，又能助力钢铁产品工序优化与品质升级。另一方面，采取节能技术和循环利用能源的方式能够有效优化钢铁生产流程，改变能源需求模式，是实现产业部门低碳转型的有效措施。大多数研究结果表明，随着钢铁行业节能技术的进步，钢铁行业整体的能源利用效率水平会不断提升，碳排放量最终会控制在一个合理区间，到2050年仍会存在1.7亿~2.6亿吨标准煤的能源消耗，相比于2020年下降五成到六成，而中国的能源消耗下降幅度能够达到20%左右。[①]

三 钢铁行业绿色低碳发展存在的问题

（一）政策体系相对健全，实施路径尚不清晰

党中央、国务院高度重视节能工作，强调"把节约能源资源放在首位，

[①] 数据来源于 Iron and Steel Technology Roadmap：Towards More Sustainable Steelmaking。

实行全面节约战略，持续降低单位产出能源资源消耗和碳排放，提高投入产出效率"。2021年以来，国家部委相继发布多份能效约束相关文件，对钢铁行业节能降碳及绿色低碳转型提出明确的发展方向。《关于严格能效约束推动重点领域节能降碳的若干意见》中提出，到2025年，钢铁等重点行业达到标杆水平的产能比例超过30%；《工业能效提升行动计划》提出到2025年，绿色低碳能源利用比例显著提高，钢铁行业重点产品能效达到国际先进水平。但由于各地发展存在显著差异性，针对不同区域、产业特点的具体实施方案仍有待丰富，各部门之间配合有待进一步完善，无论是监管侧还是发展侧，协同发展的配合度还需持续提升。未来，钢铁行业还需注意强化系统观念，落实节能优先战略，抓好全流程管理，统筹好智能化发展、数字赋能、系统优化等各方面的关系，注重加快节能降碳工作向全产业链供应链深度扎根，有效提升节能工作对绿色低碳发展的重要推动作用。

（二）产业结构亟须优化，用能体系仍需加强

钢铁行业产业结构系统优化和提升，是产业数字化绿色化协同转型发展的内在要求，更是完善钢铁行业绿色低碳用能体系的重要保障。钢铁行业产业结构优化将有力缓解产能过剩和产业集中度偏低的现实问题，更有利于提升产业安全保障能力，最终推动钢铁行业绿色低碳发展。然而，钢铁行业仍然存在市场规模大、企业多而分散、市场控制力量微弱、个体影响力微弱等问题，虽然近些年我国通过深化供给侧结构性改革，推动企业兼并重组与低碳发展齐头并进，但由于钢铁工业对于区域发展的支撑十分重要，产业集中度仍然处于较低水平。此外，产业集中度偏低与产能过剩问题有着直接关联。钢铁工业发展悠久，形成了完备的技术和成本控制手段，除少数产品外，大部分产品生产准入门槛较低，十分有利于中小企业进入，加之我国一直处于高速发展进程中，对于钢铁产品的需求量较大，低碳用能工作开展相对较晚，没有形成以竞争为导向的经济性壁垒和以绿色发展为导向的战略规划，导致产业分散，低碳用能体系不健全，工艺结构存在较大优化空间，产业间耦合发展契合度有待提升，资源循环利用亟须加强。

（三）技术创新略显不足，节能降耗面临挑战

我国钢铁行业发展已经进入产业转型发展的关键阶段，实现由大到强的转变是现阶段的核心任务。秉持创新发展为主攻方向，突出创新引领的驱动作用，扎实推进产学研用协同创新，落实理论与实践成果转换，着重强化高端材料、绿色低碳等工艺技术的基础研究和应用拓展，强化钢铁工业与新技术、新业态融合创新是产业绿色高效发展的主攻方向。目前，钢铁行业革新性技术创新研究存在多方面缺失，关键技术有效突破成果不够显著，应用成本较高，创新技术深挖力度不大，技术发展路径不清晰，操作流程优化存在困难，进而导致以创新技术为产业绿色高效发展的新耦合点尚未形成，节能降耗工作深入推进存在多种阻碍，钢铁行业绿色发展稍显缓慢，绿色低碳可持续高质量发展格局有待加快形成。

四　钢铁行业绿色低碳发展建议

（一）多方联动加强政策协同，产业发展明确重点方向

强化政策衔接，增进多方联系，加强协同合作，深化产融发展。充分发挥国家产融合作平台作用，积极支持企业承担关键技术攻关和前沿技术突破任务，引导和鼓励社会资本加大对新材料、智能制造、绿色制造、资源保障等方面的投入。推动钢铁行业依法披露环境信息，接受社会监督。以节能降碳作为发展导向，在节能专用装备、节能技术改造、生产流程优化、资源综合利用等方面落实相关财政税收政策。积极探索绿色金融发展方向，建立碳减排支持机制，支持金融机构在科学合理严谨的评估前提下，保障风险可控、商业可持续的基础上，向碳减排效应显著的重点项目提供高质量的金融服务。

（二）优化产业布局结构，推进企业兼并重组

鼓励企业通过主动压减、兼并重组、转型转产、搬迁改造、国际产能合

作等途径，退出部分钢铁产能。鼓励重点区域调整淘汰标准，将高能耗、高污染工艺和设备实现淘汰与更换。鼓励有市场需求、环境容量、资源能源保障、能耗指标和钢铁产能相对不足的地区承接产业转移。鼓励钢铁冶炼项目依托现有生产基地集聚发展，立足于城市钢铁产业发展情况深入实施供给侧结构性改革，设立改造和转型升级标准，对于达不到标准要求、工艺落后且竞争力弱的本地钢厂，应尽快落实就地压减，落实退出机制。鼓励实施兼并重组战略，利用龙头企业、链主企业优势整合打造若干世界一流超大型钢铁企业集团。鼓励钢铁企业跨区域、跨所有制兼并重组，改变部分地区钢铁产业"小散乱"局面，增强企业发展内生动力。

（三）增强创新发展能力，推动节能技术工艺装备改造升级

强化企业创新主体地位，营造产学研用一体的协同创新生态。系统梳理钢铁行业改造提升的技术难点和装备短板，重点围绕薄带铸轧、低碳生产等方面基于大数据的流程管控，实现数据与生产的深度融合。注重节能环保等关键共性技术的创新开发与应用，有效助力生产过程中的节能降碳。发展特种冶炼、先进电炉、高端检测等通用专用装备和零部件，不断加大创新要素投入力度；充分利用高校、行业协会、科研机构和龙头企业的创新资源，推动相关核心技术与节能装备的研发攻关。发挥生产应用示范平台的作用，建立健全关键领域钢铁供应链上下游合作机制，搭建钢铁产业节能降碳产业联盟。

（四）推进数字赋能绿色低碳，加快建设数字化绿色化发展体系

贯彻落实钢铁行业碳达峰实施方案，统筹推进减污降碳协同治理。加快推进数字化转型，深入挖掘5G赋能钢铁行业节能提效的典型案例和场景并加以推广，探索"工业互联网+能效管理"典型应用场景。地方深入推进节能监察工作，全面推广工业节能诊断服务，支持企业提高绿色能源使用比例。全面推动钢铁行业超低排放改造，加快推进钢铁企业清洁运输。鼓励钢铁企业基于能源管控系统，耦合能源、低碳和环保，探索实施数字化综合节能管理。

加快构建钢铁行业智能制造标准体系，积极开展基础共性、关键技术和行业应用标准研究，系统建立钢铁行业数字化绿色化发展体系架构，设计数字化绿色化发展标准，构筑优势互补、互利共赢的全球化绿色钢铁产业生态圈。

参考文献

潘璟华：《实现高市占 助力我国钢铁产业集中度持续提升》，《冶金经济与管理》2021 年第 6 期。

李晋、谢璨阳、蔡闻佳等：《碳中和背景下中国钢铁行业低碳发展路径》，《中国环境管理》2022 年第 1 期。

AN R Y, YU B Y, LI R, et al., "Potential of energy savings and CO_2 emission reduction in China's steel industry", *Applied energy* 2018.

ZHANG Q, XU J, WANG Y J, et al., "Comprehensive assessment of energy conservation and CO2 emissions mitigation in China's steel industry based on dynamic material flows", *Applied energy* 2018.

王海风、平晓东、周继程等：《中国钢铁工业绿色发展回顾及展望》，《钢铁》2023 年第 2 期。

IEA, Iron and Steel Technology Roadmap: Towards More Sustainable Steelmaking, 2020.

工业和信息化部：《〈工业能效提升行动计划〉专家解读系列文章之六：系统推进节能提效 加快钢铁行业转型升级》，2022 年 7 月 11 日，https://www.miit.gov.cn/jgsj/jns/gzdt/art/2022/art_ cbfb108ae6b4408abe8ab472c58828dc.html。

张贤：《碳中和目标下中国碳捕集利用与封存技术应用前景》，《可持续发展经济导刊》2020 年第 12 期。

工业和信息化部：《〈国家工业节能技术应用指南与案例（2022 年版）〉之一：钢铁行业节能提效技术》，2022 年 12 月 6 日，https://www.miit.gov.cn/jgsj/jns/nyjy/art/2022/art_ a7e7d9f2443a45b38065653e3c139641.html。

《关于促进钢铁工业高质量发展的指导意见》，2022 年 1 月 20 日，http://www.gov.cn/zhengce/zhengceku/2022-02/08/content_ 5672513.htm。

B.10
数字技术赋能我国建材行业绿色低碳
发展路径

张宏博　师丽娟　左越　孟琦　苏泳睿*

摘　要： 建材行业是我国国民经济的重要基础产业，近些年来绿色技术与绿色产品不断突破创新，但由于产业规模庞大、窑炉工艺难转变等，建材行业也是工业能源消耗和碳排放的重点领域，是我国碳减排任务最重的行业之一。本文在梳理总结我国建材行业绿色低碳发展面临的问题的基础上，提出了基于数字技术的行业碳管理技术架构，构建了以碳监测、碳减排和碳移除为碳排放管理核心对象、以碳资产管理为有效补充和保障的发展路径，助力行业碳管理工作高效开展，并从人才队伍建设、标准计量体系构建和绿色低碳科技创新等方面提出发展建议。

关键词： 数字技术　建材行业　绿色低碳发展　碳管理

---

* 张宏博，博士，国家工业信息安全发展研究中心信息化所工程师，从事"双碳"、两化融合等相关领域研究；师丽娟，博士，国家工业信息安全发展研究中心信息化所高级工程师，从事"双碳"、两化融合、工业互联网、数字化转型等相关领域研究；左越，国家工业信息安全发展研究中心信息化所工程师，从事两化融合、数字化转型、工业互联网、产业互联网、数字经济相关领域研究；孟琦，国家工业信息安全发展研究中心信息化所高级工程师，从事"双碳"、两化融合、数字化转型等相关领域研究；苏泳睿，博士，国家工业信息安全发展研究中心信息化所工程师，从事数字化绿色化协同转型发展（双化协同）、产业数字化转型相关领域研究。

一 我国建材行业绿色低碳发展现状

（一）我国建材行业绿色低碳转型取得系列成效

1. 顶层设计：新发展理念探索绿色转型新途径

党的十八大以来，国家相继颁布一系列扶持建材行业绿色发展的相关政策，不断推动建材行业绿色转型升级。一方面是不断完善绿色建材产品体系，研发生产绿色建材产品，如建筑门窗、卫生洁具、防水材料等，并认证绿色建材 58 大类产品，培育形成了 8 个绿色建材国家新型工业化产业示范基地。同时，鼓励绿色建材在农房改造、绿色建筑、装配式建筑、超低能耗建筑等工程建设项目中的优先应用，以应用实践带动创新突破。另一方面是国家部委、行业协会等大力推动建材绿色低碳发展。2021 年初，中国建筑材料联合会率先向全行业发出《推进建筑材料行业碳达峰、碳中和行动倡议书》，明确提出"我国建材行业要在 2025 年前全面实现碳达峰，水泥等重点行业要在 2023 年前率先实现碳达峰"；《中国建筑材料工业碳排放报告（2020 年度）》和《建筑材料工业二氧化碳排放核算方法》的发布为指导建材行业碳达峰、碳中和提供了有效决策依据和工作支撑；2022 年，工业和信息化部、国家发展和改革委员会、生态环境部、住房和城乡建设部等四部门联合发布《建材行业碳达峰实施方案》，指导建材行业科学有序开展碳达峰工作。

2. 科技创新：技术突破提升绿色发展核心竞争力

当前，碳减排是我国建材企业大力推进绿色发展的重要途径。一是通过技术创新突破能源利用瓶颈，即积极采用可再生能源技术、非化石能源替代技术、生物质能技术、储能技术，以及完善并推广碳捕集、利用与封存等碳汇技术，探索建材行业低碳排放新途径；2022 年我国建材行业数字化生产设备联网率达 48.1%、数字化研发设计工具普及率为 66.2%、关键工序数控化率 61.8%，为加强能耗控制和监管提供了技术支持。二是进一步提升建材领域工业副产品的循环利用率和废物再利用技术水平；针对生活垃圾、污泥、危险废物等，着力推广窑炉协同处置技术。2012 年至 2022 年，建材全行业年综合利用工业固体废弃物量超 15 亿吨，配置协同处置装备的水泥熟料生产线 160 余条；年余热发电量超过 400 亿千瓦时，按每年火力发电标准煤耗计算，相当于每年减少二氧化碳排放 3000 万吨以上。其中，水泥熟料生产线余热发电达到可装生产线的 95%，平板玻璃在产生产线已全面配套余热利用设施。① 三是积极推动技术装备自主发展替代，目前，我国建材主要产业技术装备水平已接近或达到世界先进水平。建材行业科技创新突飞猛进有力支撑了建材行业绿色低碳安全高质量发展。

3. 绿色产品：新材料研制助力绿色产品广泛应用

一方面，建材领域新材料应用需求最为广泛，为新材料的研制提供了丰富的应用场景。先后培育出碳纤维、风电叶片、汽车用复合材料、电子信息玻璃、石墨烯等多个数百亿元产值的产业，以及特高压陶瓷绝缘子、蓝宝石衬底、闪烁晶体、气凝胶等数十亿元产值的产业；一系列自主研发的国产高端新材料为我国航空航天、新一代电子信息技术、新能源、生物医药、高端装备等战略性新兴产业提供了不可或缺的原材料保障。另一方面，着力提升建材产品性能、功能，不断拓展应用领域。航空航天用复合材料构件已应用于我国首个空间站；特种石英玻璃、红外玻璃成功应用于天宫、探月、北斗等多项国家重大工程；大尺寸碳化硅陶瓷基复合材料在空间遥感卫星领域实现应用突破；低热水泥成功应用于世界上最薄的 300 米级特高拱坝乌东德水电站；高性能 TPO 防水卷材应用于北京冬奥会场馆建设工程之中；使用高效低阻纳米纤维过滤材料搭建气凝胶低碳核酸采样舱，能够使落在材料上的病毒快速溶解，有效保障舱内医护人员安全。

（二）我国建材行业绿色低碳转型面临的问题

1. 能耗大、碳排放强度高

当前，随着国际社会降碳呼声日益高涨，绿色低碳发展模式已成为提升

---

① 《建材业绿色低碳水平全面提升》，《经济日报》2022 年 10 月 15 日。

产品竞争优势、树立良好品牌形象、提升全球企业品牌价值的重要手段。然而，与发达国家相比，我国建材行业由于产量高、产能大，能源消耗占比也较大。以水泥行业为例，2022 年，我国水泥产量 21.3 亿吨[①]，占全球水泥总产量的一半以上，排放 CO_2 约 13.1 亿吨[②]，约占全国碳排放总量的 18.3%[③]，是仅次于电力、钢铁行业的碳排放大户。更重要的是，从科技创新的角度看，我国整体处于工业化中后期阶段，"三高一低"（高投入、高能耗、高污染、低效益）的特点依然显著，低碳、零碳、负碳技术的发展尚不成熟，技术发展面临成本高、集成难、环节复杂等问题困扰，急需系统性的技术创新。

2. 碳排放管理体系尚不成熟

企业碳达峰关键在于全生命周期和全产业链碳排放管理。碳管理是一个具有学科交叉属性的新型领域，目前，我国建材行业中大部分企业尚未实现碳管理应用，即使涉及也处于初探阶段，尚不成熟。企业碳管理是以帮助企业实现碳中和，并应对各种利益相关方要求为目标。企业碳管理的主要工作就是帮助企业管理其碳排放及碳资产，使企业对内以最低成本应对政府及利益相关方要求，对外提高企业形象，同时提高碳资产收益等。企业碳资产管理得当，可以减少企业运营成本、提高可持续发展竞争力并增加盈利，但是如果管理不当，则可能造成碳资产流失，增加运营成本，降低市场竞争力，影响企业可持续发展。

3. 数字技术尚未充分赋能全产业链碳管理

我国建材行业碳排放主要集中在生产阶段，故数字技术赋能碳管理也主要集中在生产工艺优化和安全环保两大领域。生产工艺和能源管理方面，基于数字技术的能源信息集中管理、能源监控与分析、能耗数据挖掘等是实现碳排放"源头"的精准控制；设备设施管理智能化方面，基于数字技术的在线监测、诊断预测、线下维修服务是实现碳排放"过程"的实时监控；

---

① 数据来源于《中华人民共和国 2022 年国民经济和社会发展统计公报》公布结果。
② 数据依据湖南省工信厅"水泥行业碳排放现状分析与减排关键路径探讨"核算方法统计。
③ 数据来源于共研网"2022 年中国二氧化碳排放量"公布情况统计。

安全环保管理方面，基于数字技术的无人机爆破巡检、环境指标的安全监测、安全预警诊断分析、人员健康安全管理等是实现碳排放"后果"的实时反馈。

目前，在碳排放"源头"方面，建材行业四成企业开展能源在线监控，亟待探索数字技术在碳排放实时监测等方面的应用。根据两化融合公共服务平台监测统计，截至 2022 年 9 月底，建材行业共有 40.8% 的工业企业应用数字化手段实现能源在线实时监控管理，其中水泥行业该比例达 54.1%，玻璃行业 48.3%，陶瓷行业 37.5%。在设备设施管理智能化方面，我国建材行业企业生产设备数字化率为 52.5%，略高于全国平均水平（52.4%），数字化生产设备联网率达 48.1%，高于全国平均水平（45.9%）2.2 个百分点。但在全产业链层面，碳足迹管理和碳交易等活动，尚未充分发挥数字技术的赋能作用。

二 数字化碳管理技术助力我国建材行业绿色低碳发展路径

（一）建材行业数字化碳管理技术架构

建材领域积极开展碳管理，是立足我国工业发展现状，面向高质量发展与新型工业化发展目标，践行绿色发展理念的必选项。从流程上讲，我国建材行业数字化碳管理是涵盖碳监测、碳减排、碳移除、碳资产管理等过程管理的综合管理体系，其中碳监测、碳减排、碳移除是碳排放管理的核心对象与内容，碳资产管理是碳排放管理的有效补充，是激发碳排放管理内生动力的有力保障。建材行业数字化碳管理技术架构如图 1 所示。

建材生产层，通过原材料开采、下料加工、质量检查等过程生产水泥、石灰、玻璃、陶瓷等建材产品，在此过程中分解碳酸盐、消耗煤炭等能源产生碳排放。以水泥生产为例，其碳排放可分为燃料排放、生产过程排放和间接排放，各环节排放比例约为 35%、60%、5%，其中，燃料排放主要是指燃煤产生的二氧化碳排放，生产过程排放主要来源为水泥生产原

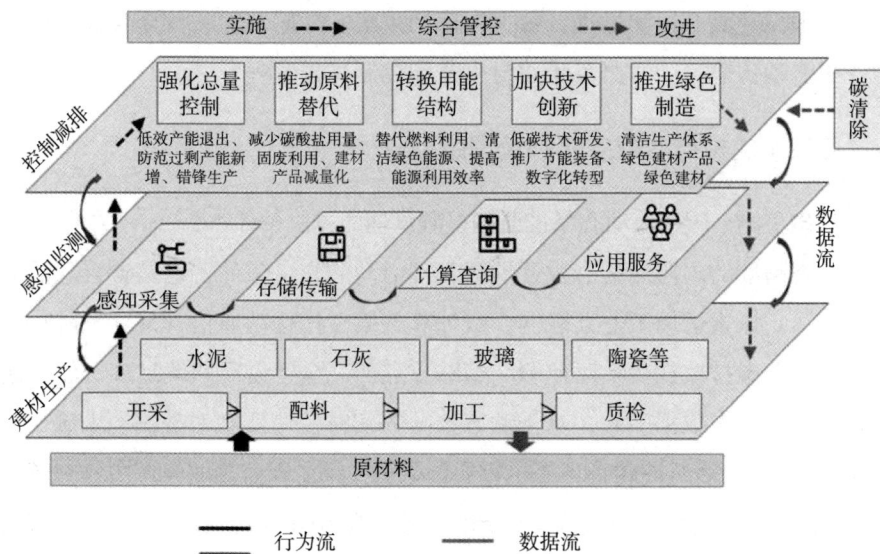

图1 建材行业数字化碳管理技术架构

料碳酸盐的分解。

感知监测层，对建材生产过程中的碳排放进行直接或间接的监测与核算，以此摸清排放底数，为减排提供目标参考，同时周期性监测也能对控制减排的成效进行量化评估。通过用能监测和设备监管等技术手段对建材生产过程中的碳排放数据进行采集，并以标准化、规范化的格式进行存储、传输，利用大数据、人工智能等新一代信息技术实现碳排放数据的分析和治理，最终为应用服务提供数据支持。

控制减排层，通过强化总量控制、推动原料替代、转换用能结构、加快技术创新、推进绿色制造等一系列碳减排措施，并辅以碳清除手段，达到降低排放或减少存量的目的。控制减排的实施是以感知监测层的数据分析为参考决策的，如在强化总量控制方面，当达到一定峰值时，可通过低效产能退出、防范过剩产能新增、错峰生产等方式实现总量控制。

建材行业碳管理路径中包含两条循环流向，分别为行为流和数据流。行为流展示了管理循环圈的实施及改进过程，分别对应于建材生产和控制减排过程，其中建材生产是要素循环圈的核心，是碳流转的主要载体。数据流展示了管理循环圈的评测过程，数据在感知采集、存储传输、计算查询和应用服务中流动传输，同时服务于建材生产和控制减排过程。

（二）建材行业数字化碳管理路径分析

1. 碳监测：碳排放动态精准监测是碳管理的先决条件

动态精准的碳监测是有效开展碳管理活动的先决条件，也是碳管理活动的排头兵。探索运用工业互联网、云计算、第五代移动通信（5G）等技术，加强对企业碳排放在线实时监测，追踪重点产品全生命周期碳足迹，建立建材行业碳排放大数据中心，基于动态数据的实时监测实现对建材行业碳排放的精准监控，为后续的碳管理提供重要的数据支撑。碳监测的管理主体为碳排放管理部门，既包括各级政府主管部门，也包括企业能源或碳管理专职部门，碳监测的管理客体为企业生产经营过程中的碳排放活动和节能降碳实施效果。

2. 碳减排：数字技术创新是降低碳排放的核心动力

建材行业碳减排主要指的是企业在生产经营活动中，依托一定的技术或管理措施，通过加强能源消耗管理、低碳技术研发应用、改进生产工艺、开发低碳产品等措施减少碳排放。生产过程减排，主要是借力数字技术的便捷优势，在多场景协同作业、复杂工况巡检、设备安全运维、厂区在线培训、产品质量检测等多方面加以应用，以降低生产过程碳排放量；绿色产品碳足迹分析，即基于平台技术打通全产业链上下游，从源头建立全生命周期碳管理体系，开展建材产品碳足迹分析，以数字技术助力建材产业链绿色低碳发展。碳减排的管理主体为企业管理部门，碳减排的管理客体为企业全流程的生产经营活动。

3. 碳移除：碳汇技术是提升建材行业碳中和能力的关键

碳移除是指经过系列减排管理后，对仍然存在的碳排放物的管理活动。碳移除分为自然去碳和技术去碳，自然去碳主要指的是通过自然过程吸收二氧化碳，如生态碳汇工作等，这些自然过程可以通过合理的管理方式增强效用。技术去碳主要指的是基于工程和技术的去碳方案，如碳捕集利用与封存（CCUS）、直接空气碳捕集（DAC）等。建材行业CCUS应用仍处于初期示范阶段。水泥行业流程简单，烟道单一，能够捕获的二氧化碳比例很高。海螺集团利用碳捕集技术，将水泥厂中的烟气二氧化碳转化为二氧化碳产品，可实现工业、食品、医药等领域的再利用。凯盛科技集团采用自主研发的创新工艺，以玻璃熔窑烟气中 35% 浓度的二氧化碳为原料，经除尘脱硫除湿的方法进行烟气处理，再经二氧化碳捕集、压缩、精馏和液化，制成纯度为 99.99% 的液态二氧化碳，年产量达 5 万吨。碳移除的管理主体为政府管理部门，碳移除的管理客体为大气或生产流程中的碳排放物。

4. 碳资产管理：市场是激发碳排放管理内生动力的有力保障

碳资产是指强制碳排放权交易机制或者自愿排放权交易机制下产生的可以直接或间接影响组织温室气体排放的配额排放权、减排信用额及相关活动。《中共中央国务院关于加快建设全国统一大市场的意见》明确指出，要建设全国统一的碳排放权交易市场，为促进碳排放权在更大的市场范围内实现流通交易指明方向。利用市场机制引导行业低碳转型是实现"双碳"目标的关键手段。政府发放的碳排放配额可以转化为企业的碳资产，当企业通过一定措施减少碳排放量，配额足以满足企业履约要求的情况下可参与碳市场交易，配额不足则可通过碳市场购入配额以如期履约。建材行业已纳入区域碳市场，金融政策工具助力"双碳"。区域碳市场的设计参考当地产业结构、排放特征、减排目标等情况，例如，广东、湖北等试点地区，以电力、钢铁、建材、化工等高排放行业为主，则上述行业在该试点地区应纳入碳市场交易；福建省根据本省产业特点，率先将 145 家建筑陶瓷和卫生陶瓷企业纳入碳市场交易。碳资产管理的主体为企业管理部门，碳资产管理的客体为碳排放配额。

三 我国建材行业绿色低碳发展建议

（一）培育壮大复合人才队伍

实现建材行业碳达峰碳中和，是一项长期的系统工程，是立足新发展阶段、贯彻新发展理念、构建新发展格局、推动高质量发展的内在要求。加强高技能人才支撑是当务之急。建材行业绿色低碳发展急需复合型人才——既有专业领域的知识储备，又掌握数字化技能，既可理论指导，又能实践操作。因此，应注重以下三方面建设：一是培养体系，构建产学研用相结合的复合型人才培养体系，强化学校技能培养的作用，发挥行业企业实践应用的优势，将政府推动与社会支持相结合共同培育壮大人才队伍；二是评价体系，从评价、认定等方面入手，鼓励行业企业发挥主动权，引导其根据产业发展规划完善评价规范体系，为复合型人才进一步拓宽其职业发展通道；三是保障体系，完善技能人才服务配套机制，在子女就学、疗休养、医疗保障、住房等"关键小事"上给予倾斜。

（二）强化标准计量体系支撑

权威、真实、准确的碳排放数据和完善健全的标准计量体系是推进碳达峰碳中和的重要基础和关键支撑。数字化碳管理应注重各个环节的标准建设：一是建立健全建材行业碳计量体系，建立健全碳计量基准、计量标准是提升碳监测能力的基础条件，加强碳计量关键技术研究、监测设备研制，提升碳监测数据的准确性和一致性；二是完善统一碳排放核算体系，修订完善建材行业碳排放核算方法及相关国家标准，加快建立覆盖全面、算法科学的建材行业碳排放核算方法体系；三是构建建材行业碳移除标准，开展建材行业领域地质利用、化工利用、生物利用等碳汇应用技术标准的研制；四是完善建材行业碳资产管理标准，根据碳排放权交易、绿色金融等工作需要，有序推进建材行业企业碳资产管理标准建设。

（三）加快绿色低碳科技创新

一是推进双化协同，数字化和绿色化协同发展是我国建材行业高质量发展的必然选择。数字化赋能绿色化，即以数字技术如5G、物联网、大数据、人工智能、云计算等技术作为手段工具，以数据资源作为关键要素，以信息网络作为重要载体，在各领域的能源供给、传输、存储和使用过程中，通过感知控制、数字建模、决策优化等方式，实现资源最优利用、助力节能减污降碳、促成经济效益与环境效益双赢。绿色化牵引数字技术升级，即以绿色为目标与驱动，围绕能源结构转型、低碳技术应用、资源循环利用和碳排放精准管理等手段，面向设备智能化升级、过程控制优化、融合协同减碳等具体环节，对数字传感能力提出普适性要求，对传输网络提出高性能要求，对平台应用提出多元化要求，推动数字技术与建材行业深度融合，进而实现全面绿色转型。二是突破关键碳减排技术。源头端，大力开发清洁能源技术，如风力发电、太阳能发电、核能技术等，从源头实现无碳控制；过程端，采用低碳零碳工艺等替代原有工艺等举措优化用能结构；末尾端，开发二氧化碳捕集、封存及利用技术，主要包括碳回收与储藏技术，二氧化碳聚合利用等技术，最为理想的状况是实现碳的零排放。

参考文献

碳达峰碳中和工作领导小组办公室、全国干部培训教材编审指导委员会办公室组织编写《碳达峰碳中和干部读本》，党建读物出版社，2022。

李毅仁、邢奕、孙宇佳、田京雷：《钢铁工业低碳绿色发展路径与实践》，《工程科学学报》2023 年第 9 期。

蒋敏辉：《产业互联网推进钢铁供应链绿色发展》，《冶金经济与管理》2023 年第 2 期。

陈晓红、胡东滨、曹文治、梁伟、徐雪松、唐湘博、汪阳洁：《数字技术助推我国能源行业碳中和目标实现的路径探析》，《中国科学院院刊》2021 年第 9 期。

白云飞：《建材行业投资策略：碳中和如何推动建材行业绿色低碳发展？》，华宝证券，2021 年 12 月。

B.11

智能制造装备产业园数字化
低碳发展路径

苏泳睿　师丽娟　邵明堃　孟　琦　杨凯博*

摘　要：　智能制造装备产业园是装备制造业集聚式发展的重要载体，有力
　　　　　推动了我国装备制造业数字化转型进程，为制造业低碳转型、绿
　　　　　色发展提供重要的实践场所。本文首先总结了智能制造装备产业
　　　　　园的理论研究与实践发展现状，分析了现有基础与不足；随后论
　　　　　证了数字化碳管理技术对于实现低碳发展的可行性，阐述了具体
　　　　　技术手段对于智能制造装备产业园低碳发展的科学性、系统性、
　　　　　综合性保障效用。在厘清相关概念的基础上，提出智能制造装备
　　　　　产业园低碳发展的重点内容，明晰发展要点，以成熟典型的智能
　　　　　制造装备产业园为研究对象，深入剖析总结其发展经验，验证低
　　　　　碳发展要点的科学合理性，切实增强科学技术与实体经济的融合
　　　　　成效，促进地区经济的高质量发展。

关键词：　智能制造装备　新型工业化　产业园区　绿色发展　低碳发展

----

* 苏泳睿，博士，国家工业信息安全发展研究中心信息化所工程师，从事数字化绿色化协同转
型发展（双化协同）、产业数字化转型相关领域研究；师丽娟，博士，国家工业信息安全发
展研究中心信息化所高级工程师，从事"双碳"、两化融合、工业互联网、数字化转型等相
关领域研究；邵明堃，国家工业信息安全发展研究中心信息化所高级工程师，从事信息化、
工业互联网、数字化转型等相关领域研究；孟琦，国家工业信息安全发展研究中心信息化
所高级工程师，从事"双碳"、两化融合、数字化转型等相关领域研究；杨凯博，北京科
技大学。

一　智能制造装备产业及园区发展现状

（一）智能制造装备产业及园区现状

随着 5G 技术的成熟应用，人工智能技术的不断发展，工业互联网的作用逐渐显现，装备制造业迎来了新时代的发展机遇期。我国制造业走过了机械化、自动化发展阶段，现已进入数字化转型发展和智能化探索时期。现有成果让我国具备了实现智能制造、推动全球产业链变革的可能性与实力基础，我国智能制造装备产业链图谱如图 1 所示。

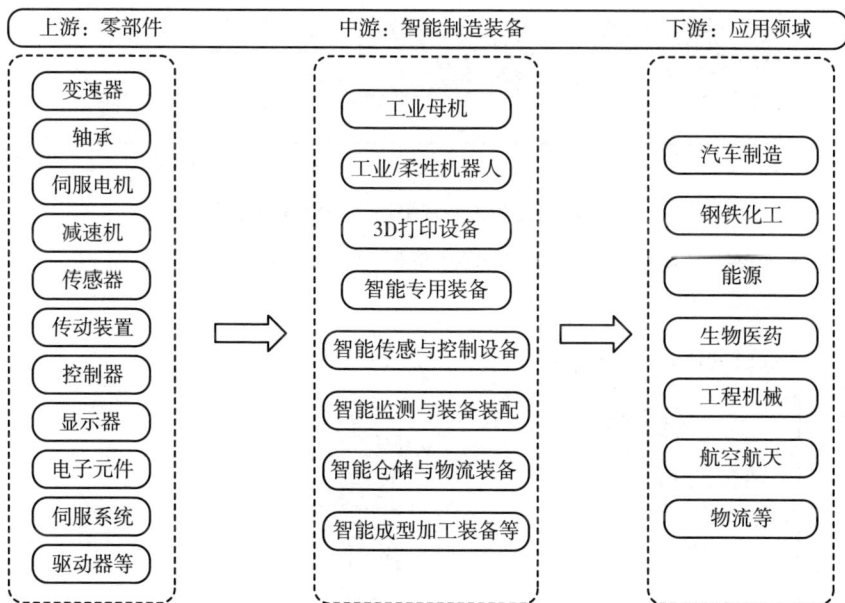

上游：零部件	中游：智能制造装备	下游：应用领域
变速器	工业母机	汽车制造
轴承	工业/柔性机器人	钢铁化工
伺服电机	3D打印设备	能源
减速机	智能专用装备	生物医药
传感器	智能传感与控制设备	工程机械
传动装置	智能监测与装备装配	航空航天
控制器	智能仓储与物流装备	物流等
显示器	智能成型加工装备等	
电子元件		
伺服系统		
驱动器等		

图 1　我国智能制造装备产业链图谱

智能制造装备产业发展成效显著。党的十八大以来，我国积极布局工业转型发展，从"两化融合"到"两化深度融合"，再到推进新型工业化，加快建设制造强国、质量强国、航天强国、交通强国、网络强国、数字中国。

2022 年 9 月，工业和信息化部针对"大力发展高端装备制造业"的相关内容和成果进行统计发布。数据显示，2012~2021 年，装备工业增加值年均增长 8.2%，至 2021 年底，装备工业规模以上企业达 10.51 万家，比 2012 年增长近 45.3%（见图 2）；资产总额、营业收入和利润总额分别达到 28.83 万亿、26.47 万亿和 1.57 万亿元，分别比 2012 年增长 92.97%、47.76% 和 28.84%（见图 3）。

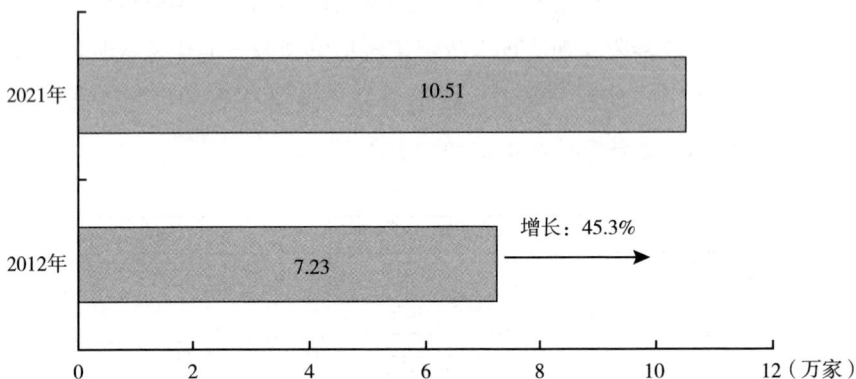

图 2 我国装备工业规模以上企业数量变化

资料来源：工信部"大力发展高端装备制造业"新闻发布会。

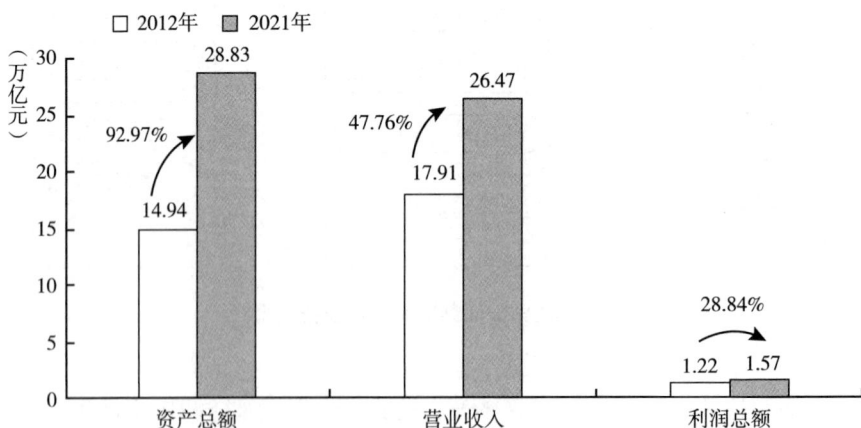

图 3 我国装备工业相关经济指标情况

资料来源：工信部"大力发展高端装备制造业"新闻发布会。

智能制造装备产业研究不断深入，智能制造装备产业发展的具体实践也层出不穷，其中以智能制造装备产业园区发展模式为主的集约式发展成为当前产业发展的主流。根据中商产业研究院预测，2022年我国智能制造装备市场规模将达2.68万亿元。2022年上半年，我国智能制造装备相关企业新增4.16万家，保持快速增长。前瞻产业院数据显示，截至2022年6月，我国共有智能制造产业园区359个，分布数量前三的省份是江苏省、广东省与山东省，分别代表了长三角经济区、珠三角经济区和环渤海经济区，三个省份分布数量占比分别达21%、15%和9%。

（二）智能制造装备产业园区绿色发展需求

智能制造装备产业园虽然具有较为显著的数字化、高端化和智能化优势，但在绿色化发展方面仍存在许多亟须完善之处。智能制造装备产业园具备一定的低碳属性，然而在生产制造过程中产生的碳排放量仍然不可小觑，产业集聚带来资源效率优化的同时，也带来了碳排放的集中，产业园区的绿色发展面临多方面挑战。目前我国产业园区低碳发展分为两种类型：一种是新建立的绿色低碳发展园区，暨在国内外碳排放核算标准体系下，初步探索出一条从规划、建设、运营等方面全方位绿色低碳发展有效路径的全新产业园区；另一种是在原有产业基础上进行低碳转型的产业园区，即通过增加低碳项目投资、基础设施升级改造等多种途径，推动其低碳化升级。智能制造装备产业园兼顾两种园区类型，低碳化发展的步伐仍在不断向深处迈进，低碳发展体系仍需完善。

结合智能制造装备产业园区低碳发展要求，目前产业园区的具体发展需求集中在三个方面。一是园区整体的碳监测工作相对缺乏。部分智能制造装备企业自身具有一定的碳监测手段和方式，而园区一体化的碳监测工作开展相对滞后，碳监测技术的应用与碳监测平台的搭建亟须加强。二是园区整体的碳减排技术应用实践性较弱。碳减排技术的应用需要符合企业特性，具有较强的针对性，与园区层面的碳减排技术应用进行有机匹配存在较大挑战，因而需要从园区整体层面，通盘考量碳减排技术的具体应用与实践。三是园区碳管理发展路径需要进一步拓展。针对智能制造装备产业园区的绿色发展要求，设计符合园区发展需求的低碳管理方式，拓展园区低碳发展路径成为智能制造装备产业园发展的重要任务之一；同时，也能够为区域性绿色低碳发展提供实践经验。

二 数字化碳管理技术赋能园区低碳发展路径

园区是我国工业经济发展的重要载体，也是促进区域发展和实施区域发展战略的重要实践，更是提高科技创新能力和发展高新技术产业的主要阵地。近些年，绿色发展理念不断深入，低碳发展成为园区发展和改造的主要方向，数字化碳管理技术赋能园区绿色发展成为当前园区转型实践的主要方式。碳管理是涵盖碳监测、碳减排、碳资产与交易等主要内容的综合管理体系，服务于公共部门和企业的碳达峰碳中和行动与目标。在数字经济发展和"双碳"目标的背景下，采用数字化碳管理技术赋能智能制造装备产业园的低碳转型是实现绿色发展的核心要义。

（一）数字化碳监测实现园区碳排放量预警优化

碳监测通过综合观测、综合数值模拟、统计分析等手段，获取温室气体排放强度、环境中浓度、生态系统碳汇等碳源汇状况及其变化趋势信息，为应对气候变化研究和管理提供服务支撑。截至 2022 年 9 月，我国已有40.1%的大型工业企业应用数字化手段实现能源在线实时监控，为基于能耗活动的碳排放核算提供重要支撑。针对智能制造装备产业园，碳监测能够有效监测园区整体碳排放量和园区企业的具体碳排放强度，根据监测数值能够进行及时、高效的预防警报，同时为解决碳排放量过高问题，提供一手数据，采取有效措施进行整改和防范，保障智能制造装备产业园区的低碳运行。

实现碳监测就离不开数字技术的应用与赋能。从企业侧来说，生产工艺流程是碳排放的重点环节，通过数字化技术实时监测生产过程中产生的碳排放量能够有效掌握碳排放情况，为控碳减排提供直观数据。从产业园区的角度分析，统筹汇集整个园区的碳排放情况能够及时汇总碳排放数据，通过平台搭建、数据分析等措施有效控制园区的整体碳排放量，高效保证园区的低碳化运行。碳监测为碳排放预警提供了基础性支撑，进一步保障了智能制造装备产业的节能降碳，同时协调优化了智能制造装备产业园的发展模式，有效促进产业园提质增效、绿色发展。

（二）数字碳减排技术保障园区碳排放得到有效控制

碳排放贯穿于整个产品的全生命周期，智能制造装备产业虽自身具有一定的环保性特征，但碳排放依然是其绿色发展中的关键问题。应利用大数据、5G、人工智能、数字孪生等技术开展绿色研发，在数字化基础上，拓展绿色化深度，全面提升绿色研发、供应、循环等保障能力。有效减少碳排放，从源头处实现碳减排控制是智能制造装备产业园发展关注的焦点。碳减排技术的创新与应用目前虽然已经取得一定的成效，但仍然与实际需求存在差距。智能制造装备产业园为碳减排技术的实践与应用提供了良好的试验基地，大力推进碳减排技术的发展与应用，既能有效实现碳排放总量的合理控制，又能树立绿色产业园典型，推广应用经验，建立应用场景，进而推动"双碳"目标的实现进程。

智能制造装备产业园虽然具备一定的低碳属性，但由于产业集聚有可能导致碳排放量呈现上涨趋势，碳减排技术在园区的应用能够有效控制碳排放总量，从园区层面统一控制优化。一方面，智能制造装备产业园具备良好的数字化要素，为数字化碳减排技术的应用奠定了良好的基础；另一方面，利用数字碳减排技术赋能智能制造装备产业园，低碳运行效果更加显著，在充分发挥智能制造装备产业低碳属性的基础上，能够有效激发企业数字化创新活力，带动原有工艺生产流程的优化升级，促进产业园区数字化绿色化协同转型发展。

（三）碳资产与碳交易拓展园区碳管理发展路径

碳资产与碳交易是在强制碳排放权交易机制或者资源碳排放权交易机制

下，直接或间接影响组织温室气体排放的配额排放权、减排信用额的相关活动。智能制造装备产业园作为产业集聚区，通过节能技改活动，减少企业碳排放量，增加碳排放配额，形成碳资产与交易机制。绿色金融作为碳资产与碳交易领域的一个核心方面，对企业能耗和碳排放量的降低具有正向推动作用。应加大绿色金融对于企业的支持力度，借助市场化手段推动碳管理工作开辟新发展路径。搭建政府、绿色金融机构和企业三方协同的交流平台，保持信息通畅，促进数据流通，减少数据不对称情况出现，助力企业低碳发展，提升企业低碳发展的信心。

碳资产与碳交易离不开数字化平台的建设，绿色金融的扶持依据也需要综合考量相关数字化降碳的机制、技术与服务。以智能制造装备产业园为试点，引入平台技术公司，集中运用各种数字化管理工具、管理方式和技术创新，使碳资产最大限度为企业创造社会价值和经济利益。重视碳资产与碳交易在智能制造装备产业园低碳发展中的应用，能够有效提升产业园碳管理效率和质量。

数字技术赋能碳管理要点内容如图4所示。数字技术赋能碳管理既能有效解决智能制造装备产业园低碳发展问题，又能有效促进当地低碳、绿色发展，推动数字经济增长，实现经济发展方式转变。要利用碳监测、碳减排和碳资产与碳交易有效实现减碳、控碳、低碳目标，推进碳管理技术成熟，为"双碳"目标的实现提供开拓性实践经验。

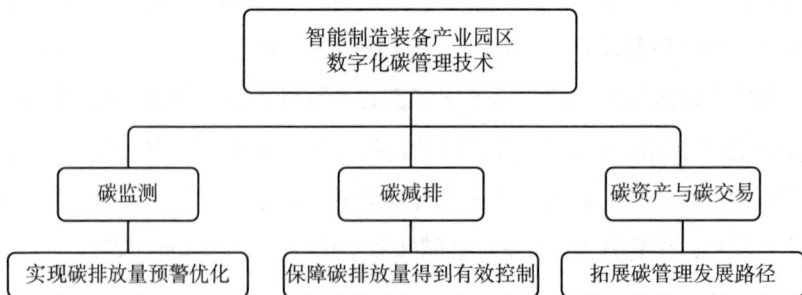

图4　数字技术赋能碳管理要点内容

三　智能制造装备产业园数字化低碳发展模式

智能制造装备产业的发展需要大量的生产要素予以支持，需要产业链的协同发展予以促进。以产业园区的发展模式推进智能制造装备产业的发展，带动产业链"强链延补"，促进整条产业链的革新升级，有利于实现资源共享、人才引育、低碳发展、成本集约和技术革新。智能制造装备产业并不等同于低碳产业，智能制造装备产业园区的发展并不一定符合碳排放目标。智能制造装备产业园在发展的过程中，更需要注重绿色发展和低碳运行，促进智能制造装备产业绿色发展的同时，带动地区经济低碳增长，实现产业结构优化升级，促进绿色发展理念稳步推进。本文正是在此基础上，针对智能制造装备产业发展的具体特点、形式、需求，以产业园低碳发展为研究切入点，结合国内成熟智能制造装备产业园的发展经验，探索智能制造装备产业园数字化低碳发展模式，以期形成科学合理的数字化低碳发展体系。

（一）找准定位，落实"1+N"低碳发展体系

"1+N"作为《关于完整准确全面贯彻新发展理念做好碳达峰碳中和工作的意见》《2030年前碳达峰行动方案》工作系统谋划和总体部署的发展体系，根据各系统的不同情况进行具体设计，保障低碳发展。智能制造装备产业覆盖面较广，需要结合研究领域、发展方向和重点内容的不同特点，找准具体发展行业，依据产业基础、区位情况、资源特点和发展目标进行统筹综合评估。首先，明确产业布局。既要根据本体的产业发展基础，又要结合未来发展规划，还要遵从低碳发展的客观要求，选择能够适应本地长期、绿色、可持续发展的产业类型进行规划建设。其次，精准把握政策与经济契合点。在"1+N"政策体系扶持下，低碳发展是园区建设的重点任务，将低碳发展与经济发展实现有机结合是发展的根本目标，精准捕捉政策与经济之间的契合点是推进低碳智能制造装备园区建设的关键。所以，唯有找准发展定位，才能有力推进智能制造装备产业园数字化低碳的有序发展。

对深圳高新区智能制造装备产业的分布和发展定位研究，更加佐证了找准定位对于落实"1+N"低碳发展体系的重要性。深圳高新区作为国家首批对标世界级产业园的建设主体，根据地域特点，资源、生态环境情况，将智能制造装备产业布局在坪山园区、宝安园区和龙华园区三地。其中坪山园区主要布局新能源汽车生产和新一代信息技术和智能制造（以芯片为主）；宝安园区则布局工业母机、激光与增材制造等产业集群；龙华园区主要发展人工智能和移动智能终端设备等重点产业。由此可见，深圳高新区的智能制造装备产业高质量发展的首要前提在于找准产业发展定位，产业布局合理。将高碳排放的行业分散于不同区域，既实现了碳排放控制，又实现了区域协同发展，产业类型具有高度针对性，有效满足了"1+N"低碳发展体系的基本要求。

（二）基础配套建设是低碳发展的根基

传统工业园区和智能制造装备产业园区发展的最大区别在于智能化程度，而碳排放量是反映智能化程度的重要标准。智能化发展和碳减排额度依赖于基础配套设施的建设，原因主要体现在三个方面。

一是满足产业低碳发展的配套设施需求。一般情况下，传统工业园区的水电管网建设只需符合国家标准或行业标准。在实际运行中，大多数企业为了节省成本，仍然以人工操作为主，对于水电管网没有过高的载荷要求，只需满足行业的基本生产需求即可。而智能制造装备产业的发展，仅从用电层面分析，就具备大规模、持续用电的需求。智能制造的核心是使用机器实现人工的多流程操作，可节省人力成本、提高产品质量，要求保持机器长时间、稳定供电作业，以及兼顾控制生产过程中的碳排放量，所以智能制造装备产业对于水电管网基础的要求更高。

二是网络基础设施的稳定运行。智能制造装备产业要实现数字化、网络化、智能化生产，在高效生产的基础上，减少碳排放量，网络基础设施是基础载体也是核心环节。5G 技术、人工智能技术、碳监测与碳减排技术、工业互联网的应用都离不开网络载体。所以，保证网络基础设施的安全、稳定运行是智能制造装备产业园实现良好运行的关键，也是实现碳减排目标的基础支撑。

三是集聚式发展模式更加明确，基础设施配套需协调发展。智能制造装备产业园区的特点是以"链主"企业为主，招引链上企业共同发展。虽然园区企业均属于智能制造装备产业，但生产方式存在显著差异，既要满足"链主"企业的发展需求，又要适应于其他企业的客观条件，还要实现"双碳"目标。因而需要针对不同类型企业，协调基础设施建设，夯实配套建设基础。

（三）绿色安全发展是低碳发展的客观要求

实现"双碳"目标是党中央、国务院向世界宣告的庄严承诺。智能制造装备产业的发展符合"双碳"目标的要求，同时低碳发展也对智能制造装备产业提出了更高的生产要求。因而，绿色安全发展既是推进智能制造装备产业高质量发展的客观要求，也是推动产业结构优化升级、实现"双碳"目标的重要方式。相比传统装备制造业，智能制造装备产业更先进、绿色，但并不代表其一定符合碳排放标准。所以，在发展智能制造装备产业园区中，要注重控制园区的整体碳排放量，推进工业领域低碳工艺革新和数字化转型，开展碳达峰园区建设，提升低碳发展水平，切实做到绿色安全发展。

青岛城阳工业园区作为青岛市以轨道交通装备制造为主导产业的工业园区，近些年采用智能制造技术赋能生产，逐渐实现生产数字化、网络化、智能化改造升级，特别在能源资源利用绿色化和产业绿色化方面取得显著成绩。在工业和信息化部公布的 2021 年国家绿色制造名单中，城阳工业园成为青岛市首家入选的国家级绿色工业园区。资料显示，青岛城阳工业园区清洁能源使用率、工业用水重复利用率、余热资源回收利用率、工业固体废弃物综合利用率分别达到 50.62%、94.88%、80% 和 95.21%，绿色产业增加值占比也达到 31.04%，园区绿色属性持续增强，成为国家新型工业化产业示范基地、国家首批战略性新兴产业集群。绿色安全发展成为当前智能制造装备产业发展效果的重要衡量指标，更是智能制造装备产业园区发展的核心评价要素。实现绿色安全生产，可推动智能制造装备产业园区高效发展，有效促进本地数字经济高质量增长。

如图5所示，从顶层设计到根基，结合客观要求分析智能制造装备产业园低碳发展要点，从系统视角挖掘低碳发展重点内容，从体系化角度谋划智能制造装备产业园绿色发展路径，明确智能制造装备产业园低碳发展脉络，增强智能制造装备产业对绿色发展的促进作用。

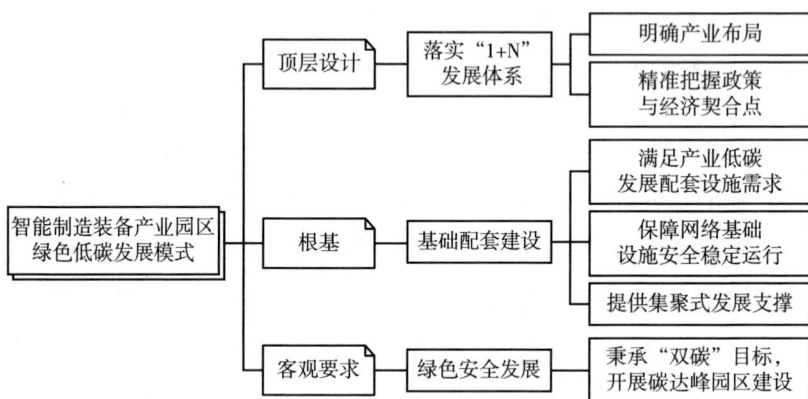

图5　智能制造装备产业园区绿色低碳发展模式框架

四　结语

智能制造装备产业作为推动我国制造强国发展的重要力量，对于我国经济发展和产业数字化转型都具有不可估量的推动作用。智能制造装备产业园区低碳发展有利于实现智能制造装备产业的集约式发展、绿色化发展，促进经济发展方式的优化转型。本文的结论主要集中在三个方面。

第一，在明晰智能制造装备产业重点概念的基础上，梳理了智能制造装备产业园的理论研究与实践现状，总结了低碳发展的相关研究内容，系统性阐述了当前研究的不足与亟待丰富之处。

第二，创新性归纳了智能制造装备产业园低碳发展的重点内容：找准定位、基础配套建设和绿色安全发展。在此基础上，开拓性地从数字化碳管理技术的视角，论证碳监测、碳减排、碳资产与碳交易对智能制造装备产业园区低碳发展以及对当地区域发展的重要保障作用。从系统性、综合性、发展性的角度对智能制造装备产业园低碳发展的重点关切及核心保障进行了体系化论证，并得出可靠结论，如图6所示。

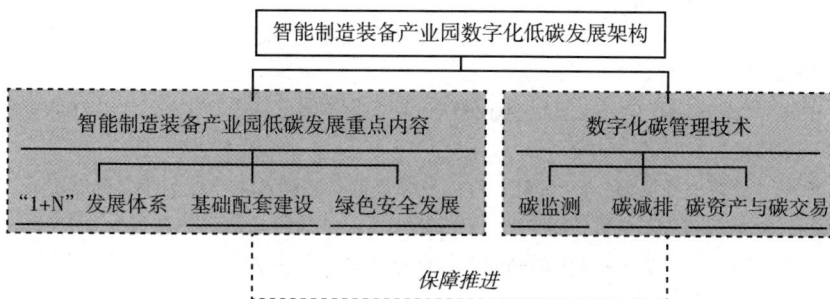

图6　智能制造装备产业园数字化低碳发展逻辑架构

第三，通过对深圳、青岛的智能制造装备产业园发展案例研究，进一步验证了智能制造装备产业园低碳发展重点内容的合理性与科学性。依据低碳发展重点内容与数字化碳管理技术保障，对未来智能制造装备产业园的低碳发展提供了可靠的理论支撑，为丰富智能制造装备产业低碳发展研究提供了新方向。

当然，由于地区和发展程度差异，智能制造装备产业园低碳发展会产生不同的路径。但研究后发现，低碳发展模式之间仍然存在普遍性联系，低碳发展的要点具有较强的同质性，理论性参考价值较高，对于智能制造装备产业园低碳发展体系的建设具有理论和实践价值。以产业园发展模式推动智能制造装备产业低碳发展向前迈进，秉持"双碳"目标，加强碳排放技术应用，实现数字化碳管理，为促进制造强国和数字经济的高质量发展增添强大动力。

参考文献

乌尔里希·森德勒主编《工业 4.0：即将来袭的第四次工业革命》，邓敏、李现民译，机械工业出版社，2014。

段新燕：《智能制造装备的发展现状与趋势》，《中外企业家》2017 年第 8 期。

刘志浩、于秀艳：《山东省装备制造业智能化水平测度及影响因素研究》，《现代管理科学》2021 年第 6 期。

李风、朱自强、柳陈胜、蒋忠晨：《矿山废弃地崛起绿色产业园》，《中国自然资源报》2022 年 6 月 9 日。

魏鹏：《碳达峰背景下我国制造业低碳发展问题与政策仿真研究》，中共江苏省委党校硕士学位论文，2022。

徐枫、潘麒、汪亚楠：《"双碳"目标下绿色低碳转型对企业盈利能力的影响研究》，《宏观经济研究》2022 年第 1 期。

付华、李国平、朱婷：《中国制造业行业碳排放：行业差异与驱动因素分解》，《改革》2021 年第 5 期。

刘传江、向晓建、李雪：《人力资本积累可以降低中国二氧化碳排放吗？——基于中国省域人力资本与二氧化碳排放的实证研究》，《江南大学学报》（人文社会科学版）2021 年第 2 期。

韩君、王菲：《新发展阶段中国装备制造业智能制造发展测度》，《财经理论研究》2022 年第 4 期。

《工业和信息化部印发〈高端装备制造业"十二五"发展规划〉》，2012 年 5 月 7 日，https：//www. miit. gov. cn/jgsj/ghs/wjfb/art/2020/art_ 55c8ae9ae8b74c2b914799cd14c0ad9c. html。

《大力发展高端装备制造业！"新时代工业和信息化发展"系列新闻发布会第五场介绍十年来推动装备制造业高质量发展工作情况》，2022 年 9 月 6 日，https：//www. miit. gov. cn/gzcy/zbft/art/2022/art_ 2ec979f9dc8e43b5ab4b05981c35ec23. html。

袁谋真：《"双碳"战略目标下碳资产专业化管理研究》，《暨南学报》（哲学社会科学版）2022 年第 8 期。

张鹏：《装备制造业工控安全挑战及防护体系研究》，《新型工业化》2021 年第 8 期。

青岛市工业和信息化局：《城阳工业园区成为我市首家国家绿色工业园区》，http：//gxj. qingdao. gov. cn/gzxx/202202/t20220221_ 4403641. shtml。

颜培霞：《我国低碳产业园区的研究进展与未来展望》，《生态经济》2019 年第 5 期。

马淑杰：《"双碳"背景下园区节能降碳综合改造路径研究》，《煤炭加工与综合利用》2023 年第 2 期。

B.12
物联网通信技术在新型电力系统中的应用

王贤辉　李　铮　苏泳睿　孟　琦*

摘　要： "双碳"目标的实现和新型电力系统建设是一场广泛而深刻的系统性变革。大规模新能源分散接入，极大地增加了电网的复杂性和管控难度，对电力物联网提出了广覆盖、高速率、低时延、高可靠等更高的要求。电力物联网以电网信息的采集、感知、处理和应用为基础，构建了以云化主站为平台，采集终端为边缘计算核心，智慧开关、分布式光伏、电能表等为端设备的物联网架构，实现新能源、柔性负荷的全面感知，促进电力系统数字化绿色化发展。本文基于电力物联网通信需求，重点分析了电力线载波通信、高速双模通信、电力5G远程通信、电力物联网芯片的技术特点，展示了电力物联网技术在用电信息采集、智慧用能、有序充电、光伏监测等场景的示范应用。

关键词： 新型电力系统　电力物联网　电力线载波　通信技术

---

* 王贤辉，北京智芯微电子科技有限公司载波通信事业部产品研发部副经理、正高级工程师，主要研究领域为电力通信技术、计算机网络技术等；李铮，北京智芯微电子科技有限公司载波通信事业部常务副总经理、高级工程师，主要研究领域为电力通信技术、电力芯片技术等；苏泳睿，博士，国家工业信息安全发展研究中心信息化所工程师，从事数字化绿色化协同转型发展（双化协同）、产业数字化转型相关领域研究；孟琦，国家工业信息安全发展研究中心信息化所高级工程师，从事"双碳"、两化融合、数字化转型等相关领域研究。

一 新型电力系统建设背景

2020年9月，习近平主席在第七十五届联合国大会上向国际社会作出"碳达峰、碳中和"的重要承诺，把"双碳"目标纳入生态文明建设整体布局，由此启动了各项减碳工作。2021年3月，习近平总书记在中央财经委员会第九次会议上，首次提出构建以新能源为主体的新型电力系统，明确了新型电力系统在实现"双碳"目标中的基础地位。2021年10月，国务院印发《2030年前碳达峰行动方案》，提出到2025年非化石能源比例达到20%左右，到2030年非化石能源消费比例达到25%左右，顺利实现2030年前碳达峰目标。

实现碳达峰、碳中和，能源是主战场，电力是主力军。电网连接电力生产和消费，是重要的网络平台，是能源转型的中心环节。2021年7月，国家电网公司发布《构建以新能源为主体的新型电力系统行动方案（2021—2030年）》，按照2021~2035年建设期、2036~2060年成熟期两个阶段规划开展新型电力系统建设，发布面向网源协调、提升系统灵活性、数字化转型、科技创新等9个方面的28项重点任务。

新型电力系统建设期目标是预计到2035年基本建成新型电力系统，光伏、风能等新能源装机逐步成为第一大电源，常规电源逐步转变为调节性和保障性电源。电力系统总体维持较高转动惯量和交流同步运行特点，实现交流与直流、大电网与微电网协调发展。同时，储能、需求响应等规模不断扩大，发电机组出力和用电负荷初步实现解耦。

新型电力系统成熟期目标是预计到2060年全面建成新型电力系统，新能源逐步成为电力电量供应主体，火电通过碳捕获、利用与封存（CCUS, Carbon Capture, Utilization and Storage）技术逐步实现净零排放，逐渐成为长周期调节电源，分布式电源、微电网、交直流组网与大电网融合发展。系统储能全面应用、负荷全面深入参与调节，发电机组出力和用电负荷逐渐实现全面解耦。

新型电力系统是清洁低碳、安全高效能源体系的重要组成部分，是以新能源为主体、以能源电力安全为基本前提、以满足经济社会发展电力需求为首要目标，以坚强智能电网为枢纽平台，以源网荷储互动与多能互补为支撑，具备清洁低碳、安全可控、灵活高效、智能友好、开放互动基本特征的电力系统。

"双碳"背景下，一次能源供应主体将由稳定可控的煤、气、水等常规能源转向风能、太阳能等新能源，新能源将呈现爆发式增长，成为第一大主力电源（2030年成为装机主力，2060年成为电量主力），如图1所示。新能源的大规模并网，将导致源、荷两侧波动性大幅增加，给电力系统平衡调节和灵活运行带来重大挑战，电力系统的稳定特性、安全控制和生产模式都将发生根本性改变，新型电力系统将面临"两高两峰两随机一低"的重大挑战。

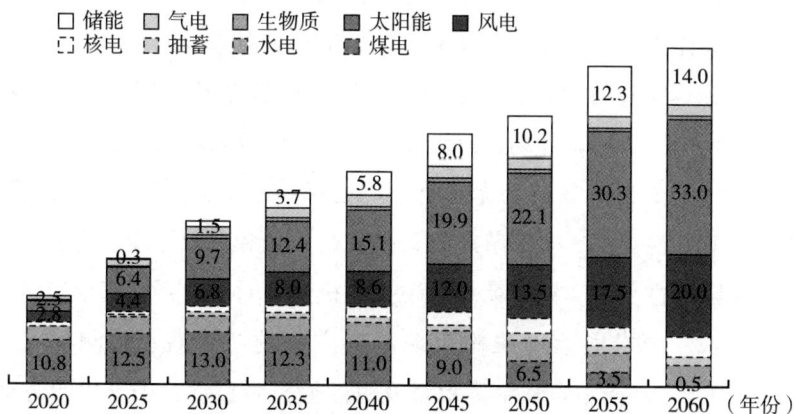

图1　一次能源供应主体分布（亿千瓦）

资料来源：《中国能源转型展望2023》。

二　电力物联网通信需求

电力物联网利用先进的现代信息通信技术，实现电力系统发电、输电、变电、配电、用电和调度等各个环节电力设备之间的广泛互联以及人机交互，能够有效支撑电力系统实现信息与物理深度融合，是能源互联网发展中的关键支撑技术之一。可靠的信息通信网络是保障电力物联网实现全面感知、大数据汇聚和控制指令准确下发的关键。随着新型电力系统高比例新能源、海量电力传感器及智能配电终端设备的大规模、分散式接入，其电源结构、电网形态、负荷特性、技术基础和业务模式都将发生深刻变化。为了实现新能源高效并网及消纳，对源网荷储协调控制，信息的双向互动将更加频繁，电力物联网感知信息的数据量和维度都呈现爆发式增长，数据交互频度更加密切。新型电力系统对电力物联网通信提出了更高的要求。

（一）通信架构需求

随着新型电力系统的发展，分布式新能源大规模分散式接入，综合能源系统、虚拟电厂等新生态的涌现，电力物联网服务的对象将更加复杂，要求将更高。具体表现在：覆盖范围更广，采集控制对象规模更大，且逐步向配用电侧延伸，单点容量低、位置分散；涉及环节更多，"源—网—荷—储"各环节紧密衔接、协调互动，打破业务分环节、分条块数据应用的边界；服务更多元，既要支撑电力系统安全稳定运行，也要服务国家"双碳"目标的落地；时效性更高，全环节海量数据实时汇聚和高效处理，需要更高的通信时效；随机性更强，源—荷均呈现强随机性，对电力系统安全稳定运行提出更高要求。要求通信网架构实现更为广泛的"可观、可测、可调、可控"。电力物联网需重点从带宽承载及时效性、可靠性、安全性等方面对现有的网络架构进行调整，以适应未来新型电力系统对电力物联网的通信需求。

（二）通信性能需求

在新型电力系统下，通信服务对象将涵盖源网荷储各个环节，尤其是针对数量众多、布点分散的分布式新能源，覆盖范围需进一步扩大，业务更加复杂，电源端、负荷端及电力网络均具有较强的不确定性，对通信提出了更高的要求。新型电力系统对电力物联网通信带宽、时延、可靠性、安全性等方面的要求更加严苛。

1. 大带宽通信需求

新型电力系统业务重点面向分布式能源、智慧园区、新能源汽车等采集和控制类业务，需要较大的通信网带宽；分布式能源的大范围接入，数据流量的增长，大量终端设备的广泛接入及多元化业务类型，对现有通信带宽的承载能力提出了新的挑战；同时，智能巡检等应用要求具备较大的带宽来有效支撑视频通信。

2. 低时延通信需求

电力物联网的新业务对通信时延具有非常严苛的要求。其中配电网保护与控制、智能配电网微型同步测量都要求 10 ms 级的超低时延；电动汽车充电等新业务倾向于在人无感状态下完成交互，因此对时延要求控制在 1s 级；刚性调控场景（如精准负荷控制等）需要满足电力调度需求，确保电网安全稳定运行，因此要求 20ms 级的低时延；新能源调控平台数据采集影响着供用能设备之间的高效率协同优化，对新能源的消纳产生重要影响，因此对时延有较高要求。此外，电力物联网的其他业务（如视频监控、无人机巡检等）大多跟电网的生产控制密切相关，时延要求较高。综上，电力物联网新业务要求具有较低的通信时延。

3. 高可靠通信需求

随着新型电力系统建设步伐的不断加快，"源—网—荷—储"不断接入，通信故障对电网的安全稳定运行产生威胁，影响工商业生产经营及日常生活，对电力业务造成的影响巨大。为实现全环节的统一协调管控，电网控制类业务对于可靠性要求高达 99.999%。针对分布式能源采集类业务，需实时感知电力环境状况，并完成数据上传，促进电网的平稳运行，数据传输可靠性要求高达 99.9%。

4. 高安全通信需求

电力物联网复杂的业务种类及高频度信息交互，增加了其被攻击和窃听的风险，使网络攻击者获取电网的调度、运行信息等，使得电网更容易被针对性攻击，危及电网的安全稳定运行。电力物联网业务数据的非法篡改，使业务控制系统获取错误的设备状态信息从而制定不恰当的决策，严重的会造成电力系统的紊乱，或者业务对象失去控制，无法按照既定计划正常工作，造成电网故障，甚至用电安全事故等危及用户的安全。电力物联网的通信安全直接影响着电力业务的安全，必须具备高安全通信的防护能力。

三　电力物联网通信技术研究

（一）电力物联网系统架构

电力物联网以电网信息的采集、感知、处理和最终的应用等各个环节为基础，实现数据的共享和潜在价值的挖掘。如图 2 所示，构建以云化主站为平台，采集终端（台区融合终端/新型集中器）为边缘计算核心，配套智慧开关、分布式光伏、有序充电桩、台区电表、传感器等为端侧设备的电力物联网体系架构，实现光伏新能源、柔性可调节负荷的全面感知，在"可观、可测、可调、可控"基础上，有效支撑生产作业、运行管理、运营管控，为电力系统安全稳定运行奠定坚实基础。

（二）电力线载波通信技术

电力线通信（也称电力线载波通信，Power Line Communication，PLC）技术是指利用电力线作为通信介质进行数据传输的一种通信技术。该技术通过载波方式将信号进行高速传输的技术，可以把载有有效信息的基带信号加载到电力线上，在接收端将调制信号取出解调、还原信号，实现信息双向、安全、高速、稳定传递（见图 3）。由于电力线是最普及、覆盖范围最广的一种物理媒体，无须重新布线，即可将所有与电力线相连接的设备组成一个有线的通信网络，进行信息交互和通信。这种方式实施简单，维护方便，可以有效降低运营成本、减少构建新的通信网络的支出，因而已成为智能电网、智慧能源、光伏发电等领域应用的主要通信手段。

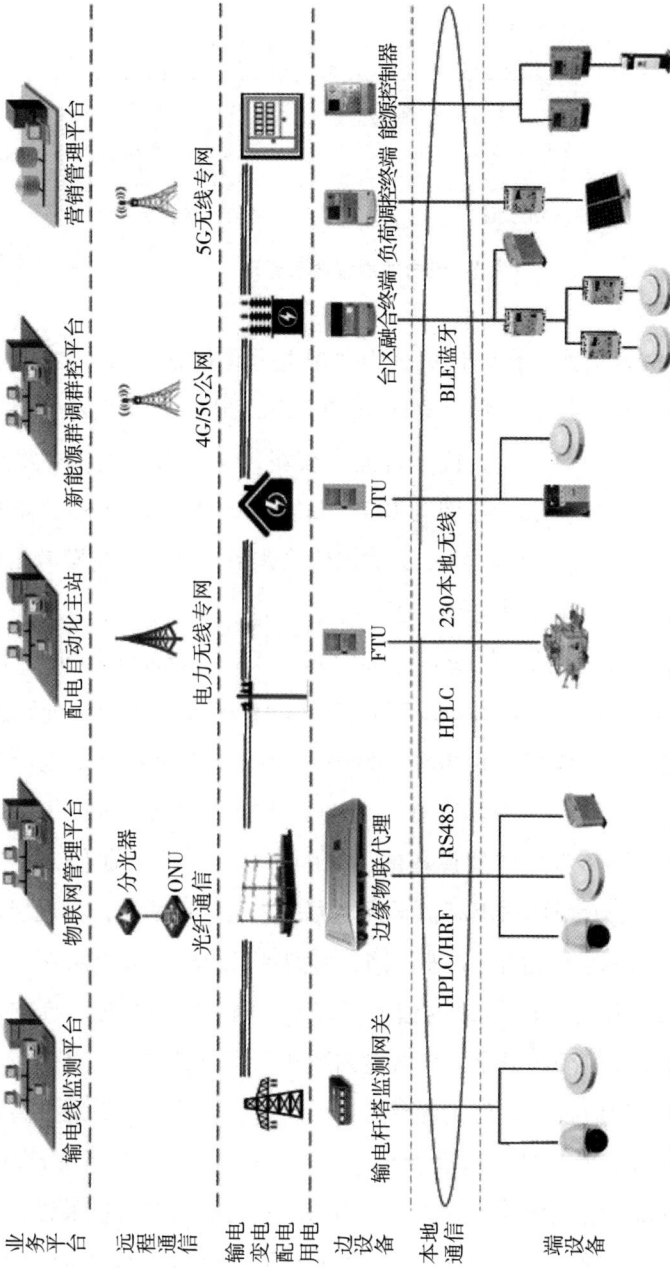

图 2 电力物联网技术系统架构

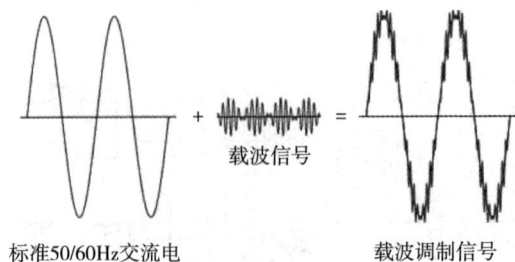

图 3　电力线载波通信原理

电力线载波通信按工作频带可分为窄带电力线和宽带电力线载波通信，窄带电力线载波频率范围一般为 3kHz 至 500kHz，由于带宽相对较窄，只能提供较低速率的通信服务，且抗干扰能力较弱，一次通信成功率很难突破90%。宽带电力线载波频率范围为 0.7MHz 至 12MHz，具有相对较宽的带宽，能够提供数百 kbps 至几 Mbps 的数据传输速率，且工作在噪声相对较弱的高频段，通信可靠性和稳定性显著提升。

高速电力线载波通信（High-speed Power Line Communication，HPLC）是一种采用先进 OFDM（Orthogonal Frequency Division Multiplexing）调制解调、Turbo 编解码、ROBO（ROBust OFDM）交织技术的高速率宽带电力线载波通信技术。HPLC 技术具有如下特点：①抗干扰能力强，0.7MHz 至12MHz 的带宽，远离常用电器设备的工作频率；多子载波通信，有效避开干扰频点，物理层专用算法提高抗干扰能力；②通信速率高，物理层速率大于 1Mbps；③路由技术成熟，快速组网，典型台区 300 个节点组网时间小于5 分钟；④支持网络管理，实现通信节点管理、网络拓扑管理；⑤支持多业务并发，支持费控管理、异常用电智能判断和电能质量监测（停电管理）。

基于 HPLC 通信技术，可实现台区自动识别、相位拓扑识别、高频数据采集、停电主动上报、时钟精准管理、ID 统一标识管理、档案自动同步、通信性能监测和网络优化等八大深化应用功能，支撑用电信息采集、配电自动化、光伏新能源监控、台区精益化管理等新型电力系统"源—网—荷"多元互动业务开展。高速载波通信的深化应用技术如图 4 所示。

台区识别	相位识别	高频采集	停电上报
√ 依据台区识别功能实现台区内电能表的正确归属关系	√ 配备过零检测电路，实现电能表相位的智能识别	√ 高速载波通信频带宽、速率快、实现分钟级曲线采集	√ 在电能表停复电后，通过电能表载波通信单元在规定的时间内上报停复电信息

时钟管理	档案同步	相位识别	
√ 低延时和灵活的广播校时，保证电表和集中器时钟同步及精准管理	√ 新装载波通信单元后，在一定时间内即可在主站进行数据采集	√ 配备过零检测电路，实现电能表（采集器）相位的智能识别	远程费控 曲线数据 远程升级 实时监控 …

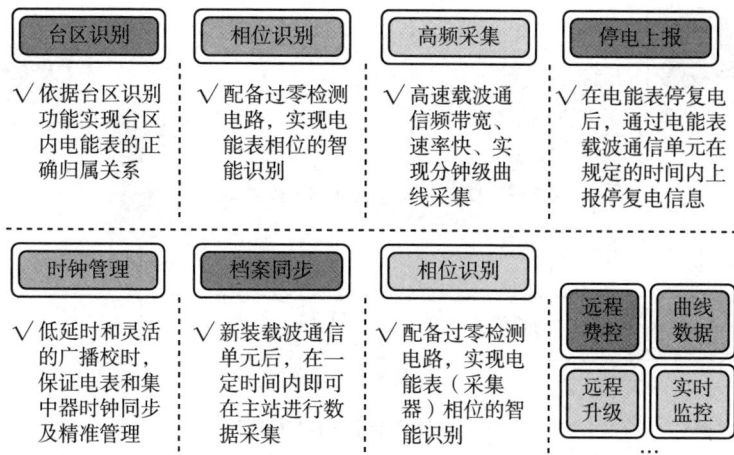

图 4　高速载波通信的深化应用技术

（三）高速双模通信技术

高速双模通信技术在同一个通信单元集成载波和无线两个独立的物理层，可以同时进行高效并发的数据传输，提升各类采集业务场景的支撑能力，如图 5 所示。高速双模通信技术融合高速电力线载波和高速微功率无线（High-speed Radio Frequency，HRF）两种技术的优势，是低压电网领域最关键的本地通信技术。其在物理层采用 OFDM 调制解调、Turbo 编解码和 ROBO 交织等技术，链路层上网络支持连接节点数由 1016 节点增加至 2000节点，且在 HPLC 的链路层协议基础上，增加 HRF 信道的组网路由机制，支持两种信道互为路由，组成一张网络，网络协议中增加了完备的加密算法和加密机制，保障网络安全。

高速双模通信技术将 HPLC 信号沿 A/B/C 三相电力线传播的线状拓扑与 HRF 信号沿空间辐射拓扑相叠加，形成互补、深度融合的通信拓扑，如图 6 所示。相较原有单发单收机制，节点间自动优选 HPLC 信道或 HRF 信道进行或者选择 HPLC＋HRF 双通道同时通信的双发双收机制，台区内允许通信节点双信道同时发送，即物理层 HPLC 和 HRF 具有两套独立的

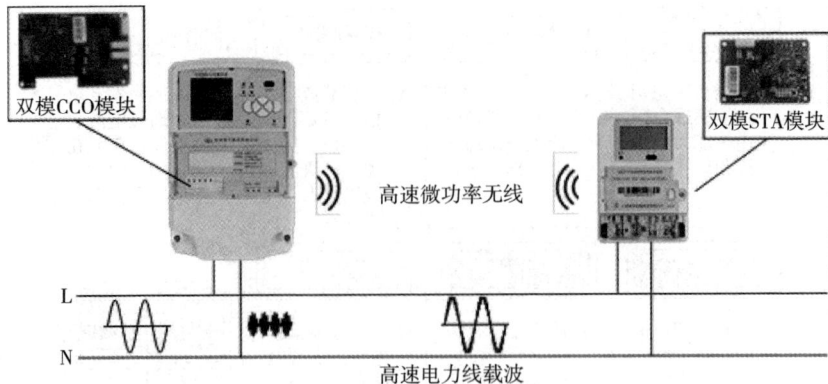

图5　高速双模通信技术原理

收发机制，两个信道在同一时间段允许同时发送和接收，即一个信道发送数据过程中，另一个信道在任意时刻有发送需求时可以直接发送，无须等待，在数据链路层具有双模通道时隙独立控制和数据过滤处理的机制，利用两个信道同时发送，可以提高信道可靠性、增加信道带宽，因此数据传输成功率将会得到大大提升。高速双模通信技术使系统具有更高速率，更稳定、更可靠，为通信系统中数据采集、事件上报、控制指令下达等业务需求打造了新一代用电信息采集本地通信解决方案。能加快故障定位时间，降低维护成本，提升客户满意度，同时能减少设备故障，提升系统整体运行性能。

高速双模通信与单模通信相比，主要技术优势包括以下几点。①性能更优：HPLC+HRF 的双通道同时收发且路由互为备份，有效解决单一通信方式可能存在的"孤岛"问题，满足新型电力系统业务场景下对通信更大带宽、更高速率和更高可靠性的要求；②连接更广：网络支持节点数增加至2000 个，可以在智能电表接入的基础上，增加智能开关、传感器等设备的接入，为营配一体化、数字化和智能化提供技术保障；③更加安全：采用专用密码算法和相应的安全机制，能够有效抵抗网络攻击和信息泄露等风险；④功耗更低：系统级模拟射频架构降低功耗设计、基带低功耗信号处理算

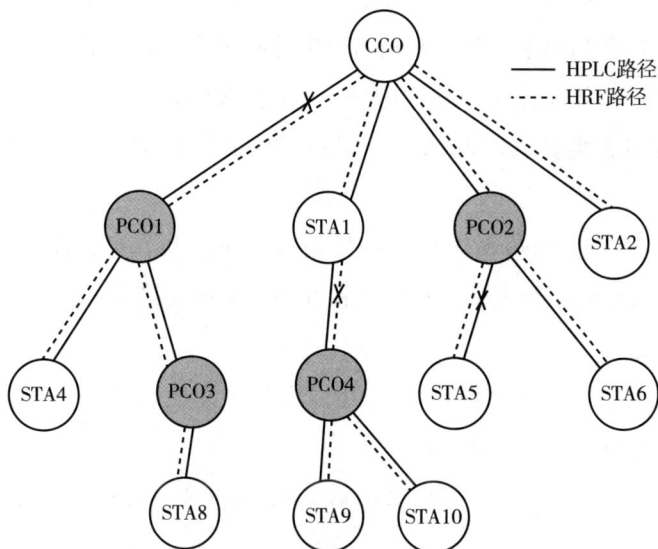

图6 高速双模通信组网拓扑

法，降低产品运行功耗；⑤应用更强：更好地支持用采八大深化应用，HRF信道可以在停电时保障设备停电信息及时准确上报，无人工干扰情况下，台区户变识别、分支/电气拓扑识别及线路故障预警/告警准确率达99%以上。

高速双模通信技术是支撑用电信息采集系统2.0建设的新一代本地通信技术。国家电网公司从2017年开始了相关研究，2018年由中国电科院牵头企标立项，2021年正式发布了高速双模通信技术标准。双模通信在标准兼容、深化应用、分钟级采集、业务承载能力、停电上报等方面具备独特优势，即将在电力领域获得大面积的推广应用，为新型电力系统各类业务互动提供性能更优的本地通信解决方案。

（四）电力5G远程通信技术

1.5G通信技术介绍

5G通信技术是4G在网络性能和应用场景方面进一步演进的成果。目前，世界各国都在5G通信的研发和部署方面不断发力，中国在该领域的研究中也取得了大量的成果，在国际上拥有较高的话语权。相比于4G，5G通信技术在用户感知速率、时延和覆盖范围等技术指标方面都有明显优势。

①高速率：5G通信系统峰值速率不低于20Gbit/s，并且要求在小区内的各个位置均能实现100Mbit/s至1Gbit/s的用户感知速率，从而实现数据高速传输。

②广连接：5G通信系统可支持终端的海量连接，可以实现100万台/km^{2}级别的移动终端接入密度，包括各种物联网通信终端，为实现万物互联提供技术基础。

③高可靠：5G通信系统发送1个32字节数据单元的成功率高达99.999%，丢包率仅为0.001%。

④低时延：5G通信系统网络端到端时延小于10ms，提升了系统响应各种业务的速度。

⑤低能耗：5G通信系统通过降低设备能耗的方式延长传感器与通信设备电池更换或充电周期，从而使纳入万物互联的各类设备保持长期在线。

5G通信系统的各项性能优势使其为推进先进能源互联网建设发展提供强有力的技术支持。

2.电力5G通信关键技术

①大规模多输入多输出技术

大规模多输入多输出（Multiple Input Multiple Output，MIMO）技术的基本特征是在基站侧布置数十根甚至上百根收发天线阵列。分布在同一小区内的多个用户在同一时频资源上利用基站配置大规模天线阵列所提供的空间自由度与基站同时进行通信。利用波束成形技术，基站可以有效地向一个非常狭小的范围发送信号，从而提升时频资源在多个用户之间的复用能力以及用户间抗干扰能力。因此，大规模MIMO系统频谱资源利用率得到大幅提升，从而有力支持能源互联网中的大带宽和低时延业务。

另外，为满足能源互联网中的大规模机器类通信需求，大规模MIMO系统通过开发更高的空间自由度，增加了正交导频数量，减小了小区内用户间的导频干扰，使系统接入能力进一步提升，有效支持大规模机器类通信业务。

②网络切片技术

5G 网络切片技术利用软件定义网络（Software Defined Network，SDN）技术和网络功能虚拟化（Network Function Virtualization，NFV）技术，将网络资源进行切片。单一物理网络可以划分成多个逻辑虚拟网络，多个网络切片共用网络基础设施，提升网络资源利用率；且在每个切片之间，包括切片内的设备、接入网、传输网、核心网在逻辑上都是相互独立的，网络切片之间互不影响。基于 SDN 集中控制，数据平面和控制平面可实现解耦，从而简化网络管理，路由配置更加灵活。

电力物联网对于行业专网的要求较高，运营商提供的电力切片需要与其他通信业务具有较高的隔离度。通过在通用硬件的基础上划分独立的时频资源块，满足电力业务安全性、实时性、高可靠性等方面的严格要求。同时，针对电力系统不同业务的带宽和时延要求进一步细化电力网络切片，能更好应对先进电力物联网多样化业务的需求。

③边缘计算技术

移动边缘计算（Mobile Edge Computing，MEC）是一种在靠近终端的一侧，打造集成网络、计算、存储、应用等核心能力的综合开放平台，为网络终端提供近端服务，从而满足业务对实时性、智能型、安全性、数据优化等各种需求的计算模式。边缘计算技术可以实现核心云中大型服务的有效分解，将大型服务分解成为多个小型的、更易处理的业务，并由更加靠近移动终端的边缘节点进行处理。

对于5G 通信技术与电力系统结合而言，边缘计算是必不可少的。例如，配电自动化及精准负荷控制业务，可以发挥基于 MEC 的低时延优势，提升电网对异常状态的响应速度；在智能巡检业务中，高清视频和图片的处理可在网络边缘完成，从而减少大颗粒数据对承载网资源的占用；对于用电信息采集业务，可借助 MEC 本地存储，避免用户用电数据通过运营商公网传输，减少用户数据被窃取的可能性，更加有效地保护用户隐私。

3. 电力5G 通信应用场景

根据数据典型应用场景划分，5G 在电力系统中的通信业务可分为控制、信息采集、移动应用三大类。控制类业务涉及电网运行的安全稳定，对通信的时延和可靠性要求较高；信息采集类业务用于监控电能质量、用电信息等，通信终端数量众多、分布广泛；移动应用类业务包括视频监控、移动巡检等，需要数据实时回传，面积广、带宽大。5G 支撑增强型移动宽带（enhanced mobile broadband，eMBB）、超可靠低时延通信（ultra reliable low latency communication，uRLLC）和海量机器类通信（massive machine type communication，mMTC）三大应用场景，电力系统各类业务的时延及可靠性要求如表 1 所示。由表 1 可知，5G 通信网络可以满足各类业务的 QoS 指标，并且有效减少光纤敷设的成本，从而推进能源互联网的建设和发展。

表 1　电力系统各类应用场景 QoS 需求

电力业务类型	QoS 需求			5G 场景
	时延	可靠性(%)	带宽(Mbps)	
配电自动化	几百毫秒	99.999	<1	uRLLC
精准负荷控制	≤100ms	99.999	<1	uRLLC
继电保护	≤100ms	99.999	>10	uRLLC
用电信息采集	秒级	99.9	<1	mMTC/uRLLC
图像监控	秒级	99.9	4~10	eMBB

电力 5G 专网示意如图 7 所示。目前国家电网在北京、山东、江苏、福建、冀北、河南等多个网省公司开展基于 5G 的精准负荷控制、分布式电源、用电信息、智能巡检等电力业务应用，实现能源生产、传输、消费全环节泛在互联，提高各参与单元的主动响应和协调控制能力，促进清洁能源消纳，全面支撑新型电力系统建设落地。

随着整县光伏建设推进，需求侧响应和新型负荷控制业务的开展，电力系统在线监测、无人巡检等对大数据传输、操作实时性以及远程诊断等应用要求的不断提高，电力 5G 通信未来在分布式电源、虚拟电厂、智能巡检等业务场景中具有十分广阔的应用前景。

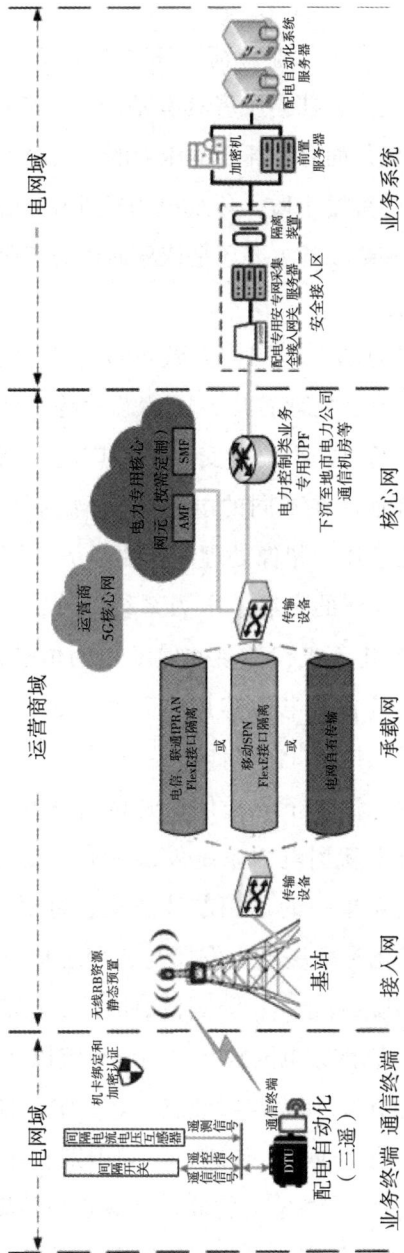

图 7 电力 5G 专网示意

（五）电力物联网芯片技术

芯片技术是支撑能源电力行业源荷网储各领域发展的基础支撑技术之一，电力芯片对于国民经济和社会发展具有基础性、战略性和先导性作用，电力芯片科技的发展不仅是面对外部竞争压力的必然趋势，也是解决国家能源电力行业数字化转型的重要手段。传统电力行业中的继电保护、自动化、信息通信和资产管理等多个场景主要还是依靠通用的工业级芯片解决实际工程问题、满足行业生产需求。

电力芯片按其应用的场合不同，大致可以分为主控芯片、感知识别传感芯片、安全芯片、数字处理芯片、通信芯片等。感知识别传感芯片、模拟芯片大量应用于现场数据采集，安全芯片广泛应用于关键数据保护，电力线载波芯片、通信芯片在不同的电力通信网中发挥了重要作用，数字处理芯片、通用主控芯片、图像处理芯片更是无处不在。

近年来，随着数字电网的发展，电力系统呈现高度的"电力+电子"化特点，"电力+电子"化不仅仅体现在基于电力电子器件的变流器有高渗透率，还表现为电力装备与电力芯片的高度融合，即电力加电子的智能电气装备和系统。目前国际上面向电力系统的特性或场景进行电力芯片的定制研究相对较少，通常依靠通用芯片的优化技术解决电力系统所出现的实际问题。但未来新型电力系统发展所带来的与传统能源电力行业不同的多类需求无法靠单一的通用芯片解决，针对具体场景进行功能的软硬件定制及性能优化是解决电力发展与通用芯片矛盾的有效方案。

在电力芯片自主创新的背景下，我国目前依托于北京智芯微电子科技有限公司（简称智芯公司）、南方电网数字电网研究院以及多个高校研究团队进行了电力定制化芯片的设计研发与封装测试等工作。如图8所示，智芯公司已开发了"安全、主控、通信、传感、射频识别、计量、人工智能、模拟"八大类200余款芯片，支撑电力物联网在物理量传感采集、信号处理、计算分析、通信传输、安全加密和设备管理等多个环节的应用，累计应用芯片20亿余颗。

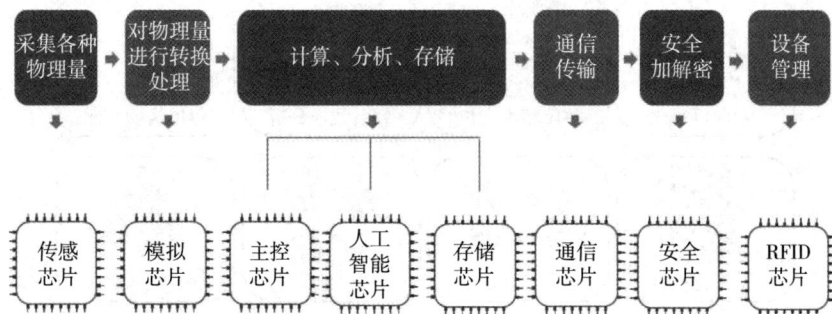

图 8　电力芯片分类

四　电力物联网通信技术应用

基于电力物联网的信息感知、传输、汇聚和处理技术，构建如图 2 所示的电力物联网架构体系。利用电力物联网高速载波技术对低压供电台区供用电数据、设备运行参数、环境状态等信息进行高频采集和实时监控分析，实现供电线路状态监控、用电负荷感知和调节，达到优化供电控制，提高供电效率、电能利用率等目的，开展用电数据采集及供电系统优化，实现电能出力预测及精准负荷管理。可以为电力系统提供故障精准定位、精益线损分析、停电透明监测、动态拓扑识别、综合能源服务等多类应用功能，促进电力系统数字化绿色化发展，如图 9 所示。

自主研发的电力物联网技术成果及解决方案已在用电信息采集、智慧用能、有序充电、光伏发电、配电物联网等领域实现大规模应用，取得市场高度认可，典型的经验做法如下。

（一）用电数据采集及供电系统优化示范应用

国家电网经营区域包括 27 个省（区、市）电力公司，覆盖国土面积 88%，用户超过 5.4 亿。随着工业和居民用电量逐年攀升以及供电线路老化等，部分台区出现供电线路损耗较大、负荷不平衡等问题；另外，传统台区

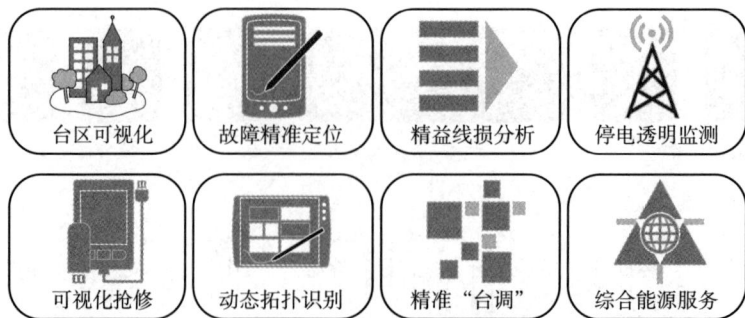

图 9 电力物联网应用功能

缺乏有效的通信监控手段，高线损的异常线路难以被发现，存在供电安全隐患。

基于 HPLC 通信的电力物联网技术在全国 27 个省（区、市）用电信息采集系统中获得大规模应用，累计应用 2 亿余个，实现数据高频采集、台区自动识别、相位拓扑识别、停电事件主动上报、台区分相停电分析、时钟精准治理、通信网络监测与优化、ID 统一标识管理，有效支撑了配电精准抢修、台区设备全域感知、营销服务优化提升等高级应用业务的开展，具体如图 10 所示。自应用以来，整体运行效果稳定，采集成功率达到 99% 以上，按减少 1% 的台区损耗计算，年可节约电量大约 1 亿 kWh，效益显著。

（二）客户侧智慧用能示范应用

对于居民用电区域人口密集、用电量大的台区，夏季和冬季用电高峰时段，常采取"拉闸限电"措施为电网"减压"，造成限时停电现象。从居民负荷构成来看，占比最大的为空调负荷，冬季占比在 30% 以上，夏季占比在 55% 以上，晚高峰期间占比更大，电热水器负荷整体占比 13% 左右；根据研究，空调调高 1℃，平均功率降低约 11%，具有很好的负荷调节潜力。

如图 11 所示，智慧用能设备（随器计量家电、智能插座、通信转换器等）、物联电表（智能电表）、户用光伏、有序充电桩等设备接入用电信息

图10　用电数据采集及供电系统优化系统

采集系统，所有设备通过 HPLC 通信组成一个整体的电力物联网。智慧能源系统通过居民户内安装的智能插座、随器计量家电等采集用户能耗数据，依托非介入式负荷辨识装置实现功率信息的反向解耦，实现居民负荷电器级的深度感知和精准调节，让居民用能与电网需求友好互动。台区智能终端/能源控制器通过与主站平台配合，可准确预测台区负荷波动，并在不影响客户生活用能的前提下，有效汇聚和调控客户侧负荷资源，配合电网削峰填谷、平滑负荷曲线，还可调节具备间歇性工作特征设备的负荷，推动台区"源—网—荷—储"协同运行。

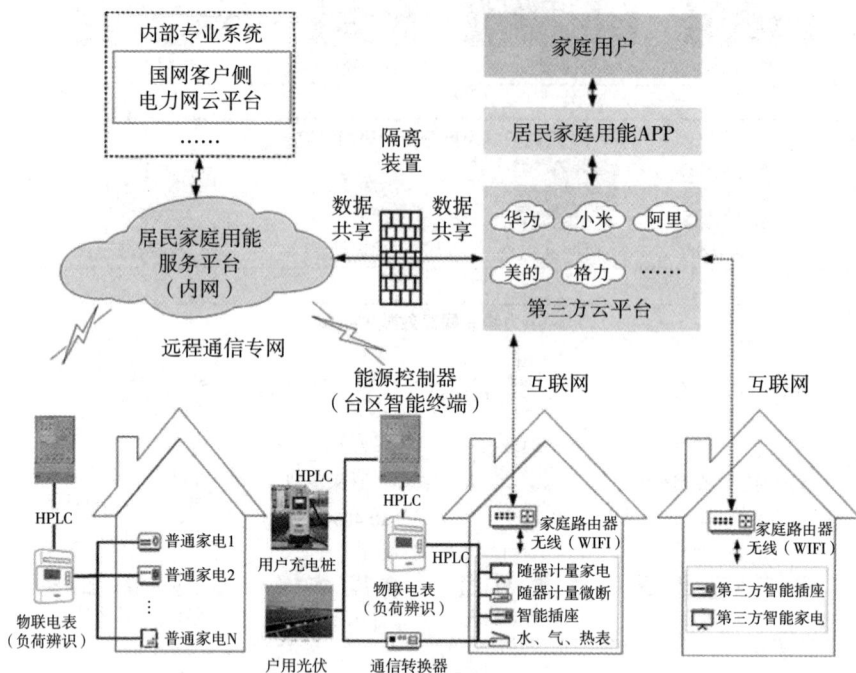

图11 客户侧智慧用能示范应用

试点台区共计安装能源控制器HPLC本地通信模组34个、物联电表17只、单相负荷辨识电表200只、用户充电桩7套、空调36台、热水器20台、表箱分支单元187只、普通电能表3693只。设置节点分钟曲线数据采集，采用数据缓存轮询上报，同时台区内有序充电、日冻结、分支监测状态等数据正常采集，当有按频度上报任务时，优先保证按频度实时上报业务通信，试点台区实现了供电员工通过用能控制系统调节居民客户家用空调温度、调整热水器加热时间，降低台区用电高峰时段总负荷。

通过智慧用能示范应用，实现居民负荷电器级的深度感知和精准调节，让居民用能与电网需求友好互动，有效汇聚和调控客户侧负荷资源，配合电网削峰填谷。

（三）电动汽车有序充电示范应用

传统的低压台区剩余电力容量不足，配电网络改造难度大，随着新能源车辆不断增多，充电需求大，负荷聚集时变压器容易过载。电动汽车有序充电能够提升电动汽车充电效率、降低充电能耗、调整电网负荷能效、延长汽车电池使用寿命，以达到安全、高效的充电目的。

基于 HPLC 通信技术的有序充电示范试点应用覆盖北京、天津、安徽、浙江、上海等地 600 个台区 6500 余户。如图 12 所示，HPLC 技术结合有序充电业务主要实现对充电设备的充电策略控制、充电状态监控、参数设置与查询，充电事件主动上报等业务功能需求。能源路由器通过 HPLC 通信模块接收并存储来自能源控制器下发的充电计划，通过执行充电计划在指定时间点给充电桩下达指令实现对电动汽车实时充电功率的调节或控制，从而实现电动汽车有序充电，提升用电效率，同时实现了台区负荷的有序调节并保障了台区稳定供电。

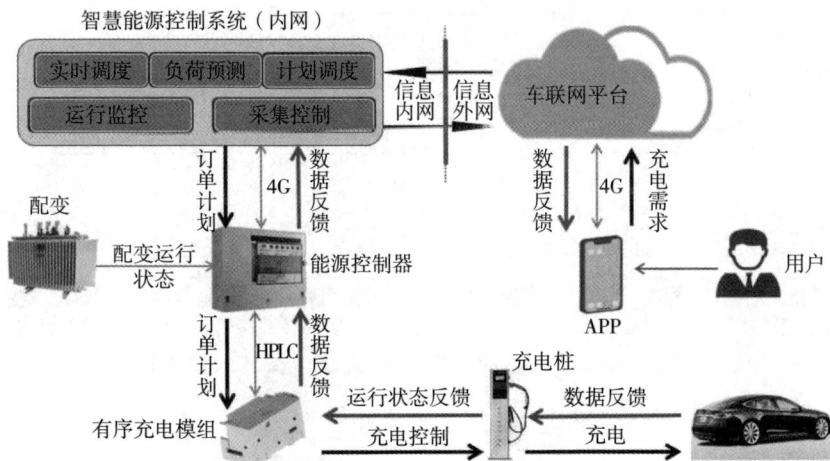

图 12　电动汽车有序充电示范应用系统

有序充电示范应用为电力系统可靠经济运行提供了有效支撑；通过电力"源—网—荷"互动促进电力绿色低碳节能高效利用，具有良好的社会和生态效益。

（四）光伏新能源监测示范应用

传统的光伏监控采用 RS485 或者窄带载波通信技术，RS485 通信地埋线路容易出现老化断裂，造成通信故障；而窄带载波速率低，不满足数据采集和指令控制通信速率和延时需求。

如图 13 所示，某光伏企业采用基于 HPLC 的光伏监测通信单元在宁夏吴忠市、内蒙古呼伦贝尔市等地的光伏电站开展了试点应用。宁夏试点情况：40 个逆变器，采用埋地走线方式，距离 50 米左右，最远节点 1.5 公里。内蒙古试点情况：24 个逆变器，采用埋地走线方式，距离 50 米左右，最远节点 500 米左右。试点过程中有效解决了通信距离远、传输衰减大、逆

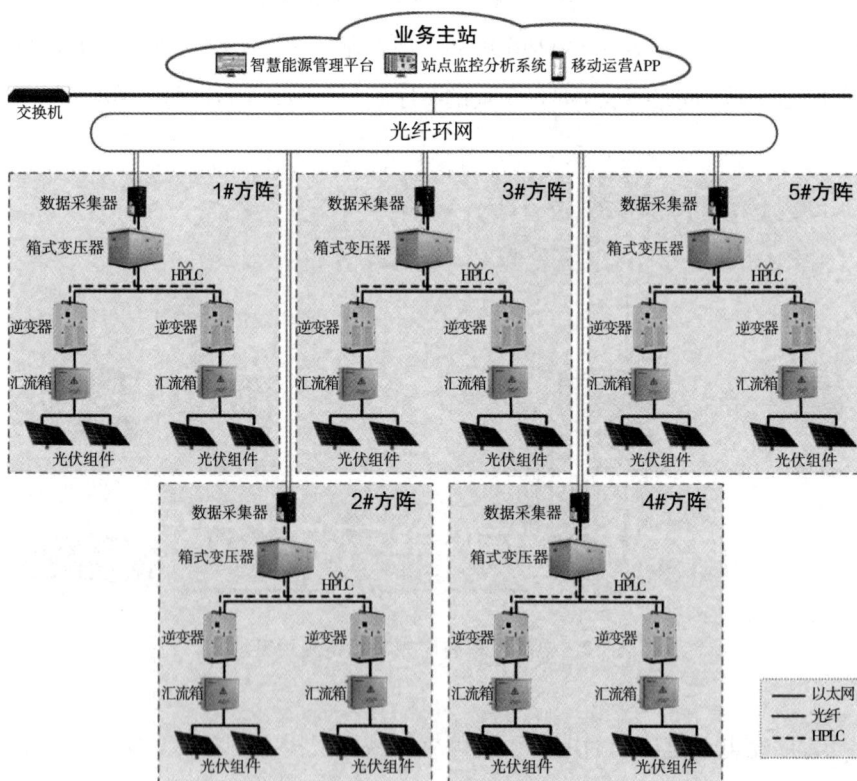

图 13　光伏新能源监测示范应用系统

变器强噪声干扰等问题，相比原方案（窄带载波、RS485）通信延时大幅降低至 20ms 以下、通信成功率达到 99.91%，能够有效实现数据实时传输、交互。试点全面验证了产品功能和性能，为物联网技术在光伏领域规模化应用奠定基础。

该技术已在宁夏、内蒙古、云南等地开展了典型推广与应用，并与特变电工、上能电气、锦浪科技等主流企业建立合作关系，累计推广应用通信模块 7 万余只。通过示范应用，为光伏发电场站的可靠经济运行提供了有效支撑。

五　小结

电力物联网是新型电力系统数字化绿色化发展的关键支撑技术之一，本报告从新型电力系统政策背景以及电力物联网通信需求的介绍开始，通过对电路物联网通信相关的技术研究和应用案例研究，展示了电力线载波通信、高速双模通信、电力 5G 远程通信、电力物联网芯片的技术特点，展示了电力物联网技术在用电信息采集、智慧用能、有序充电、光伏监测等场景的示范应用。电力物联网通信技术的应用和拓展，将对新型电力系统的建设和"双碳"目标的实现起到十分关键的作用。同时，电力物联网技术的发展离不开自主核心芯片的支撑，智芯公司将加快推进电力芯片技术和产品的创新研发，继续加快拓展电力工业芯片在绿色节能领域的推广应用，通过不断提高效率、降低能耗及产品升级，服务经济社会绿色转型发展。

参考文献

《独家 | 国家电网：构建以新能源为主体的新型电力系统行动方案（2021-2030年）》，中国电力网，2021 年 7 月 28 日，http://mm.chinapower.com.cn/xw/zyxw/20210728/90959.html。

舒印彪等：《"双碳"目标下我国能源电力低碳转型路径》，《中国电机工程学报》2023 年第 5 期。

钟伟等：《新型电力系统安全稳定运行分析》，《湖南电力》2022 年第 3 期。

肖先勇、郑于萱：《"双碳"目标下新能源为主体的新型电力系统：贡献、关键技术与挑战》，《工程科学与技术》2022 年第 1 期。

刘林等：《面向电力物联网新业务的电力通信网需求及发展趋势》，《电网技术》2020 年第 8 期。

欧清海等：《面向新型电力系统的电力通信网需求及应用场景探索》，《供用电》2022 年第 2 期。

《HPLC+HRF 双模通信技术在电能计量领域的应用》，海思官网，https://www.hisilicon.com/cn/about-us/press/news/hplc-hrf-power-grid。

董旭柱等：《电力定制化芯片应用场景及关键技术展望》，《中国电机工程学报》2022 年第 14 期。

徐平江等：《电力芯片技术标准体系架构设计及路线图》，《供用电》2020 年第 3 期。

赵洋等：《5G 通信在电力系统中的应用》，《山东电力技术》2020 年第 10 期。

陈蒙琪等：《基于 5G 的内置型电力通信终端设计与应用》，《供用电》2022 年第 6 期。

王甜甜等：《基于 5G 电力虚拟专网的电力业务典型应用》，《电力信息与通信技术》2021 年第 9 期。

《南瑞信通科技推出 5G 系列专用产品，解锁 5G 电力行业规模应用》，通信世界网，http://www.cww.net.cn/article? id=490393。

王贤辉等：《基于高速电力线载波的客户侧智慧能源高效数据采集方法》，《电力信息与通信技术》2022 年第 9 期。

王贤辉：《基于信噪比优选的电力线载波和无线通信物理层融合方法》，《电力信息与通信技术》2018 年第 9 期。

《江苏首个居民家庭智慧用能示范项目投运》，《电器工业》2020 年第 1 期。

李新家等：《基于家庭智慧用能的负荷协同优化调节技术研究》，《电器与能效管理技术》2021 年第 1 期。

安飞霏：《电力用户用电信息采集系统优化设计研究》，河北科技大学硕士学位论文，2019。

B.13
基于铀浓缩生产过程的绿色低碳
发展实践

李维杰　陈兴　樊林栋　高瑞　师丽娟*

摘　要： 核能是安全、高效、经济的清洁能源，发展核能是实现碳达峰碳
中和目标的重要选项，铀浓缩为核能提供安全可靠的"粮食"
供应。近年来，铀浓缩相关企业共同努力，通过工艺改进、系统
改造、设备升级等手段，在绿色低碳发展领域取得了一定成绩。
面向新时代铀浓缩产业高质量发展要求，建议以绿色低碳发展为
引领，从铀浓缩产业绿色规划、绿色研发、绿色设计、绿色建
造、绿色生产、绿色管理等方面开展工作，加强全生命周期绿色
低碳发展管理，保障铀浓缩可靠供应，健全绿色发展管理体系，
推进绿色低碳研发，培育绿色低碳产品和服务，推进设计建造绿
色转型，建立绿色标准体系，推广绿色建筑设计，建设零碳铀浓
缩工厂，持续开展碳核查、摸清碳排放家底，建立能耗监测系
统，提升能源利用率，积极融入碳金融市场，打造专业化人才队
伍，提升全体员工绿色低碳素养与技能。

关键词： 铀浓缩　绿色低碳发展　节能减排　能源综合利用

---

* 李维杰，中核第七研究设计院有限公司产业与技术研究院高级工程师，从事铀浓缩、运行评
价等相关领域研究；陈兴，中核第七研究设计院有限公司产业与技术研究院助理工程师，从
事铀浓缩产业研究；樊林栋，中核第七研究设计院有限公司能源环保工程设计院高级工程
师，从事建设项目环境影响评价咨询工作；高瑞，中核第七研究设计院有限公司产业与技术
研究院高级工程师，从事铀浓缩产业研究；师丽娟，博士，国家工业信息安全发展研究中心
信息化所高级工程师，从事"双碳"、两化融合、工业互联网、数字化转型等相关领域研究。

核能是安全、经济、高效的清洁能源，发展核能是实现碳达峰碳中和（简称"双碳"）目标的重要选项。铀浓缩产业持续为核电站提供安全、稳定、可靠的铀浓缩供应。经过60余年的发展，我国铀浓缩产业实现了专用设备研制、工程设计、工程建设、启动调试、工程运行全面自主化，掌握了先进的铀浓缩技术，总体技术国际领先。

一　绿色低碳发展战略布局

（一）国家双碳"1+N"政策体系已初步建成

为推动实现碳达峰碳中和目标，中国正在构建双碳"1+N"政策体系，为重点领域和行业实施碳达峰碳中和提供指导与支撑。

2021年10月24日，《中共中央　国务院关于完整准确全面贯彻新发展理念做好碳达峰碳中和工作的意见》发布，立足我国发展阶段和国际实际，部署了10个方面31项重点任务，明确了碳达峰碳中和的路线图和施工图，为各行各业推进碳达峰碳中和工作提供了指导。随后，国务院发布了《2030年前碳达峰行动方案》，进一步明确了我国落实2030年碳达峰目标的重点任务和主要指标，明确"到2025年，单位国内生产总值能源消耗比2020年下降13.5%，单位国内生产总值二氧化碳排放比2020年下降18%"。

在顶层设计出台之后，中央各部委陆续出台能源绿色低碳转型、节能降碳增效、工业信息、城乡建设、交通运输等领域指导意见或行动方案，逐步构建形成完善的政策体系。浙江、河南、河北、山西、云南、宁夏等省区市也陆续发布了碳达峰碳中和行动方案，提出了具体的技术路线图和行动计划，抢占碳达峰碳中和技术制高点，高质量支撑碳达峰碳中和工作。

（二）"一企一策"的"双碳"行动方案积极涌现

国家电网、中国电信、中国移动、中国联通、中国海油、中核集团等均发布了本企业的碳达峰碳中和或绿色低碳发展行动方案。

油气、钢铁、石化、水泥等重点行业也在开展碳达峰碳中和行动方案研究。油气行业主要通过发展新能源及规模化碳捕集、利用与封存技术落实碳减排量，提出了建立源头绿色化、过程清洁化、废物资源化的融合发展机制，明晰石油石化增储上产新领域的环境影响和控制机制，加大对碳捕集、利用与封存技术的科技投入。钢铁行业通过推动绿色布局、节能及提升能效、优化用能及流程结构、构建循环经济产业链、发展突破性低碳技术、制度建设和政策体系支撑等措施推进绿色发展。石化行业提出降碳技术、零碳技术和负碳技术三大类技术，主要采取清洁原料替代、结构调整及运营优化、能效提升、电气化提升、新能源耦合、捕集回收以及其他措施实现绿色低碳发展，并建议新的石化项目从规划设计之初，就应开展全厂能量系统优化，优化工艺流程和系统配置，提高能源综合利用率。

总体来看，重点行业主要通过采用清洁能源替代、提升能源综合利用率、优化工艺及系统配置、捕集回收等措施实现绿色低碳发展。

二　铀浓缩产业绿色低碳发展的重要意义

（一）推动绿色低碳转型发展是铀浓缩产业响应国家号召、践行"双碳"目标的有力抓手

碳达峰碳中和是我国为践行人类命运共同体理念向国际社会作出的郑重承诺，将全面引领经济社会尤其是能源领域绿色低碳转型，极大推动低碳经济、绿色产业发展，形成节约资源和保护环境的产业结构、生产方式、生活方式和空间格局。核能作为清洁低碳能源在能源革命中将发挥重要的作用，铀浓缩产业肩负着保障核能安全高效发展的责任使命，为核能发电、核能供热、核能制氢、核能海水淡化等核能多用途利用保驾护航，持续安全稳定供应核能"粮食"，是铀浓缩产业绿色低碳转型发展应有之义、应尽之责。

（二）推进绿色低碳转型发展是铀浓缩产业升级的内在要求

铀浓缩产业高质量发展以创新为第一动力、以绿色为普遍形态。铀浓缩有"核"的特殊属性，也有制造业的普遍属性。以绿色低碳为牵引，以科技创新推动新技术、新方法应用，加强全生命周期过程统筹，带动整个铀浓缩产业形态、生产形式和组织方式等变革，构建绿色低碳铀浓缩体系，实现铀浓缩产业与生态环境保护协调统一，是推进铀浓缩产业升级的内在要求。

（三）推进绿色低碳转型发展是铀浓缩产业增强国际竞争力的良好契机

能源低碳转型推动全球能源格局重塑。众多国家积极发展新能源，加快化石能源清洁替代，叠加地缘政治格局变化等因素，带来全球能源供需新变化，核电发展重新被列为重要选项。铀浓缩产业以降本增效为抓手，系统谋划，积极推进节能降耗、系统推进成本管控，将在推进绿色低碳发展的同时，全面提升参与国际市场竞争的成本实力，进一步增强中国铀浓缩竞争力。

三 铀浓缩绿色低碳发展现状

（一）铀浓缩工程设计方案持续优化

为高效推进绿色低碳发展，铀浓缩工程设计单位持续优化工程设计方案，铀浓缩生产企业持续开展节能降碳工作，通过工艺改进、系统改造、设备升级等手段提升能源利用率、降低碳排放。例如，开展浓缩工程冷却水废热利用、冷却水系统优化，部署光伏发电系统和智慧能源平台，利用市政集中供热替代燃煤供暖系统；开展生产系统升级改造，利用电动调节器替代气动调节器，压缩空气系统退出运行；开展绿色低碳产品研制，研制"太阳能+空气能"一体化热泵设备。

（二）铀浓缩领域"双碳"人才逐渐专业化

"双碳"领域的知识与能力更加专业，对于人才的需求同样紧迫。铀浓缩行业企业积极培养碳核查、碳交易人才，开展相关技能培训与考试，颁发碳核查、碳交易、碳管理培训证书。组织开展碳核查实践工作，完成2020年度和2021年度温室气体排放核算工作。同时，依托多渠道积极开展绿色低碳宣传工作，培养绿色发展意识。

（三）铀浓缩企业绿色低碳取得积极成效

在辅助运行方式优化调整与智能控制平台的共同作用下，铀浓缩行业某企业2022年某工程空调系统5月能耗比2021年同期减少25%。企业积极投入新能源使用并采取节能措施，建成18MWp自发自用光伏发电项目，年发电量约2500万度，可节约标准煤约7735吨/年，减少二氧化碳排放约1.93万吨/年；干、湿压缩空气系统退出生产运行，预计年节约用电150万度；通过改造制冷系统，新增板式换热器，冬季利用现有的开式冷却塔加板式换热器代替制冷机组为工艺提供冷量，达到降低工艺冷却系统能源成本，提升生产区能源综合利用效益的目标，预计年节约电量约500万度。

（四）铀浓缩绿色低碳发展面临一些问题

铀浓缩产业绿色低碳发展面临一些问题，主要体现在绿色低碳技术领域科技创新不足，需要加快形成绿色、清洁、低碳的生产方式，管理体系与技术体系有待完善，尚未普遍形成绿色低碳的素养与技能等。

四 铀浓缩产业绿色低碳发展建议

随着核能综合利用范围的扩大，浓缩铀需求将稳步提高，我国铀浓缩产能也将逐步扩大，为我国核能产业发展提供安全、稳定、可靠的"粮食"供应，为清洁高效低碳能源体系建设提供坚实的支撑。铀浓缩技术迭代升级，通过专用设备性能提升、工程技术创新、管理优化等持续提升铀浓缩产业的绿色低碳发展水平。针对"双碳"目标下铀浓缩产业绿色低碳发展，提出以下建议。

（一）推进全面绿色转型

强化绿色低碳发展规划引领。将绿色低碳发展目标要求融入发展规划，强化项目建设、组织管理、人才资源对绿色低碳发展的支撑保障。加强产业规划布局、项目建设与能耗双控政策的有效衔接，推动能源利用更加合理、利用效率大幅提升。加强各级各类实施方案间衔接协调，确保各领域落实绿色低碳主要目标、发展方向、重点任务的协调一致。将绿色发展作为铀浓缩产业高质量发展指标的重要组成部分，持续监测废水、废气、废料特征污染物排放量，碳排放强度，单位产值能耗，单位产值能耗下降率等指标。避免低效重复投资或逐步退出非主业高耗能项目，全面提升能效标准。统筹好"控能"和"控碳"的关系，强化能源消费总量和强度双控，合理控制能源消费总量。

保障铀浓缩可靠供应。统筹协调、积极有序安全推进铀浓缩产能建设，持续稳定提升铀浓缩国产化率，将"能源的饭碗牢牢端在自己手上"；在生产精细化管理上持续发力，优化生产组织形式、工艺流程、工艺参数，在保障铀浓缩高质量供应的同时，稳步降低单位产能能耗。

健全绿色发展管理体系。建立健全"双碳"工作管理体系与制度体系，建立铀浓缩产品碳排放管理体系，超前布局，参与国家碳交易、碳核查规则完善与优化，推动与主要合作国家和地区建立铀浓缩碳足迹管理互认机制，为铀浓缩出口做好准备；健全能耗双控管理措施，严格落实建设项目节能评估审查要求；构建全生命周期的绿色低碳管理，逐步形成供应端、物流端、数据端、生产端的全生命周期绿色低碳闭环管理。

（二）推进科技研发绿色转型

推进绿色低碳研发。高质量、按计划开展多种铀浓缩研发与生产，保障国家铀浓缩供应。研究优化铀浓缩生产企业生产组织方式、工艺流程和工艺参数，推进节能降碳新工艺、新技术、新方法应用，在确保高质量完成生产任务的同时持续降低能源消耗。将单位产品（处理能力）能耗纳入专用设备、工艺系统设备等的研发关键技术指标，以指标为牵引、以源头为发力点，通过研发高效率、低能耗产品提升能源利用率。

完善研发平台。完善优化先进铀浓缩循环技术研发平台，尽快补齐科研及工程验证能力短板、缺项，不断强化提升弱项能力水平，实现铀浓缩循环技术水平全面提升，具备更强国内国际竞争力。

培育绿色低碳产品与服务。加大兆瓦级飞轮储能、"太阳能+空气能"一体化热泵技术等研发力度，积极探索商业化发展模式，逐步降低制造与运营成本，开展规模化试点示范。布局新能源、节能环保产业以促进产业多元发展，形成碳核查、绿色低碳工程咨询、绿色低碳工程实施等服务能力。

（三）推进设计建造绿色转型

建立绿色标准体系。积极参与标准制定，结合铀浓缩产业特点，建立铀浓缩绿色工业建筑设计、评价企业标准，建立体现铀浓缩工厂特点的碳核查企业标准，探索建立铀浓缩产品绿色认证体系。建立铀浓缩生产企业绿色低碳发展评价指标体系，定期开展评价并给出优化建议，持续优化提升铀浓缩生产企业绿色低碳发展水平。

推广绿色建筑设计。注重建筑工程规划设计在建筑产业绿色低碳转型升级中的引领作用，绿色建筑设计完成率达到100%。针对新建、扩建和改建工业建筑及既有工业建筑节能改造在可行性研究报告、建设方案和初步设计文件增设碳排放章节。倡导铀浓缩工业建设践行绿色低碳设计理念，充分利用自然通风、天然采光等，降低工业建筑用能强度。

推广数字化设计。全面提升科研设计院所的数字化设计水平，实现多专业协同、多系统协同工作，提高设计工作效率；建设铀浓缩产业数据中心，实现科研、设计、生产的数据共享，通过数据分析与应用，持续提升铀浓缩科研设计水平。

建设绿色铀浓缩工厂。形成绿色低碳铀浓缩工厂方案，稳慎推进节能降碳新技术、新方法、新工艺应用。有序开展绿色建筑评价和现有建筑绿色改造工作。开展推进超低能耗、近零能耗、低碳工业建筑示范和推广，建成一批零碳车间、零碳工厂。促进绿色建材使用，在新建工程中提升绿色建材应用比例，优化选材提升工业建筑性能。持续优化生产系统设计，推进高能耗系统改造，促进节能降耗技术应用，选用高效设备，降低生产系统能源消耗。

（四）推进生产运营绿色转型

摸清碳家底。根据产业发展基础与发展规划，围绕碳排放总量和强度两个核心指标，系统摸清企业能源消耗和碳排放总量及增长情况。梳理能源消耗和碳排放总量及组成，分析总量及变化趋势，识别重点排放源，掌握能源消耗和碳排放的主要特征、关键因素，研判发展趋势、预判降碳潜力及降碳措施。

提升能源利用率。持续优化生产系统，通过技术改进、管理优化等措施，提升能源利用率。积极开展工业余热利用，推进厂区级和工厂级集控中心建设，降低控制系统能源消耗。建立以能效为导向的激励约束机制，推广先进高效产品设备，加快淘汰落后低效设备；推动既有设施绿色升级改造，积极推广使用高效制冷、先进通风、余热利用、智能化用能控制等技术，提高设施能效水平。加快推动数字化在铀浓缩生产领域应用，推进铀浓缩智能生产，重点推进专用设备、铀浓缩智能化工作，实现运行自动化、集中化、远程化，着力构建适应铀浓缩与智能技术融合发展、高效运行的绿色低碳智能化产业体系，推动铀浓缩高质量跨越式发展。组织开展节能降耗案例分享，普遍提升铀浓缩产业节能运行水平。

推动清洁能源使用。推动铀浓缩加工环节低碳发展，提升厂区清洁电能的用能占比，优先使用或购买绿电进行生产经营，推进化石能源电能替代。建立并巩固与各地新能源发电企业的长期合作关系，确保绿电采购渠道畅通稳定。推进新能源利用，结合铀浓缩生产企业厂区条件，宜光则光，宜热则热，推进太阳能光伏、太阳能光热、热泵系统应用。积极使用大容量电气化公共交通和电动、氢能、燃气、先进生物液体燃料、天然气等清洁能源交通工具。

建立能耗监测系统。建立铀浓缩生产企业能耗监测系统，统筹分析能耗监测、能耗统计、能源审计等数据，针对重点耗能环节实施节能降耗。将能源消耗、碳排放等指标纳入铀浓缩工厂运行业绩指标监测。推动数字信息技术与铀浓缩产业融合发展，积极参与集团公司核工业智能化管理平台建设。对接集团公司工程设计和科研管理平台开发，规范并量化对象与管理行为。

积极融入碳金融市场。了解碳金融相关政策，加强与金融机构的沟通交流，做好参与碳排放权交易体系和碳金融服务的准备工作。

（五）推进人才队伍绿色转型

打造专业化人才队伍。构建一支碳核查、碳交易、碳管理专业化人才队伍，支撑铀浓缩产业碳排放核查、碳交易及碳管理工作，分工合作建立铀浓缩产业碳排放业务流程与操作规范，定期开展铀浓缩产业碳排放核算、碳足迹管理等工作。推进"绿色+"模式，在科研、设计、管理、生产等领域培育一批复合人才，把绿色低碳工作嵌入企业发展最活跃的经络。

提升全体员工绿色低碳素养与技能。将绿色低碳发展教育纳入职工教育培训体系，开展多种形式的"双碳"教育，增强节约意识、环保意识、生态意识，推动绿色低碳发展理念在管理、研发、运维人员中广泛入脑入心入行，将绿色发展理念转化为全体职工的自觉行动，努力做到知行合一，在工作实践中取得实效，全面深入推动铀浓缩产业绿色低碳转型发展。

参考文献

《中共中央国务院关于完整准确全面贯彻新发展理念做好碳达峰碳中和工作的意见》，《人民日报》2021 年 10 月 25 日。

《国务院关于印发 2030 年前碳达峰行动方案的通知》，2021 年 10 月 26 日。

侯正猛、熊鹰、刘建华等：《河南省碳达峰与碳中和战略、技术路线和行动方案》，

《工程科学与技术》2022 年第 1 期。

曹成、侯正猛、熊鹰等：《云南省碳中和技术路线与行动方案》，《工程科学与技术》2022 年第 1 期。

马越：《我区出台〈宁夏碳达峰碳中和科技支撑行动方案〉》，《宁夏日报》2021 年 11 月 29 日。

《浙江省出台碳达峰碳中和科技创新行动方案》，《河南科技》2021 年第 18 期。

张龙强、陈剑：《钢铁工业实现"碳达峰"探讨及减碳建议》，《中国冶金》2021 年第 9 期。

薛明、卢明霞、张晓飞等：《碳达峰、碳中和目标下油气行业绿色低碳发展建议》，《环境保护》2021 年第 Z2 期。

戴方钦、刘婷、郭悦等：《钢铁行业碳达峰碳中和行动方案介绍》，《工业安全与环保》2021 年第 S1 期。

袁明江、王志刚、谢可堃：《石化企业碳达峰碳中和实施路径探讨》，《国际石油经济》2022 年第 4 期。

企 业 篇
Enterprise Section

B.14
数字技术在工业企业碳管理中的
应用现状

梁 瞳 崔学民 李立伟 马路遥*

摘 要: 工业是中国主要的碳排放领域，也是能源消费的主要产业。中国
"十四五"规划和2035年远景目标纲要将"2025年单位GDP二氧化
碳排放较2020年降低18%"作为约束性指标，各省区市均将绿色低
碳发展作为"十四五"规划的重要内容，并且明确了具体的目标和
任务。为了积极稳妥推进碳达峰碳中和，工业领域企业调控能源消
耗总量和强度、清洁低碳高效利用能源的任务日显紧迫。在大数据、
5G、人工智能、工业互联网等新一代数字技术高速发展的今天，工
业企业已经陆续不同程度地利用数字技术进行碳排放管理，产生了

---

* 梁瞳，国家工业信息安全发展研究中心信息化所工程师，从事两化融合、数字化转型等领域
的技术与产业研究；崔学民，国家工业信息安全发展研究中心信息化所高级工程师，从事两
化融合、数字化转型、计算机与网络等领域的技术与产业研究；李立伟，国家工业信息安全
发展研究中心信息化所工程师，从事两化融合、数字化转型等领域的技术与产业研究；马路
遥，国家工业信息安全发展研究中心信息化所工程师，从事两化融合、数字化转型等领域的
技术与产业研究。

积极的应用成效，但仍存在短板和亟待探索的方面。本文总结了数字技术在工业企业碳管理中的应用现状，并针对当前的问题，提出了提升工业企业碳管理标准化水平、推进数字技术在工业企业碳管理中的新应用、强化企业数字技术碳管理理念的展望。

关键词： 数字技术　企业碳管理　工业碳排放

2020 年 9 月，习近平主席在第七十五届联合国大会一般性辩论上发表重要讲话，宣布"中国二氧化碳排放力争于 2030 年前达到峰值，努力争取 2060 年前实现碳中和"，展示了负责任大国的担当。在工业领域碳达峰碳中和的目标约束下，我国工业企业积极探索绿色低碳发展路径，从经营层面、生产层面、供应链层面加紧节能降碳管理，虽已取得了良好成绩，基本转变工业碳排放高速增长的局面，但由于受到发展阶段和技术水平等的制约，"十四五"期间我国工业领域降碳减排工作仍然面临较大压力和挑战，亟待通过应用数字技术手段加强企业碳管理。

一　工业领域"双碳"背景

（一）我国工业领域"双碳"政策环境

早在 2011 年 10 月，国家发改委就批准"二省五市"开展碳排放权交易试点。2014 年 12 月，国家发改委发布《碳排放权交易管理暂行办法》。2016 年 1 月，国家发改委发布《关于切实做好全国碳排放权交易市场启动重点工作的通知》，明确全国碳排放权交易市场第一阶段将纳入八大重点排放行业，即石化、化工、建材、钢铁、有色、造纸、电力、航空行业。随着 2021 年《中共中央　国务院关于完整准确全面贯彻新发展理念做好碳达峰碳中和工作的意见》及《2030 年前碳达峰行动方案》出台，全国一系列分领域分行业分地区的碳达峰碳中和政策文件陆续落地，形成了关于"双碳"工作的"1+N"政策体系。在工业领域相继发布的《工业领域碳达峰实施方案》、《"十四五"工业绿色发展规划》和《工业能效提升行动计划》也提升了工业企业对碳排放管理的重视程度。

（二）我国工业领域碳排放概况

2021 年我国单位 GDP 二氧化碳排放相比上一年下降 3.8%，相比 2005 年累计下降 50.8%，展现了我国近年绿色发展显著成效。[①] 然而，从总体看，我国的碳排放总量仍然是世界最大的。[②] 工业是我国主要的碳排放领域之一，也是能源消费的主要产业之一，据我国 1994~2017 年不同行业的终端能源消费二氧化碳排放情况，研究期内工业能源消费产生的二氧化碳排放量一直占能源消费二氧化碳排放总量的 70% 以上。[③] 从能源活动领域看，2019 年工业碳排放占能源活动碳排放比重为 36%，约为 35.28 亿吨，其中工业领域钢铁、建材和化工三大高耗能产业占比分别为 17%、8%、6%。[④] 由此可见，碳排放重点领域工业企业达成"双碳"目标的时间紧、任务重。

二　工业企业应用数字技术进行碳管理的路径探索

（一）我国工业企业应用新一代信息技术等手段不断加强碳管理

1. 数字技术赋能工业企业两化融合长足发展

近年来，互联网、大数据、云计算、人工智能、区块链等技术加速创

---

① 中华人民共和国生态环境部：《中国应对气候变化的政策与行动 2022 年度报告》，2022 年 10 月 27 日，http：//sthjj. xlgl. gov. cn/zwgk2022/zcfg2022/202211/P020221104618852441944. pdf。
② 焦丽杰：《我国的碳排放现状和实现"双碳"目标的挑战》，《中国总会计师》2021 年第 6 期。
③ 彭武元、姚烺亭：《中国分行业终端能源消费 CO_2 排放分解研究》，《生态经济》2021 年第 8 期。
④ 全球能源互联网发展合作组织：《中国 2030 年前碳达峰研究报告》，2021 年 3 月 24 日，https：//www. sohu. com/a/457029954_ 289755。

新，我国新一代信息技术与制造业融合取得了长足进展，工业两化融合工作不断做强做实，推动我国建成制造强国和网络强国。截止到 2022 年底，全国工业企业关键工序数控化率达到 58.6%，数字化研发设计工具普及率达到 77.0%，较 2017 年分别增长 34% 和 28%。随着企业从信息化和工业化的不断融合，到进一步进行数字化转型升级，越来越多的企业应用信息化和数字化的手段进行节能减排和碳排放管理。

2. 工业企业不断强化数字化手段"管碳"应用

迄今为止，做出碳中和承诺的能源密集型工业企业包括中国石化、中国石油、中国宝武、河钢集团、鞍钢集团和包钢集团等，其中大多数企业的目标是到 2050 年实现碳中和。许多企业已经宣布改变其运营战略，部署新技术，并为研发活动投入更多资源。一些企业率先探索应用数字化方式进行碳排数据采集和低碳管控，并积累了一定经验。以中国宝武为例，2022 年 6 月，宝武碳资产经营管理平台上线，为中国宝武及下属企业提供统一的碳资产经营管理服务；同年 11 月，宝钢股份智慧碳数据平台上线，为宝钢股份节能减碳战略决策、实现碳达峰碳中和，提供量化工具和大数据支撑。

目前，工业企业在碳减排方面主要关注经营管理层面、生产层面及供应链层面的管理。工业企业碳管理中涉及的数字技术主要包括 5G 技术、云计算、大数据技术、工业互联网、工业软件等。

（二）数字技术在工业企业经营管理层面碳管理的应用范围呈扩大趋势

企业经营活动涉及采购、财务、销售、人力、行政等多方面，企业通过数字化碳管理方式，能够实现各个管理环节碳数据的互联互通，促进经营管理过程中碳排放信息共享与交流利用，有效避免"信息孤岛"，节约时间和经济成本。2022 年，我国企业经营管理数字化普及率达到 73.7%，同比增长 3.9%。5G、工业软件的不断发展及其在企业经营管理中的融合应用，能够通过对企业进行碳排放管理平台系统的部署，对企业组织的碳排放、配额和减排量等进行实时和系统化管理。

5G 技术在经营管理层面的碳管理应用。5G 技术可在高可靠专网、精准定位和智能调度方面为企业管理环节节约人力和降低碳排。5G 局域专网限定在一定区域内覆盖，可用于满足特定场景的需求，如电力、制造、钢铁、石化、矿山、港口等，提高信息化水平。5G 技术具有的能够实现米级定位精度的能力，极大便利了办公区域的资产盘点。5G 还提高了大量终端接入网络时的通信协同性和稳定性。

工业软件在经营管理层面的碳管理应用。多种工业软件的应用可以提升企业生产管理效率，实现降碳。通过使用生产调度类和过程控制类的工业软件，如 DCS、SCADA、PLC、MES 等，能够对分散的资产进行简化、整合和优化管理，实现数据采集、设备控制、测量、参数调节、信号报警等各种功能。同时，基于 SaaS 服务模型的工业软件的成熟用户管理界面和远程操作性，也增强了工作人员的操作简洁性、降低了能耗、节约了管理成本。

（三）数字技术在工业企业生产层面碳管理的应用增强

生产制造活动是企业创造价值的核心环节，数字化技术在企业生产环节的应用有助于显著提升生产效率和产品质量。2021 年，我国企业关键工序数控化率已达到 54.2%，同比增长 3.1%。基于 5G、工业互联网、云计算和大数据技术等开展对生产制造活动的数字化管理，如通过发挥实时传感监测、智能调度、远程控制、碳排放仿真等功能，不但能够实现大规模、网络化、个性化、定制化生产，而且能够实现对能源消耗和污染物排放的精细化管控，通过对排放口碳排浓度和排气流量的自动监测、记录和汇总，实现对工业现场碳排放数据的实时采集和后续分析。

5G 技术在生产层面的碳管理应用。利用 5G 具有的毫秒级低时延、极高可靠性的优势，可以改进工业生产流程，实现制造等场景的低碳、远程、少人化。在高能耗工业生产领域，依托 5G 技术及部署在云端的能耗管控平台可对企业的水、电、气、热等各种能耗进行全面监测，提升用能的安全性、改进生产流程、提高管理精度、减少碳排放。

工业互联网在生产层面的碳管理应用。通过工业互联网感知层对生产数据的实时采集，企业可以及时优化生产流程，降低能耗，提升产品质量。各类工业设备上部署和应用的智能传感器和表计装置，可以采集能耗和多源碳排放数据，并实时传输到工业互联网平台上，使企业对生产流程中的碳足迹、碳排放数据信息进行监控，并建立数据交换接口，实现企业碳数据共享和有效利用。

云计算和大数据技术在生产层面的碳管理应用。利用大数据技术可以量化生产制造全过程的能耗和碳排放，促进对碳排放数据的最大化收集、分析、利用，通过获取设备碳效率、单位产品碳排放量等碳排指标，可发现可优化改进的高碳排环节，提升"双碳"管理水平。通过数据和模型驱动，在工艺研发时实现碳排放仿真，在各个生产环节实现精准管控、及时发现异常，可以有效减少碳排放量、提升生产效率、降低不确定风险。同时，通过构建包含原材料、能源、工艺等来源的碳排放模型，并借助云计算和大数据技术对数据进行处理，可以助力对产品、设备、产线区域碳排放数据的精准核算和分析，并对企业碳达峰的进程进行模拟和预测。而云计算又为工业碳管理提供了低成本、高可用的算力和储存环境，提高了数据的防灾可靠性，尽量避免了电路或服务器故障带来的损失。

（四）数字技术碳管理应用促进工业企业供应链进一步优化

企业供应链涉及产供销各个流程，是与产业链上下游企业沟通协作的内部管理基础。2021 年，全国实现产供销集成的企业比例为 28.9%，同比增长 5.9%。企业供应链的数字化管理体系建设应用 5G、工业软件等技术，能够加强数据资源在供应链采购、生产、销售、物流、财务等各环节的横向集成互联，实现供应链的供需预测、可视化和透明化，提高供应链一体化管控水平，提升供应链协作效率，降低供应链成本，减少碳排。目前，通过生命周期评价方法核算产品的碳足迹，并利用二维码标签、云存储技术追溯产品碳足迹，是消费品领域生产企业采用的向消费者展示产品碳足迹的普遍方式。

5G 技术在供应链层面的碳管理应用。5G 的米级精准定位能力方便对供应链各个环节进行定位，以及对各环节碳排监测信息的回传，包括可视化监控，提高了对供应链碳排放的管控能力。

工业软件在供应链层面的碳管理应用。通过应用各类经营管理类工业软件，可以采集涉及制造、包装、存储、分销等多环节的供应链情况信息，将这部分采集的数据与各供应链环节采集到的碳排放数据整合，并有效分析利用，可以揭示高能耗的环节，利于供应链的进一步优化，整合物流，提高协同效率，减少碳排放。

三 数字技术在工业企业碳管理中的不足

数字技术在工业企业碳管理应用中，仍然存在诸多薄弱环节。一是数字技术在工业企业碳管理中的总体应用水平仍有很大提升空间，二是人工智能技术在碳排放建模预测等方面的优势有待进一步凸显，三是区块链技术在工业企业碳管理中的应用尚处于探索阶段，四是工业标识解析技术在工业企业碳管理中的应用价值亟待挖掘。

（一）数字技术在工业企业碳管理中的总体应用水平仍有很大提升空间

数字技术的应用既能够提高企业的生产效率，创造更大的经济效益，又可以降低能耗及碳排放，还能助力企业进行全流程碳管理。然而，许多企业在探索数字化碳管理路径的过程中仍存在诸多痛点。例如，各个地方的碳足迹核算标准不统一、利用碳排结果倒逼过程降碳的有效方法不足、方便企业间进行对标的数字化碳管理统一标准缺失。这也反映了目前数字化碳管理服务的行业困局，包括针对行业特点的服务体系尚未建立、数字技术降碳的创新应用供给不足、行业内碳管理体系尚未形成统一标准、对于碳数据缺乏统一的基础支撑、"双碳"服务平台在重点碳排行业覆盖不足。

（二）人工智能技术在碳排放建模预测等方面的优势有待进一步凸显

基于多源的、多类型的碳数据，通过利用人工智能技术结合机理建模和数据建模，构建工业企业能量流驱动物质流、物质流产生或影响能量流的动态关联模型，实现能源监测的智能升级，既能保证生产效率、产品品质，又能最小化加工能耗和碳排放。并且，利用人工智能算法还可以达到自动推演企业碳达峰、碳减排的规划路径的效果，助力工业企业进行"双碳"路径规划和实现绿色低碳转型。此外，利用人工智能的多层感知器（MLP）、反向传播神经网络（BPNN）、径向基函数（RBF）、支持向量回归（SVR）、极限学习机（ELM）、最小二乘支持向量机（LSSVM）等机器学习算法较强的学习能力和非线性映射能力，能够对碳价进行预测。然而，行业在碳排放管理中对大数据驱动的人工智能算法的应用普遍不够充分，还有一段智能化升级的路要走。

（三）区块链技术在碳数据核查存证等方面的应用尚不充分

依托区块链技术的去中心化、多方参与、公开透明、可追溯、防篡改等特点，能够对工业碳数据进行核查与存证。将企业的碳排放、碳足迹、碳资产等碳数据实时上链存证报送，避免伪造和篡改数据，并且可以为政府部门对企业进行碳排放监管核查、分配碳配额提供可靠依据。同时，利用区块链智能合约提供的高可信的执行环境，可在完全没有第三方的情况下，自动封闭执行合约条款。借助智能合约建立碳数据核算模型，可以自动执行核算，避免人为干扰，保障数据的准确性。但区块链技术在工业企业碳管理中的实际应用几乎没有，或尚在研究探索中。

（四）工业标识解析技术在碳管理中的应用场景有待进一步挖掘

标识解析系统，即利用标识，对机器和物品进行唯一性的定位和信息查询。利用工业标识解析技术，能够为工业设备或各类备件赋予全球唯一

Handle 码，覆盖主要的业务流转活动。目前该技术主要应用于工业供应链各环节中设计、制造、测试、运维、检修等数据价值的汇聚与挖掘。但工业标识解析技术在工业企业碳管理方面的应用尚为空白，其在全生命周期碳足迹追踪方面的应用场景存在很大价值，尚待进一步挖掘。

四　相关建议

面对我国工业企业完成"双碳"目标的必要性和紧迫性，以及数字技术在工业企业碳管理中的应用现状，建议从提升工业企业碳管理标准化水平、丰富工业企业碳管理新应用、强化企业数字技术碳管理理念三个角度做出努力，促进减排降碳。

一是产学研用金共同发力提升工业企业碳管理标准化水平。在国家顶层设计的不断驱动下，政府有关部门、科研机构、高校、行业协会应当加快对接国际碳管理规则，推动标准研制、成果创新。

二是加紧推进数字技术在工业企业碳管理中的新应用。技术服务企业要努力寻求行业技术难题破局，促进人工智能技术、工业标识解析技术、区块链技术等在企业碳管理中的落地应用，建立针对不同行业特点的碳管理服务体系，形成规范化产品。

三是强化企业数字技术碳管理理念。工业龙头企业应积极参与数字技术碳管理试点示范，以碳管理流程重构为抓手，实现企业内部碳管理能力数字化转型，将数字技术应用于更多作业环节的碳管理。例如，利用计算机辅助设计、计算机辅助工程、计算机辅助制造、计算机辅助工艺过程设计等工业软件，辅助产品研发与工艺设计，提前识别生产过程中易造成能源浪费的部位，从而优化产品方案和生产工艺，助力工业生产更加绿色低碳。由此，从政府部门、科学研究、技术服务到行业应用形成全链条合力，共同打造完善的数字化碳管理生态系统、碳管理服务平台，广泛汇聚工业碳排放数据，发挥数字减碳和数字管碳的最大效用，促进我国工业领域向碳达峰碳中和目标加速迈进。

参考文献

国家工业信息安全发展研究中心：《中国两化融合发展数据地图（2021）》，2021。

中华人民共和国生态环境部：《中国应对气候变化的政策与行动 2022 年度报告》，2022 年 10 月 27 日，http：//sthjj. xlgl. gov. cn/zwgk2022/zcfg2022/202211/P020221104618852441944. pdf。

焦丽杰：《我国的碳排放现状和实现"双碳"目标的挑战》，《中国总会计师》2021 年第 6 期。

彭武元、姚烺亭：《中国分行业终端能源消费 CO_2 排放分解研究》，《生态经济》2021 年第 8 期。

全球能源互联网发展合作组织：《中国 2030 年前碳达峰研究报告》，2021 年 3 月 24 日，https：//www. sohu. com/a/457029954_ 289755。

曹湘洪：《炼油行业碳达峰碳中和的技术路径》，《炼油技术与工程》2022 年第 1 期。

《宝信软件助力中国宝武碳资产经营管理平台（一阶段）成功上线》，2022 年 6 月 17 日，https：//mp. weixin. qq. com/s/N3w21KHrPi2XhufO2sPYGA。

《让每个钢卷的碳数据有"迹"可循　宝钢股份智慧碳数据平台正式上线》，2022 年 12 月 2 日，http：//www. baowugroup. com/media_ center/news_ detail/262306。

赵乐瑄：《做深做实两化融合大文章　推动产业数字化转型升级》，《人民邮电》2022 年 3 月 30 日。

中国信息通信研究院、中国航天科工集团有限公司：《数字技术赋能工业碳达峰碳中和应用指南（V1. 0）》，2022。

B.15

面向能源企业的数字化转型
与智慧低碳发展实践

——以腾讯全真互联解决方案为例

孙福杰　石梅　刘立萍　孟琦*

摘　要： 在"双碳"目标和数实融合背景下，从信息化向数字化和智慧化转型、加速推进低碳绿色和高质量发展，是能源企业"十四五"期间的重要发展方向，以云计算、大数据、人工智能、物联网、数字孪生等为主的先进数字化技术将在其中发挥重要作用。全真互联是实现对真实世界全面感知、连接、交互的一系列技术集合与数实融合创新模式，在能源生产、传输、消费和服务等环节中已开展了积极探索和实践，助力能源行业的数字化转型和智慧低碳发展。

关键词： 能源企业　数字化转型　绿色低碳发展　数实融合

一　背景

（一）数字化在能源行业变革中发挥重要作用

2020年9月22日，习近平主席在第七十五届联合国大会上做出庄严承

---

* 孙福杰，博士，腾讯云智慧能源首席行业专家，长期从事能源电力行业的数字化转型和咨询工作；石梅，腾讯云副总裁，腾讯云能源与资源行业负责人，长期从事能源行业数字化转型和管理工作；刘立萍，腾讯云副总裁，腾讯云能源与资源行业产研负责人，在互联网技术领域深耕20年，大数据、搜索引擎、云计算领域资深技术专家；孟琦，国家工业信息安全发展研究中心信息化所高级工程师，从事"双碳"、两化融合、数字化转型等相关领域研究。

诺，中国将提高国家自主贡献力度，采取更加有力的政策和措施，二氧化碳排放力争于 2030 年前达到峰值，努力争取 2060 年前实现碳中和。这是中国首次向全球明确实现碳达峰碳中和的时间点。

我国能源行业碳排放占全国碳排放总量 80% 以上，是落实"双碳"目标的主战场。其中，电力行业碳排放占能源行业的 40% 以上，是这一主战场的主阵地。在"双碳"目标下，我国的能源行业正经历深刻的变革。在能源供应侧，大力发展以风电、光伏为主的可再生能源，加速建设风光储火一体化的能源大基地；同时，对于作为重要支撑性电源的传统煤电，积极开展节能降耗改造减少碳排放。在能源传输侧，为了保证大规模可再生能源和分布式能源的接入，需要加快构建以新能源为主体的新型电力系统。在能源消费侧，需要大力发展分布式发电、低碳工业园区、高耗能企业的节能减排和能效优化，开展虚拟电厂、需求响应等新业务，加强碳盘查、碳资产管理和碳交易等。在市场侧，我国的电力交易市场和碳市场也在加速发展，市场机制不断完善。

数字经济和实体经济深度融合，相互促进、互为支撑，是建设现代化产业体系、实现经济高质量发展的重要组成部分。毫无疑问，在数实融合和"双碳"背景下的能源行业变革过程中，以云计算、物联网、大数据、人工智能等为代表的数字技术将扮演非常重要的角色。

（二）能源企业从传统信息化向数字化转型

从传统信息化向数字化、智能化发展，是能源企业在"十四五"期间的普遍关注重点。总体上，能源企业的信息化发展过程可以分为四个阶段：第一是以初级应用为主的离散型阶段，第二是以业务条线的专业化应用为主的烟囱型阶段，第三是以应用架构优化、应用和数据集成、数据共享和利用为主的整合型阶段，第四是以大数据、人工智能、云计算、数字孪生为主的智能化阶段。目前，能源企业的信息化数字化发展不均衡，领先的能源企业处于第四阶段，大部分处于从第三向第四跨越的阶段，也有不少能源企业还处于从第二向第三阶段转变过程中。

能源企业在推进数字化转型中，与传统信息化相比，总体上有四个方面的变化。

第一是从以流程标准化、工作规范化为主的管控目标，向对员工（特别是一线员工）数字赋能的服务目标转变。传统的信息化更多是管理导向的，通过信息化让工作流程更规范、更标准，总体是以"管控"为目的的；现在，更关注的是让员工借助数字化，大幅度提高工作效率和工作质量，减轻常规业务的工作量，把更多时间投入到业务创新中，总体是以"赋能和服务"为目的。

第二是从端到端的经营管理信息化，向关键生产业务环节的业务智能水平提升转变。传统信息化建设中，总体上以企业的经营管理为主，强调集中统一的经营管理、端到端的业务流程覆盖。现在重点是在 IT/OT 融合基础上，让数字化在生产过程中发挥更大作用，提升关键生产业务环节的智能化水平，从而提升整体的业务效率和智能水平。

第三是从以支撑企业内部运营管理为主，向上下游协同和客户互动转变。传统信息化主要针对企业内部的运营管理；现在，数字化时代要重点考虑利用数字化，加强产业链上下游之间的协同，利用数字化营销、社交网络营销的方式，快速触达用户，实现以客户为中心的业务转型。

第四是从单纯的业务支撑，向"业务支撑+创新引领"转变。在业务支撑的基础上，企业发展新业态、新模式时，数字化逐步成为发展新业务和增值业务的关键，发挥引领业务的作用。

二　腾讯全真互联技术概述

当今社会正处于一个多元技术并进发展、数字科技引领变革的时代。伴随着音视频、数字孪生、远程交互、扩展现实、人工智能、区块链、云计算等主流技术的逐步成熟发展与广泛应用，数字世界和真实世界之间的连接变得更加紧密，人与万物之间的交互体验更加真实，各个领域之间的信息交流更加无阻，全真互联时代正在加速到来。

（一）全真互联技术全景

全真互联是通过多种终端和形式，实现对真实世界全面感知、连接、交互的一系列技术集合与数实融合创新模式。对个人，全真互联能随时随地提供身临其境的体验；对企业和组织，全真互联能推动组织效率优化、产业效能提升、发展模式创新；对社会，全真互联能提升治理效能，促进向善发展。全真互联技术如图1所示。

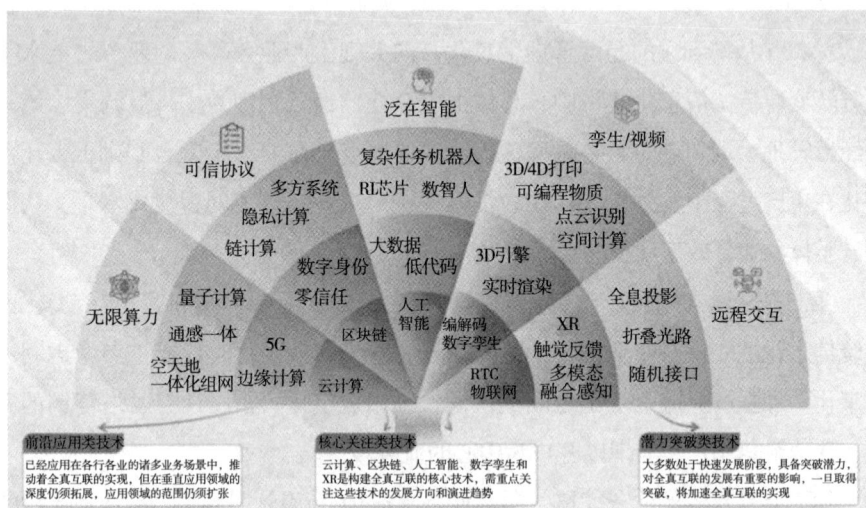

图1　全真互联技术全景

总体上，根据重要性和成熟度，支撑全真互联网的技术可以分为三大类：一是核心关注类技术，比如云计算、区块链、人工智能、数字孪生和 XR 等，是构建全真互联的核心技术，需重点关注这些技术的发展方向和演进趋势；二是前沿应用类技术，已经应用在各行各业的诸多业务场景中，推动着全真互联的实现，但在垂直应用领域的深度仍须拓展，应用领域的范围仍须扩张；三是潜力突破类技术，大多数处于快速发展阶段、具备突破潜力，对全真互联的发展有重要的影响，一旦取得突破，将加速全真互联的实现。

全真互联具有四大发展特征。一是全真体验，所见即所得，通过数字技术实现对真实世界的全面沉浸式感知和体验，从视觉、听觉、嗅觉、触觉等方面重塑体验方式。二是无限连接，人、物、环境、世界之间将产生无数种连接的可能性，通过多端互联打破信息流通壁垒、拓宽数据连接范围、开放生态合作领域。三是自由协同，突破物理时间和空间的限制，让人能够触达更广阔的世界，随时随地、顺畅自然、无距离感地沟通或协作。四是数实融合，数字技术与实体经济融合发展，社会产业得益于数字技术的注入提质降本增效，真实世界因此更加美好。

（二）全真互联关键技术现状

1. **基础支撑：无限算力、可信协议、泛在智能关键技术发展**

云计算、区块链、人工智能等技术是全真互联的基础，支撑全真互联的无限算力、可信协议和泛在智能。

云计算技术总体已发展成熟，在应用深度、广度和规模上存在扩展空间。云计算技术整体将向分布式云、高能效、集约化、基础设施化方向发展。未来云计算与数字孪生、人工智能、区块链、大数据等技术的融合将进一步增强。其中，分布式云的发展将助推实现云计算能力的无处不在、随取随用和实时处理，为各类全真互联应用场景提供更充足的算力和便捷的计算载体。

区块链技术本身目前较为成熟，相关的应用研发和推广还在探索中。未来区块链将在运行效率和可扩展性上持续加强，并将帮助建立各个生态或领域之间共识的规则标准，是支持全真互联之下多方之间信任互通的基石，在隐私保护、数据保护等领域也发挥着重要作用，同时在需要多方数据打通、信息共享的业务场景下扮演着重要角色。

人工智能技术已经在诸多领域落地应用。人工智能技术正朝着高效率、更智能、更准确、低成本、负责任的方向发展，并能够与其他各类技术结合带来更多应用可能性。伴随着数据、算力和算法的共同突破，人工智能的自我认知和学习能力会进一步提升，从而帮助模拟、推理并解决更多各行各业真实业务中所面临的复杂问题，并且带动更多新兴技术的发展，成为全真互联技术集群的中流砥柱。

2. 核心技术：数字孪生/视频等关键技术体系发展

音视频、数字孪生、3D 引擎及空间计算技术的支持，能够让数字世界全细节化还原或超写实呈现；可为人、物、环境创建 1∶1 还原的全面信息孪生体，让数字世界和真实世界相互连接、映射与耦合，实现数实世界之间的实时同步，是全真互联实现数实融合的呈现形态。

音视频技术包括编解码、音视频传输、实时云渲染等技术，目前技术发展已经有一定积累，正在往更多元的场景、更高效的编解码、更低时延方向发展。未来，音视频技术将持续提升毫秒级实时编解码性能，通过人工智能加持，优化音视频处理效果，提升传输和编解码效率，为以音视频为主要载体的更多元应用场景提供更稳定、更高清、更低延时支撑。

数字孪生技术目前已有点状应用尝试，未来仍具较大发展潜力。未来数字孪生技术将朝着覆盖广、精细化、实时性的方向发展。同时在人工智能赋能下，数字孪生体的自主分析和决策能力将得到拓展；物理实体和数实孪生体两者之间的映射、连接与交互更能形成一套双向反馈的完整闭环体系。在复杂的研发生产、运营管理领域，数字孪生可以帮助降低管理成本和决策难度，高效作用于真实世界。

3D 引擎技术发展至今已相对成熟。未来 3D 引擎技术将与人工智能融合发展，持续提高生成效率、使用便捷性、功能丰富性，并降低使用门槛。人工智能优化下的 3D 引擎及工具链能够自动生成数字孪生体，更好地支持沉浸式数字环境和拟人化数字人的塑造。

空间计算技术仍处在发展初期。从长远角度看，空间计算技术将帮助实现空间语义化，提升整体空间数据的可见度和互操作性，大幅提升数字世界对物理世界的还原度。

3. 核心技术：远程交互关键技术体系发展

远程交互指在物联网、RTC、XR、多感官交互、多模态融合感知技术的引领下，数字经济和实体产业的全面结合，使数实之间从连接升级为交互；未来在脑机接口等技术的突破下，远程交互有望迎来全感官体验、全场景无缝切换、加载零等待的模式。

物联网技术应用领域广泛且已实现大面积落地，但仍有突破潜力，在传输速度、覆盖广度和颗粒度上将进一步发展。未来物联网将助力实现人、物、环境、世界之间的无限连接，以打造多端感应与互联的形式成为全真互联的重要基石。

扩展现实XR中的虚拟现实（VR）技术发展相对成熟，未来发展重点将从VR转向增强现实（AR）和混合现实（MR），AR和MR或在未来5年发展成熟。随着XR技术的广泛应用，硬件的轻量化、超清实时性、多感互动性会是未来的重点发展方向。下一代多元化的便携终端将成为诸多沉浸式体验类产品的主要载体和无缝交互的重要工具，被广泛应用在协同沟通、营销服务等领域。

触觉反馈技术仍在发展探索过程中。基于振动和压电的方案已得到广泛应用，基于可穿戴设备的机械结构、微型气囊矩阵还在持续探索中，远期超声波的解决方案能够使触觉反馈摆脱设备的约束。触觉反馈技术将为远程人机操控、人人协同带来更好效果和更大便利性。

脑机接口技术仍处在发展萌芽期。站在长远角度，脑机接口技术将颠覆传统人与人、人与机器之间的交互模式，完全摆脱外部终端设备，直接通过大脑实现最真实、最无缝衔接的交互。

（三）全真互联典型应用场景

全真互联在数实融合的产业互联网中有如下广泛的应用场景。

第一，沟通与协同。从真人与真人之间全真实化沟通，到真人与机器之间自由无障碍沟通的演进趋势；通过跨时空的交流降低沟通成本，通过人机融合的协同提升作业效率；典型的场景包括：人与人之间随时随地的"面对面"协作、人与机器之间自由顺畅的双向协同。

第二，研发与生产。从依靠真人的作业执行，到真人与机器自由协作甚至机器全自动化执行的演进趋势；无限制的模拟测验带动研发创新，自主化的智能执行提升生产效能；典型的场景包括：产品与人工智能之间的无限制模拟测验、人与机器之间的跨地域无阻作业。

第三，运营与管理。从局部物理信息的捕捉与延时反馈，到整体物理环境的全面孪生与实时反馈的演进趋势；全面的信息获取提升管理有效性，实时的双向反馈加速管理手段的落地；典型的场景包括：基于孪生的城市全貌管理、基于孪生的企业全价值链管理。

第四，营销与服务。从线上化的单点营销/服务提供，到沉浸式、体验式的多维感知型营销/服务的演进趋势；临场感的信息展现提升业务效率，个性化的服务拓展业务边界；典型的场景包括：人与产品之间有温度的营销连接、人与服务之间无边界的交互体验。

（四）全真互联面向能源和资源行业的解决方案

在能源和资源行业的数字化转型中，连接和智能是两大主题。依托多年的数字能力积累和全真互联技术体系，构建面向能源和资源行业的多技术融合产品——能源连接器 EnerLink 和能源数字孪生 EnerTwin，如图 2 所示。

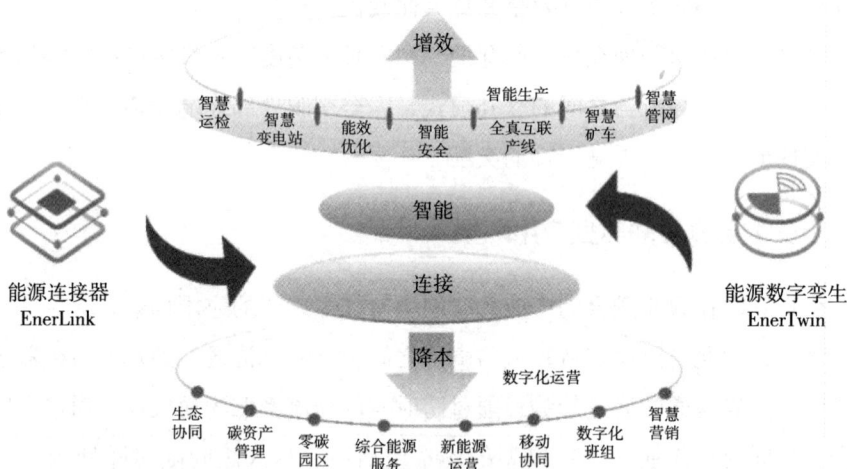

图 2　能源连接器 EnerLink 和能源数字孪生 EnerTwin

其中，EnerLink 重点面向连接协同，提供连接设备、数据、业务、客户和生态的广泛连接能力，快速构建多样化的能源数字化场景；快速建立企业内外部的移动协作；快速触达用户和建立生态，加快新业务拓展；支持能源业务的敏捷创新。EnerTwin 重点面向业务智能，提供数字孪生、空间引擎、人工智能和高性能计算等，帮助企业快速实现远程高逼真、沉浸式的能源管控；同时，利用强大的人工智能技术，提升设备运营、作业安全、生产过程、营销服务等方面的业务智能水平。

三　数实融合助力能源行业全流程实践案例

在"双碳"目标和数字化转型的背景下，将全真互联技术和 EnerLink & EnerTwin 应用于能源的生产、传输、消费、服务等各个环节，能有效助力能源企业在数字化转型和智慧低碳发展中实现广泛的连接和业务智能。

（一）数字技术助力能源安全精益生产

在能源生产环节，"双碳"目标驱动能源企业纷纷加大对可再生能源的发展力度，新能源场站在相当长的时间内将保持高速增长。与传统的大型火电、水电项目相比，新能源项目呈现"小散远+短平快"的特点，在基建期迫切需要利用先进数字化能力解决项目进度把控、工地现场安全、项目质量管理等关键问题，在运维期需要利用数字化技术持续推进"无人值班、少人值守、集中监控、智慧运维"。在某发电集团的大型风电建设项目中，综合利用包括数字孪生、物联网、人工智能、音视频、无人机、电子手环等数字技术，对新能源工程施工现场的各项信息进行全方位的监控、分析和预警，将风电施工工地安全巡检时间缩短了87%，有效地规范了施工人员的安全行为，保证新能源项目建设安全；同时，对新能源基建的人、机、料、法、环等要素进行了全面数字化管理，有效提高了项目的进度、安全、质量、移交等工作效率和精益化管理水平。

（二）人工智能助力打造智慧变电站

在能源传输领域，为了保证可再生能源的大规模接入，需要构建新型电力系统，而智慧变电站是新型电力系统的重要组成部分。在电网企业的智慧变电站项目中，建设能够实现一站式人工智能训练和服务的云边协同人工智能平台，利用人工智能和图像识别技术，对巡检机器人、摄像头、监测装置等采集的图像数据进行智能识别，自动发现变电站设备、系统运行状态、内外部环境和现场作业的异常状况，并以全景智慧监控的形式进行实时、直观展示，帮助运行人员快速掌握变电站关键信息并及时响应，提高变电站运维的智能化水平，并且有效减少了现场作业安全管控成本，降低了安全事故风险。

（三）数字技术赋能综合能源服务

在能源消费领域，面向工商企业、工业园区、综合建筑体/楼宇等，开展综合能源服务、推动节能降碳是重要发展方向，越来越多的能源企业正在大力发展该业务，向综合能源服务商转型。与单一的能源供应不同，综合能源服务的业务边界会不断扩展，从多种能源供应，到提供能源相关服务（如能效管理、节能服务、设备代运维等），再到产业链协同、构建面向生态的增值服务。在业务扩展的不同的阶段，关注的重点也不同，但总体上要从能源、设施/资产、用户、服务四个方面构建核心能力。其中，能源是基础，设施/资产是保障，用户是中心，服务是可持续发展的根本，如图3所示。

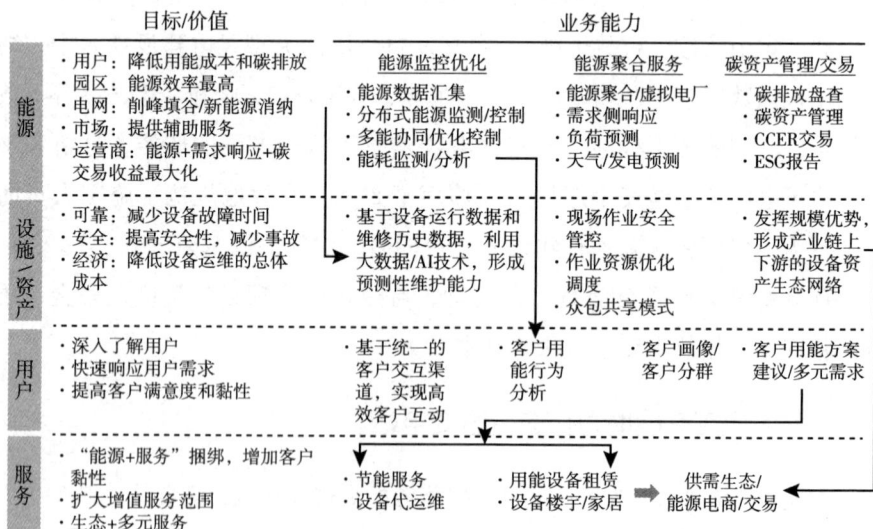

图3 综合能源服务的能力构建

基于以上思路，利用数字化技术构建的智慧能源生态平台已在实际项目中落地。利用平台强大的连接和扩展能力，聚合产业链上下游生态企业，快速形成场景化方案，为用能企业提供能源管理和相关服务；同时，还能帮助综合能源服务商快速触达用户和建立综合能源服务生态，加快业务拓展。

（四）数字孪生助力透明工厂

在能源消费侧，针对钢铁、建材等能耗高的行业，也需要积极探索利用数字化技术助力数字化转型和低碳发展。利用全真互联技术，某高温耐火材料企业建设完成了全真互联透明工厂，该项目建立了工厂的数字孪生模型，对工厂的多个业务系统和海量数据进行整合集成，包括产线系统、仓储、配料、设备、供应链、财务等，彻底打破了信息孤岛，实现对整个业务过程的透明化和精细化管理，同时优化了能源管理。项目效果明显，工序成本下降了15%~20%，产品合格率提高了3%~5%，存货周转率提升了30%，交付及时率达100%，实现了生产过程的透明化和生产管理的精细化。

（五）智能问答提高客户服务效率

在能源企业的客户服务方面，在客服中心引入了智能客服对话机器人，与智能客服的知识库对接，构建基于业务知识库的智能问答机器人，能够模拟人的对答方式，对问题进行逐步细致的回复。在客户服务高峰期，智能客服机器人能有效减少和缓解客服人员的工作量和工作压力，提高客户服务效率和客户满意度。

四 展望和结语

在"双碳"目标和数实融合的大背景下，能源行业正在经历深刻的变革，能源革命与数字技术深度融合是必然趋势。利用数字化技术助力能源行业，是腾讯拥抱产业互联网的具体体现，腾讯将与能源企业和合作伙伴携手，建立更广泛的合作生态，发掘更丰富的业务场景，成为值得信赖的产业数字化助手，助力能源和资源行业的数字化转型和智慧低碳发展。

参考文献

张志强、王克、王珂英：《碳达峰、碳中和的经济学解读》，《光明日报》2021年6月22日，https：//m. gmw. cn/baijia/2021-06/22/34937731. html。

俞培根：《能源行业是实现"双碳"目标的主战场》，每日经济新闻，2022年8月27日，https：//baijiahao. baidu. com/s？id=1742289283555157050&wfr=spider&for=pc。

陈楠、蔡跃洲：《促进数字经济和实体经济深度融合》，《光明日报》2022年11月30日，https：//m. gmw. cn/baijia/2022-11/30/36198663. html。

腾讯、埃森哲：《全真互联白皮书》，2022。

B.16
企业综合能源服务体系构建与应用实践

——以卡奥斯智慧能源管理平台为例

柴纪强　宋　向　苏泳睿*

摘　要： 能源是国民经济和社会发展的物质基础，随着国家"双碳"战略的提出，企业面临着节能减排、提质增效的可持续发展需求。卡奥斯智慧能源以用户为中心，基于近三十年的能源管理一线经验，充分运用大数据、云计算、5G等新一代信息技术，创新研发了综合能源服务云平台，赋能海尔集团15个工业园区，55个工厂。在"十三五"期间，海尔单位产值能耗减少30.3%，单位产值水耗减少19.3%，减排二氧化碳11.05万吨。同时积极开展产学研合作和市场建设，外部合作企业达550个，助力能源行业数字化迭代升级，努力构建智慧能源产业新生态。

关键词： "双碳"战略　综合能源服务　能源数字化　节能减排

---

* 柴纪强，卡奥斯物联科技股份有限公司副总经理，卡奥斯能源科技有限公司总经理，高级工程师，主要研究领域为用户侧能源管理、智能微网、能源工业互联网；宋向，卡奥斯能源科技有限公司科技政策经理，主要从事新能源技术、分布式储能及综合能源管理等领域研究；苏泳睿，博士，国家工业信息安全发展研究中心信息化所工程师，从事数字化绿色化协同转型发展（双化协同）、产业数字化转型相关领域研究。

一 智慧能源管理助力企业绿色低碳转型

（一）落实"双碳"政策措施，是实现绿色低碳发展的必然要求

在应对全球气候变化的时代背景下，绿色低碳成为当前世界各国的发展潮流，全球经济形势和能源格局深刻调整，新一轮能源革命正蓬勃兴起，绿色经济、低碳经济已经成为重要的发展趋势。在日益稀缺的碳排放空间约束下，人类社会正在积极寻求低碳发展道路，从而实现更大、更好、更可持续的发展，用更低的碳排放代价支撑经济社会更好地发展。

中国作为世界最大的能源消费国，坚持走生态优先、绿色低碳的发展道路。2020年9月，中国提出了"双碳"战略目标，力争2030年前二氧化碳排放达到峰值，努力争取2060年前实现碳中和目标，这是基于推动构建人类命运共同体和实现可持续发展作出的重大战略决策。如何实现能源的绿色低碳发展，构建智慧能源生态体系，已经成为能源行业面临的重要课题。

（二）提高能源使用效率，是实现降本增效的内在要求

高质量发展阶段，我国积极推进发展方式绿色化转型，建立健全绿色低碳循环发展的经济体系，绿色低碳、节能环保已成为企业高质量发展的客观要求和重要内涵。

随着企业管理的日益科学化、精细化，能源管理成为企业提升经营绩效的重要领域。然而，传统的能源管理面临数据采集、监测与分析缺乏系统性，海量数据处理能力欠缺，软件系统信息孤岛问题严重等一系列痛点，如能源管理精细化程度不够，只做点上的功夫，哪里不行改哪里；节能潜力挖掘不彻底，不少企业采购先进节能设备、更换老旧设备的节能方式，只做到大功率设备监控，忽略员工意识以及日常生产中的点滴节能，造成了现场能源管理差距；众多企业不能有效利用企业数据优化企业经营，能源数据与生

产订单不关联，不能指导和赋能企业生产，直接导致企业能源数据的失效等，造成了企业节能成本居高不下、能源综合使用效率低、数字化转型升级困难。

（三）新技术为实施智慧能源管理创新提供了条件

大数据、物联网、人工智能等新一代信息技术的发展和应用为企业发展智慧能源，实现绿色低碳发展创造了契机。尤其新冠疫情迫使全社会"智慧化"提速，包括能源在内的大多数行业与数字技术加速融合，能源产业面临着结构和竞争力重塑的历史性机遇。随着新兴技术的融合应用，企业能源管理已经不仅仅是追求扩大可利用能源资源的规模，而是更多的通过数据分析来降低能耗，通过智慧的方式主动预测能源的使用从而助力节能减排，以及自主地改造能源，提高能源的利用率。

与此同时，国家相关部委的规划和政策等也为企业能源管理创新提供了发展方向和空间的指导。例如，《关于推进"互联网+"智慧能源发展的指导意见》《关于扩大战略性新兴产业投资，培育壮大新增长点增长极的指导意见》等指导性政策，提出"互联网+"智慧能源，建设智能微电网、分布式能源、新型储能等基础设施网络，大力开展综合能源服务等工作方向，提出多种能源综合协同、绿色低碳、智慧互动的供能模式等。这些为企业利用新一代信息技术探索创新能源管理，实现向绿色低碳发展模式升级提供了有效的切入点。

二　智慧能源管理战略规划与技术路径

基于人单合一能源管理实践，卡奥斯智慧能源积极推进企业能源结构调整，提高清洁能源占比，聚焦于水、电、气、汽能源供给以及新能源技术推广、能源大数据服务、节能环保等领域，以国家"双碳"目标为政策导向，结合大数据、云计算、5G 等新一代信息技术，自主研发了国内领先的综合能源服务云平台，构建了线上平台能源数字化、线下能源场景无限交互的新型能源体系，创新输出了绿色化、数字化的综合能源解决方案，助力能源行业高质量发展，主要做法如下。

（一）制定智慧能源管理的战略规划，加强团队建设

在成果实施过程中，卡奥斯智慧能源首先明确并坚定绿色发展的战略导向，确定能源管理从传统模式向智慧化、绿色化迭代升级的战略方向，并组建专业的绿色低碳团队组织保障企业能源转型战略落地。

第一，明确智慧能源管理的工作原则。适应互联网、物联网时代的发展变化，深入推进企业绿色生产体系建设，致力于节能减排、环境保护及环境治理，持续提升节能环保管理绩效，积极探索企业与自然和谐发展，为生态文明建设，创造美好生活，人类社会可持续发展做出贡献。明确节能环保工作原则，包括遵守节能环保相关法律法规及标准要求；践行人单合一管理模式；搭建并联交互平台，打造开放式绿色低碳生态圈；预防为主，持续改进；实施全流程精细化管理，践行节能环保与经济发展有效融合。

第二，制定智慧能源管理的战略规划。明确企业能源管理向智慧化、绿色化转型升级的战略规划，积极推进将大数据、5G、人工智能、云计算等新一代信息技术融入企业能源管理，线上打造以用户为核心、多种能源综合调度智慧能源管理平台，线下建设绿色减碳场景、形成源网荷储用的生态管理能源模式，推动能源管理的数字化升级，以大数据驱动企业能源管理，带动对能源使用的精准预测和高效管理，帮助企业构建绿色生产体系，实现节能降耗提效减排。制定了近三年的短期发展目标，明确了企业绿色发展的目标指标体系，涵盖环保安全、节能项目、单台能耗下降指标、环保美誉度、环保绩效等五大方面，为企业绿色发展提供具体的考核指标体系。

（二）建立企业能源管理的评价指标体系

为有效评估企业能源使用情况，更好地以能源数据指导企业生产经营、

提升能源使用效率，卡奥斯智慧能源建立起企业能源管理的综合评价体系，横向涉及不同能源种类的能源使用评价，纵向覆盖"产品→产线→园区"的能源使用指标，为企业能源管理提供客观、可视的评价和考核优化依据。

第一，明确智慧能源管理的评价维度。针对海尔园区跨地域、能源使用种类多、结构复杂的情况，梳理并明确企业能源管理的多个评价维度，包括：时间维度上，实现对企业能耗的日、周、月、年同期对比、环比及数据分析；地域维度上，实现对全国各地不同园区的能耗进行实时、统一的监测、对比及分析；能源介质维度上，实现对电、燃气等14种不同能源介质使用情况的实时监测、数据分析；产品维度上，实现对冰箱、洗衣机、空调等不同产品的能耗监测与分析，包括不同工厂生产同一产品的单台能耗情况对比分析。

同时，着眼于节能降耗实践的持续引领性，将外部对标纳入评价体系中，涉及国家环保规定指标、行业优秀实践及领先指标。例如，对能耗的对标分析，通过设定企业内部、行业以及国家标准，推进企业自身实际运行指标与标杆目标之间的对比分析，帮助企业寻找能耗差距，为节能升级改造、优化排产等提供决策依据。

第二，建立能源使用的全流程评价框架。在能源输入前端，建立能源质量评价体系，通过能源质量评价模型，对入厂能源进行测评，确保采购绿色高效能源。在能源使用过程中，建立传输效率评价体系，通过在能源供配线路增加温感、压变等感应装置，对供配线路效率进行监控，杜绝传输过程中的不必要损耗，同时，建立能源转换效率评价体系，通过对工厂班组、设备能源转化效率进行网络评价，减少转换过程的能源损失。此外，部署大规模可再生能源并网，采用更加灵活和智能的系统调度技术，加强对可再生能源的预测能力，增加系统的灵活性（如灵活发电、需求侧管理、电网互联、鼓励机制等），以应对可再生能源发电带来的不确定性。

同时，在对碳排放成本评价方面，通过运用资源价值流转分析方法，从输入端、消耗过程和输出端分别构建指标，用以评价企业单位工序的碳排放成本状况，让能源消耗真正有迹可循，帮助企业找出能源薄弱环节，为企业管理者发现减少碳排放成本的潜力点提供依据,并提出针对性降费解决方案。此外,在对碳排放成本减少可持续效果的评价中,借鉴价值工程的理念构建指标体系,运用层析分析等方法引入时间价值维度,对成本优化的可持续效果进行评价,进而构建单台产品能源成本评价体系。

第三,建立单台产品能源成本评价指标。卡奥斯智慧能源建立同一产品的能耗考评指标和机制,实现不同区域同一产品的能源消耗结构对比分析,以及对每一条产线每一台产品的能耗评价,并通过能源—订单匹配模型,推进工厂能源使用效率最大化。以冰冷产业为例,海尔在全国拥有 12 家冰箱、冷柜工厂,分布于青岛经济技术开发区、合肥、大连、武汉、重庆、佛山、沈阳等地的 10 个园区,生产的产品型号超过 3000 种,不同产品工艺、容量,造成不同型号产品消耗能源数量、能源种类不同,这种状况往往难以进行有效的单台能源消耗对比分析。对此,执行"标准台"机制,根据每个型号产品的工艺以及工序复杂程度,设定不同的标准台系数,将所有产品折算成标准台产量,建立同一产品类型不同产品型号的单台能耗对比模型。针对众多不同类型产品乃至不同类型产业的能源使用,建立综合能源考评指标,实现产品产线的同期对比,进而帮助产品能源使用结构调整,增大节能空间。

(三)自主开发智慧能源定制平台

卡奥斯智慧能源加快数字平台建设及模型研究,以大数据计算中台为核心,充分运用数字低碳技术,自主研发并创建平台大数据基底算法模型、用能基准标定模型、碳核算模型,嵌入"源—网—荷—储"多能流协同优化调度技术、基于虚拟云的多维度能源管理技术、不同能源种类的能源大数据综合管理技术、同一产品产线的跨区域能源大数据智慧对标技术、不同产品产线的综合能源数据考评技术、大数据的能源消耗预测技术等(见图 1),用于能耗异常数据的追溯、指导排产计划的制定和智慧用能解决方案推送,构建集能源互联技术、应用场景、评价体系等多个维度于一体的平台。

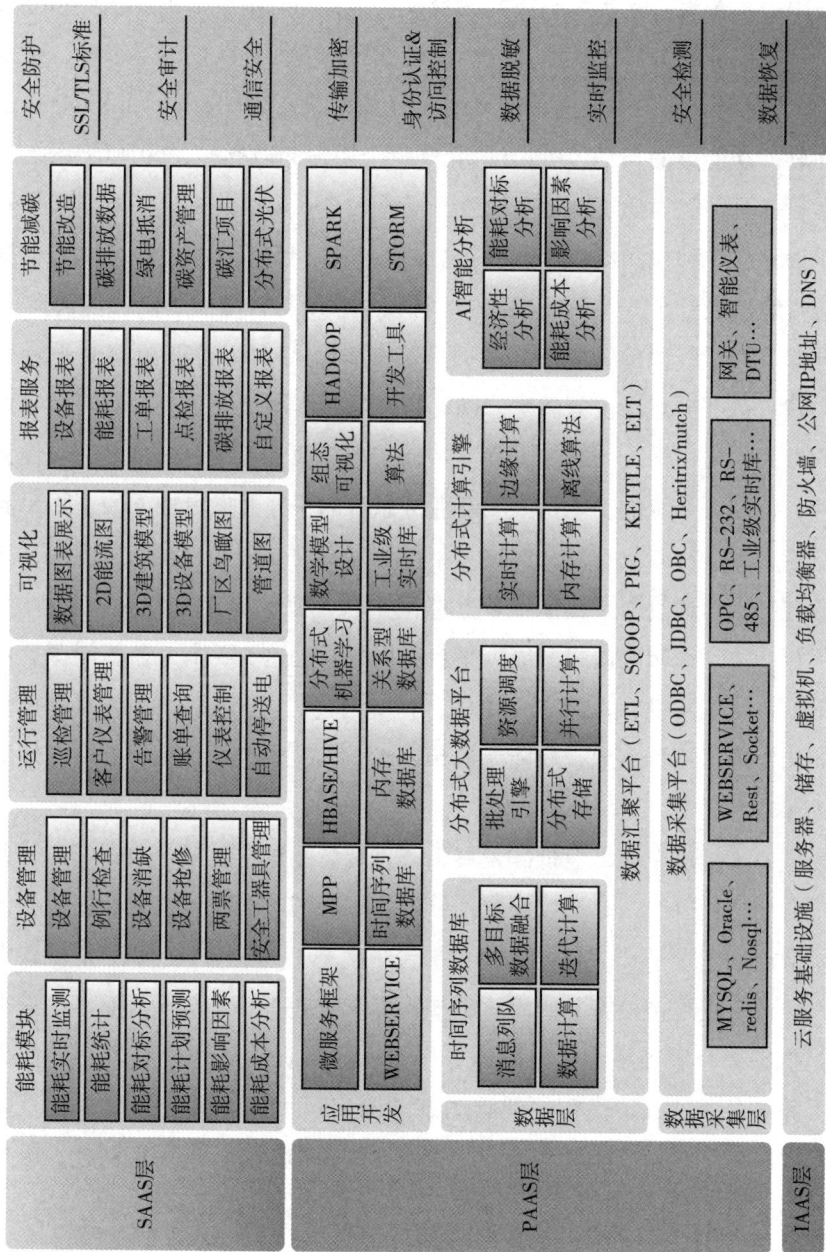

SAAS层

安全防护：SSL/TLS标准、安全审计、通信安全、传输加密、身份认证&访问控制、数据脱敏、实时监控、安全检测、数据恢复

- 能耗模块：能耗实时监测、能耗统计、能耗对标分析、能耗计划预测、能耗影响因素、能耗成本分析
- 设备管理：设备管理、例行检查、设备消缺、设备抢修、两票管理、安全工器具管理
- 运行管理：巡检管理、客户仪表管理、告警管理、账单查询、仪表控制、自动停送电
- 可视化：数据图表展示、2D能流图、3D建筑模型、3D设备模型、厂区鸟瞰图、管道图
- 报表服务：设备报表、能耗报表、工单报表、点检报表、碳排放报表、自定义报表
- 节能减碳：节能改造、碳排放数据、绿电抵消、碳资产管理、碳汇项目、分布式光伏

PAAS层

应用开发：微服务框架、WEBSERVICE

MPP、HBASE/HIVE、分布式机器学习、数学模型设计、组态可视化、HADOOP、SPARK

时间序列数据库、内存数据库、关系型数据库、工业级实时库、算法、开发工具、STORM

数据层：时间序列数据库（消息列队、数据计算、多目标数据融合、迭代计算）

分布式大数据平台（批处理引擎、资源调度、分布式存储、并行计算）

分布式计算引擎（实时计算、内存计算、边缘计算、离线算法）

AI智能分析：经济性分析、能耗成本分析、能耗对标分析、影响因素分析

数据汇聚平台（ETL、SQOOP、PIG、KETTLE、ELT）

IAAS层

数据采集层：数据采集平台（ODBC、JDBC、OBC、Heritrix/nutch）

MYSQL、Oracle、redis、Nosql…　WEBSERVICE、Rest、Socket…　OPC、RS-232、RS-485、工业级实时库…　网关、智能仪表、DTU…

云服务基础设施（服务器、储存、虚拟机、负载均衡器、防火墙、公网IP地址、DNS）

图1　平台技术架构

目前，平台已有 EMS、SCADA、CRM 等多个软件支撑系统，并集成了水力、电力、蒸汽、光伏发电等九大管理系统，同时集中了 14 类能源介质，实现对数据的曲线分析及限值管控。在硬件配备方面，从仪表层来看，接入了 10 万块的现地仪表。从通信层来看，光缆敷设了 60 公里，线缆 3000 公里。在软件功能方面，平台可实现 5000 余个用户同时操作，60 套子系统的并联运行，且已经设计了贴近企业生产需要的 236 个运营模块，根据安全管理需求设计了 3 种预测模块、9 大应急预警模块、15 类预警模块，以及根据节能减排需求设计了 6 类节能模块、5 种技术模块等，可供用户自主选择。

同时，打造开源的智慧能源管理平台架构。针对智慧能源定制平台升级，搭建打造开放式绿色低碳生态圈，搭建适应集团级、多组织的跨域管理和协同框架，提供强大的二次开发支持，实现能源管理平台的良好适应性和扩展性，使现有系统的功能扩展和新业务系统的快速开发更加方便。平台支持利益相关方进行二次开发，解决方案可相互调用，例如，在海尔内部，智慧能源定制平台通过与卡奥斯工业互联网平台、海尔智家平台的并联打通，实现了智能化工业园区模式升级。平台应用场景已达 563 个，在新能源、用电配电、燃气三联供、光储充一体化、VOCs 监测、智慧路灯、空压机托管等方面均实现了项目落地，赋能海尔集团 15 个工业园区、55 个工厂，外部合作企业达 550 个。

为进一步推进企业绿色低碳发展，推进智慧能源定制平台向碳资产公共服务平台的迭代升级，打造以碳资产管理为核心的节能降碳及碳数据服务体系。平台规划建设了"一体系一库三平台一生态"，其中"一库"是低碳大数据库，包含碳足迹核算基础库、碳知识库、碳业务库、碳模型库，"三平台"是低碳综合服务平台、降碳服务平台和碳数据服务平台（其中，低碳综合服务平台通过低碳优化、低碳动态预测实现用户侧绿色能源采购及使用；降碳服务平台通过能耗平衡，减少企业的碳排放，实现绿色消耗；碳数据服务平台建立碳排放绩效考核模型，为碳交易提供有力支撑）；"一生态"是碳资产增值分享生态，实现利益相关方的共创共赢。

通过平台建设，卡奥斯智慧能源打造了"1+3+10+N"的能源发展模式

（见图2），构建了数字生态、场景生态、装备生态，联接政府单位、园区工厂、医院、高校等多个资源方，开创综合能源合作新业态。基于物联网生态转型的整体战略，着力打造智慧能源开放共赢的生态圈，打破企业边界，聚焦用户痛点，开放整合企业工厂、员工创客、院校机构、行业协会、能源服务商等多方资源，共同输出定制化的能源使用解决方案。例如，海尔打造的智慧能源定制平台，不是一个简单的信息化系统，而是一个动态开放的平台，构建了一个开放共享的智慧能源管理体系、能源生态系统，所有的内外部资源、利益相关方都可以参与进来，共同输出、迭代能源解决方案，共建平台、共享成果。

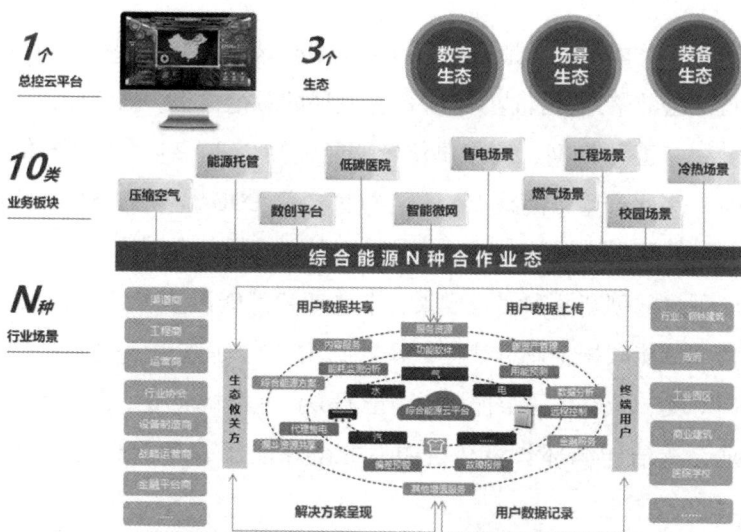

图2 "1+3+10+N" 能源发展模式

围绕智慧能源管理转型升级，卡奥斯智慧能源聚集、整合院校、专家、企业等1900余个生态资源方，支持绿色节能技术、应用以及服务方案的创新，持续共创定制化的能源解决方案。例如，在能源管理升级规划方面，引入东北大学能源专家教授，建立能源互联网工业化发展路径，实现由传统能源向"能源+互联网"方向发展；在能源结构调整方面，与山东大学合作，建立光伏、智能微电网项目，形成园区光—储—充一体化运行体系；在智慧能源管理平台建设方面，整合中国国际工程咨询有限公司、中国标准化研究院、中国质量认证中心等机构及其专家，共建碳资产管理平台，推进智慧能源管理迭代升级。

三 智慧能源管理实践成效

卡奥斯智慧能源借助工业互联网，赋能绿色低碳发展，取得了卓越的实践成效。

（一）推进集团绿色化发展，打造企业示范样板

卡奥斯智慧能源有力地推进了海尔集团的绿色化发展，有效助力了海尔绿色发展战略的落地，打造了企业绿色发展的示范样板。据统计，依托该平台，在"十三五"期间，海尔单位产值能耗减少30.3%，单位产值水耗减少19.3%，废水产生量削减16.1%，单位产值COD减排19.8%，减排二氧化碳11.05万吨。

基于平台的创新性和实践成果，卡奥斯智慧能源管理荣获2022年度中国节能协会节能减排企业贡献奖一等奖、第二十八届全国企业管理现代化创新成果一等奖，荣获中国节能协会节能服务产业品牌企业、山东省节能突出贡献企业、清洁能源部长级会议颁发的全球能源管理洞察奖等多个权威奖项。

（二）实现"能源流、信息流、数据流、碳追溯流"四流合一

卡奥斯智慧能源赋能碳中和"灯塔基地"——海尔中德工业园，实现了能源流、信息流、数据流、碳追溯流的四流合一。前端减少化石能源使用，在13万平方米的园区屋顶上，建设总装机容量13.5兆瓦的光伏发电系统，年发电量超1500万度，折合约减少1.3万吨二氧化碳排放；利用当地优质的风力条件，计划建设3台3兆瓦的低风速风机，年发电量预计为4080万度，可减少二氧化碳排放3.5万吨；园区减少化石能源使用，约合

植树造林 4.8 万亩，取得了良好的节能效益。

除此之外，卡奥斯智慧能源打造了解决方案可复制、可推广的能源工业互联网平台，为工业园区、中小企业提供定制化的智慧能源管理解决方案。以青岛港集团为例，通过智慧能源定制平台智慧电力全生命周期管理系统及 AI 全智能中压开关设备 DT1 的应用，青岛港集团实现了设备的智能化升级，设备维修次数减少了 50%，停机时间减少了 80%，极大降低了电能损耗；在完成对开关设备的整体智能化升级和替代后，青岛港集团预计每年可降低管理费用约 30 万元，同时减少 3.98 万吨二氧化碳排放，相当于每年植树 2.9 万亩。

（三）为政府提供一站式管理服务，创造实施载体

同时，平台也为政府提供一站式管理服务，创造了实施载体。以天津八里台镇为例，海尔利用 5G、云计算、AI 等技术手段打造了 5G+智慧园区平台，对园区进行"源—网—荷—储"全方位能源管理，园区系统已接入能源设备 1700 余台/套、现地仪表 2500 余块，具有应用场景 16 个，汇集孵化园区内 400 余家企业数据平台，实现整个园区企业信息数据全流程管控，真正做到政府一站式管理，实现把综合用能情况、碳数据变成指导企业经济运行、活动的重要参考指数，使企业对于政府调整区域内的产业结构，引导企业能源消费行为等有更直接、有效的认知，便于其及时做出相应调整。

四 结论

卡奥斯智慧能源聚焦"双碳"战略，以用户为中心，基于多年能源管理经验，立足于解决工业企业、工业园区、公用建筑、政府监管等能源管理痛点，深入推进能源战略项目落地实施，取得了良好的经济效益和社会效益。未来，卡奥斯智慧能源将不断推进卡奥斯工业互联网平台向更深入更专业的能源管理控制方向延伸，助力能源行业数字化迭代升级，构建智慧能源产业新生态。

参考文献

谭振东、蒋新荣：《能源管理系统在企业节能降耗中的应用》，《中国计量》2014 年第 7 期。

尹晓玲：《深化应用能源管理系统，提升计量数据管理水平》，《中国计量》2021 年第 3 期。

谭国强、孙航、李汉东：《基于网络通信技术的现代化能源管理系统》，《科技与企业》2012 年第 10 期。

张鑫龙、陈启新、许丽华、汪小辉、庞乃杰、蒋宏杰、林琪量、江贞冀、包抒卉：《智慧能源管理系统在产业园区的应用》，《建筑科技》2020 年第 2 期。

邬西坤：《浅谈企业信息化能源管理系统的应用与企业节能》，《科技创新与应用》2017 年第 17 期。

李晓麟：《浅析建设资源与能源管理系统的重要性》，《资源节约与环保》2017 年第 8 期。

B.17
面向绿色减碳需求的能碳一体化
解决方案

王雅卓　徐渤惠　杨　叶　樊世颖　赵珏昱*

摘　要： 能源活动是最大的碳排放来源，能源的精细化管理、节能降耗等
行动是节能减排的重要手段。目前，可再生能源发展、新型电力
系统建设、电力市场改革、能源绿色消费等方面是降碳减排的关
键领域，未来能碳一体化将是实现"双碳"目标重要的抓手。
京东科技结合实践经验，以底层物联与智能引擎为基础，推出结
合能源精细化管理、光储充管理、碳管理的能碳一体化解决方案
和落地产品，为工业企业节能降耗提供参考建议，持续助力
"双碳"行动，推动"绿色"落地。

关键词： 绿色发展　能碳一体化　能源精细化管理　碳管理

一　工业企业能源管理痛点分析

在当前国家"双碳"战略下，《"十四五"节能减排综合工作方案》、

---

* 王雅卓，京东科技集团副总裁，产业物联网总经理，主要研究领域为智能感知网络、物联网
应用场景等；徐渤惠，京东科技能源"双碳"方案负责人，主要研究领域为能源和"双碳"
标准方案、场景应用产品建设等；杨叶，京东科技 IoT 解决方案部，高级解决方案架构师，
主要研究领域为能源精细化管理、综合能源管理、光储充一体化解决方案等；樊世颖，京东
科技 IoT 解决方案部，解决方案架构师，主要研究领域为能源精细化管理、综合能源管理、
光储充一体化解决方案等；赵珏昱，国家工业信息安全发展研究中心信息化所工程师，从事
数字化转型、工业互联网、两化融合等相关领域研究。

《工业能效提升行动计划》及二十大工作报告中都对节能降碳、绿色发展提出了明确要求和落地方案。《中国能源发展报告 2022》指出，2021 年全球能源供需矛盾突出，我国也一度出现能源区域性、时段性供应紧张情况。2023 年的政府工作报告提出的工作重点之一是推动发展方式绿色转型，在两会期间，"新型能源体系""高质量发展""节能降碳"成为热议话题。然而，在政策和发展前景相对明确的前提下，工业企业的节能减排之路并不好走，大多数企业的能源管理仍处于初级阶段，企业的能源管理正面临一系列问题，工业企业在绿色低碳转型中对能源数字化管理的诉求显著提升。

工业企业是使用能源的主要对象，但能源利用率低下，造成很多企业的能源浪费。原因之一就是缺乏完善的能源信息管理工具，没有做到能源的精细化管理。企业能源计量器具配备率普遍偏低，导致原始能耗数据存在缺失、滞后等问题。即使配备了相关的计量表，一些企业也缺乏有效的能源统计方法。能耗设备多样，人工数据采集不仅工程量大、易出错，也不利于数据的归档和检索，导致用能单位数据汇总不完善。而且，一些企业能源管理方式粗放，缺少科学、系统的能源管理手段，没有针对能源数据的汇总分析。基于海量数据的汇总分析工作复杂，庞大并且容易出错，且企业并没有建立起可用于查询和分析的能源数据库。

用能信息的缺失和失真，影响着企业对用能情况的真实评估，同时也影响企业的能源决策。企业缺少对能源消耗、生产产出、成本费用等多维度的综合分析，难以科学量化地制定更加合理、经济的能源计划，预测能源需求，实施更加细化、有效的能源定额管理。由于缺少决策支持数据库，企业难以在节能统计、节能改造措施效果方面做出大的改进，从而造成资源的浪费。

因此，进行能源的精细化管理，并提出节能降碳的改善措施，成为企业能源解决方案的头等诉求。面对愈发急切的市场诉求，京东集团作为行业先锋在推进绿色减碳过程中，一直践行着企业的社会责任。基于自身的落地实践经验，以供配用为抓手，搭建出一套面向工业企业的能碳一体化管理体系，建立了工业领域节能降碳、零碳工厂、低碳仓库等行业解决方案，助推工业领域降碳。

二 京东能碳一体化解决方案概述

（一）整体架构

将能源与物联网、AI、大数据进行深度融合，可以促进能源更好地互联互通，因此，能碳一体化解决方案，就是基于京东物联网的多年发展以及项目落地的经验沉淀出的一套标准解决方案，能碳一体化全景架构主要包括三个层级：感知物联层、中台引擎层、应用场景层。

感知物联层主要是通过各种传感器、监测设备等实现对能源设备、环境等各种信息的采集和监测，从而实现对能源系统的实时感知和控制。平台将当前主流的高并发、大容量、低时延、高可靠云服务架构，用于数据收集、处理、可视化和设备管理，支持千万级设备连接能力、每秒百万级以上消息数据处理能力。兼容 MQTT、CoAP、HTTPs 等主流云端接入协议和 IEC104、IEC103、IEC102、Modbus-TCP、Modbus-RTU 等设备连接协议。平台提供基于规约库的通信规约适配能力，用户可以基于设备模型针对不同的接入场景进行快速规约适配配置及接入。平台提供行业内常用的设备连接协议规约配置能力和主流云端接入协议，支持第三方系统及产品按照标准接入协议接入设备，具备云端接入协议的开放定制能力，支持存量系统通过定制化接口方式接入。通过建立统一物理模型规范和设备接入与采集规范，支撑综合智慧能源场景下设备的快速接入、统一纳管和精准控制，实现了海量能源数据的融合汇聚，重新定义物联网数据价值，支撑综合智慧能源产业建设、提供对外服务能力。

中台引擎层主要是通过配置化工具，完成项目的快速交付，实现物理世界的数字化建模，并为应用提供支撑。整体架构是 3 个核心引擎——图模中心、算法中心、公共服务中心。其中，图模中心提供具备快速完成设备资产数据可视化和监控页面的编辑与配置功能的 web 组态工具和 CIM 模型管理工具，实现基于 CIM 的图、模、库一体化建模，以图形方式完成拓扑分析等。算法中心配置工具主要面向各类型综合智慧能源项目场景通过算法应用与可视化配置，实现算法与场景的搭载、设计与配置。公共服务中心实现落地项目的快速创建、维护、部署和全周期管理服务，系统为用户提供快速使用所提供各类应用模块和定制化开发功能模块的组合配置，实现各底层生产控制类组件和高级分析类业务组件的调用、挂载、配置，以及进行标准化、统一化、专业化应用模块的乐高式敏捷设计。

应用场景层主要是通过各种应用软件和平台，对能碳场景进行管理和优化，实现对能源系统的高效利用和可持续发展。能源精细化管理协助企业了解各设备的精准能耗，通过实时监控、合理分配提高能源利用率；集"光伏发电、电池储能"多种功能为一体的"光储"综合能源港，在不改变园区配电系统的基础上增容扩容，通过有序储能配合，降低企业用电成本；而随着碳资产价值的提升，能源企业碳资产的精细化管理也势在必行。因此，工业企业能源资产一体化管理体系主要包括能源精细化管理、光储充管理、碳管理等场景的落地方案与产品，整体方案架构如图 1 所示。

（二）能源精细化管理

能源行业内节能的范畴很大，可以概括为三部分内容，即设备节能、工艺节能和管理节能。目前市场上流行的各种通用节能技术方案及以合同能源管理等方式进行的节能改造，基本都是围绕设备节能来做的。工艺节能是工艺决定的能耗，一般情况下，识别和判定都较为困难，需要节能顾问和企业工艺、制造、质量等相关部门密切合作解决；但另外值得关注的点在于，工艺节能除了上述情景外，还有一种情况，即企业为了保障生产及工艺的确定性，使用超过需要的能耗，如过度照明、过度降温等，这些是很容易被企业忽视，却存在巨大节能空间的地方（譬如某企业通过精确计量，在对温湿度、压力等有要求的车间内，仅将清洁压缩空气由 0.58MPa 下降至 0.3MPa，就达成了该车间节能的 40%）。而管理节能则是针对各种能源浪费现象，结合一定的管理工具来进行的减少能量浪费的行为。管理节能针对的能源浪费往往存在都是细微损耗但随处可见，难以量化但总量可观的特点，比如无效照明、跑冒滴漏、无生产时的设备空转等。

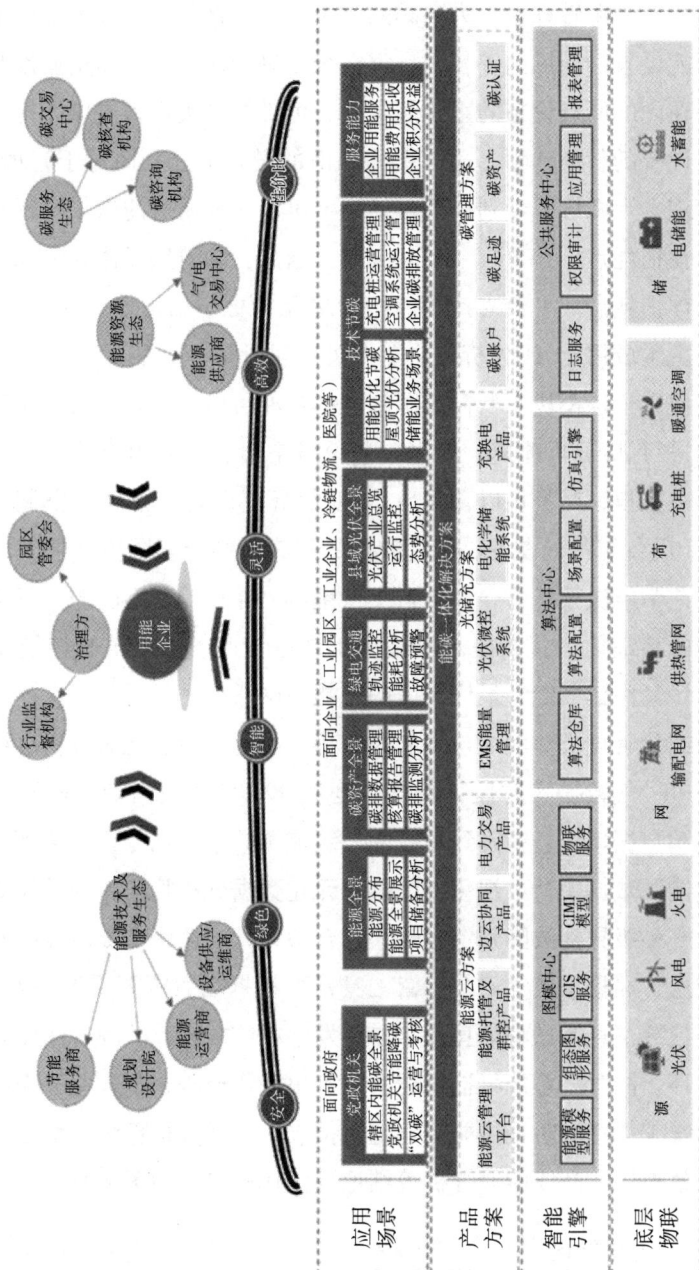

图 1 能碳一体化解决方案业务全景

京东精益能源管理则是通过自研传感器、边缘计算设备以及云端 AI 构建的一套以精益能源管理平台为基础的解决方案。精益能源管理平台可以通过对企业用能设备的横纵向等各种自定义维度进行对比，帮助企业诊断包括高耗能设备在内的所有设备的用能健康度，可进行同类设备的用能排序，以发现或制定设备的替换计划，达成更为平滑的设备节能；而对于管理节能，精益能源管理平台则可以做到全覆盖。平台可以发现所有的诸如跑冒滴漏等损耗点及潜在损耗点，并可第一时间告警。当然，随着监测体系的细化，能更快定位具体损耗点。平台支持用能统计单元的更小结构如产线、班组等，并每月可自主生成用能 AI 分析报告。此外，可针对企业实际需求，提供可选择的碳排放碳追迹模块。精益能源管理平台亦可以场景内实时用能数据结合历史数据进行 AI 分析建模，给出规避设备空转、过度用能的最佳优化策略，且若客户授权，更是可以智能启停/变频环境设备（照明、空调、空压机等）、生产设备等各种设备。通过数据的积累，结合实际生产情况，亦可支持具体工艺节能决策。另外，平台支持接入光储充等新型能源，可实现新型能源资产的精细化运营，提升收益率，并将新型能源系统与传统用能打通，能够在场景内建成能源最优调度的智能微网系统。

能源精细化管理具体功能包括能源态势、能耗分析、能效分析、综合管理等，水、电、气数据实时监管，精确度达 99.9% 的数据动态监测，实现厂区全域能源数据覆盖；精确到秒级的三级能源数据透视分析，从不同视角展开多维度能源数据聚合可视化，提供多元化数据分析算法，辅助能效提升管理；基于毫秒级异常故障判定逻辑，结合边缘计算逻辑，提供能源异常报警、消息推送、巡检工单等安全运营工具，可根据场景需要设置报警规则，利用分级别报警消息推送将消息及工单派发给相应的人员处理，从而完成运维管理的闭环。同时，系统将提供巡检及工单操作流程，配合业务需要完成必要安全运维工作；同时提供能源自定义报表工具及分析算法，输出生产单耗、设备能效对比、产线能耗分析等结论及优化策略，如图 2 所示。

（三）光储充管理

随着能源革命进程的加快推进，预计 2030 年至 2060 年，我国新能源发

能源云管理平台

	能耗态势	能耗分析	能效分析	综合管理	碳管理	资产管理	系统设置	模块定制
集团看板	集团能耗概览	能耗统计	电能指标分析	运营指标管理	碳排放看板	资产台账	资源树管理	–
	项目能耗概览	综合指标分析	峰值分析	能源指标管理	碳排放监测	设备设施管理	用户管理	–
	项目能耗预测	能耗对比	设备健康分析	全局安全管理	碳排放分析	维保统计	操作日志	–
	项目气象环境	定额管理	运行策略分析	碳排指标管理	降碳评估	故障统计	权限管理	–
	能耗预警	能耗PKI	空调综合分析	环境指标管理	碳资产管理	工单统计	…	–
	…	…	…	…	…	…		

集团平台 ——————— 集团内网 ——————— 项目级平台

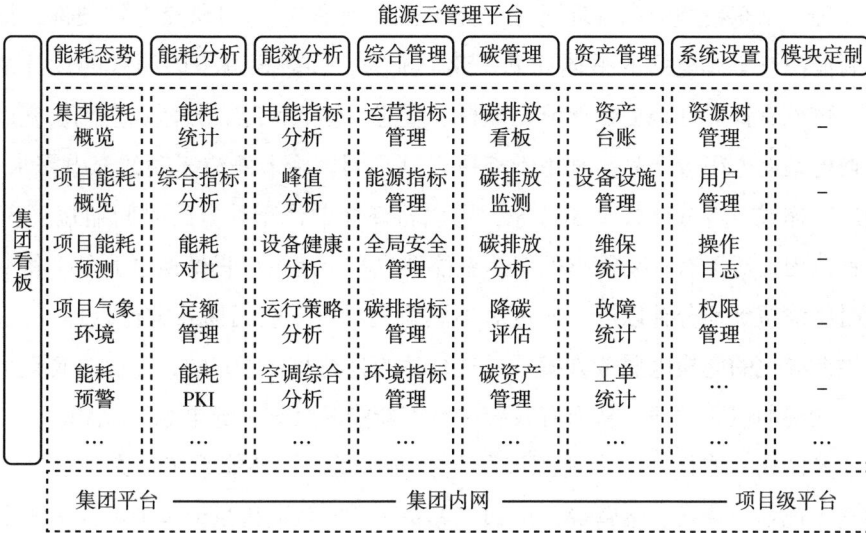

图2 能源云精细管理平台架构

电量占比将分别超过25%和60%,[①] 电力供给将逐渐实现零碳化。光伏发电是新能源发电的重要组成部分,通过物联网技术及AI策略的动态优化和调整,为分布式、集中式光伏建设提供光伏系统的整体规划、建设及运营能力,提供具有行业特征的发电预测和负荷预测算法模型。目前光伏建设后的运维部分,存在非标准化、非平台化的问题,京东精益能源管理可以实现无人运维,同时将运维部分实现标准化及平台化。

电力系统要求极高的稳定性,而风电、光伏等新能源有一个致命弱点,就是具有很强的间歇性和波动性,所以储能系统的建设对于电力系统改革来说尤为重要。面对发展越来越快的储能市场,从储能系统的整体规划、建设、运营考虑,结合系统实际运营情况,开展基于AI策略的动态优化及调整推出的EMS能量管理平台作为储能电站的必备装置和系统之一,通过负荷与测算算法模型,助力企业的能源管理。

伴随新能源汽车销量的持续增长而来的就是基础设施的建设。对于充电

---

① 数据来源于《数字电网推动构建以新能源为主体的新型电力系统白皮书》公布情况统计。

桩管理，京东精益能源管理通过"充电桩管理平台"、自研充电桩硬件，提供新能源汽车充电站的整体规划、建设能力，同时根据不同园区的设计情况，可以有针对性地提供交流充电桩、直流一体式快充、分体式直流快充以及换电站充电柜等产品。利用慢充可以满足园区晚上停泊车辆的充电需求；利用一体式或者分体式直流快充，可以将新能源汽车补电的时间缩短至 30 分钟以内；对于有更高需求的营运新能源汽车，还可以提供换电业务，将补电时间缩短到 5 分钟以内。通过对不同新能源汽车应用场景进行合理分析，提供差异化的充换电服务方案，通过合理的分类及有序充电，可以提高整个综合能源的运营效率，从而有效缓解城市新能源汽车"充电难"问题。

光储充一体化"综合能源港"包括光伏系统、储能系统、充电桩系统的整体规划、建设、运营等，例如，具备一定光伏装机量但是消纳能力不足的园区，通过建设光伏车棚，利用充电桩及换电站，同时配合储能加大园区负载，能最大限度地消纳光伏绿电，实现节能减排。EMS 能量管理平台作为储能电站的必备装置和系统之一，也将助力企业的能源管理。结合光伏分布式能源特点，以及工业、建筑、交通等重点行业用能特点，可以提供具有行业特征的发电预测和负荷预测算法模型。通过构建光储充换一体化能源系统能量均衡运筹模型，为一体化能源系统安全稳定经济运行提供智能调控能力，在保证系统安全稳定运行的前提下提高企业的经济效益，如图 3 所示。

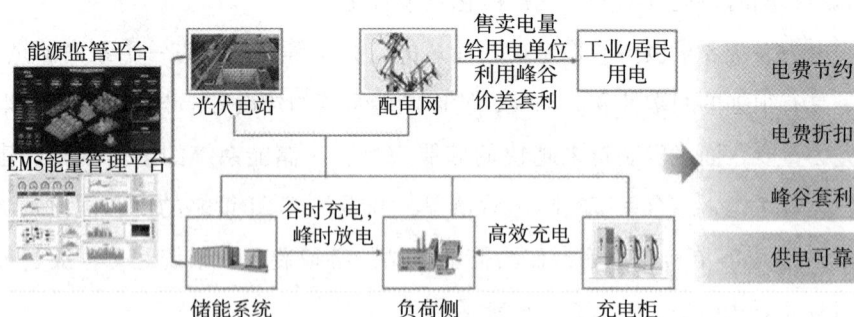

图 3　光储充管理架构

（四）碳管理

碳管理平台实现碳排数据实时监测和统计分析，分为园区级、公司级和项目级三个层级，包括碳盘查、碳足迹、碳减排、碳资产管理等多个维度，涵盖 24 个重点行业。该平台采用云计算技术进行计算分析，为多层级碳排放数据管理提供支撑。同时，采用区块链技术进行上链存证，实现数据不可篡改、可追溯，简化人工核验流程，提高碳盘查和碳核查效率，降低碳核查成本。一方面通过碳排放数据的采集、计算和多维度分析，进行碳配额和碳绩效的精细化管理，另一方面，为集团碳排监管平台做体系对接准备和技术储备，最终为实现碳配额管理和交易打下良好基础。

碳管理功能包括采集、梳理与碳排放活动相关的数据，内置多种数据接入、协议解析方式方法，通过数据集成或以人工填报的方式将数据批量离线或实时集成汇聚至 IoT 平台，由 IoT 平台进行统一管理、存储，数据采集过程更加严谨、规范，并按照碳核算标准进行核算。碳核算是基于内置的碳核算模板、标准、算法，自动导入或人工填报数据后，可快速计算出不同行业、不同边界、不同范围的碳排放量；平台遵循 ISO14067、PAS2050 等标准和全生命周期理念，提供多种数据模型及海量的排放因子数据，通过 LCA 核算方法，实现碳足迹全生命周期的可信记录，赋能全供应链所有过程，帮助企业识别重点碳源以及减排潜力较大的环节，对核算结果进行敏感性和不确定性分析，可一键生成碳足迹报告，并提供碳标签服务，持续减排；平台的碳监测分析清晰有效地反映了实际碳排放、能源资源消耗、重点设备运行、节能减排情况，为管理部门第一时间发现并解决问题提供有力支持。从运行成本、环保效益、能源效率等多维度为企业制定减排计划并对结果进行监测；另外，通过碳排放核算、配额管理、交易辅助、CCER 跟踪和碳金融等业务拓展，全方位辅助企业实现碳资产的自我管理，如图 4 所示。

应用	碳账户	碳足迹	碳资产	碳金融

双碳引擎	碳采集	碳核算	碳监测与分析	碳资产	碳账户
	实时采集	企业碳核算	碳排放监测	碳账本	企业碳账户
	数据检查	项目碳核算	能耗监测	碳配额预测	个人碳账户
	监控预警	产品碳足迹	碳减排分析	碳交易辅助	碳积分

核算因子库（内置发改委发布的24个重点行业，以及 ISO14064、ISO14067、PAS2050等多种主流核算标准）

数智底座	IoT底座（多设备实时能耗监测、碳排放监测能力，数据快速接入、数据转发能力）

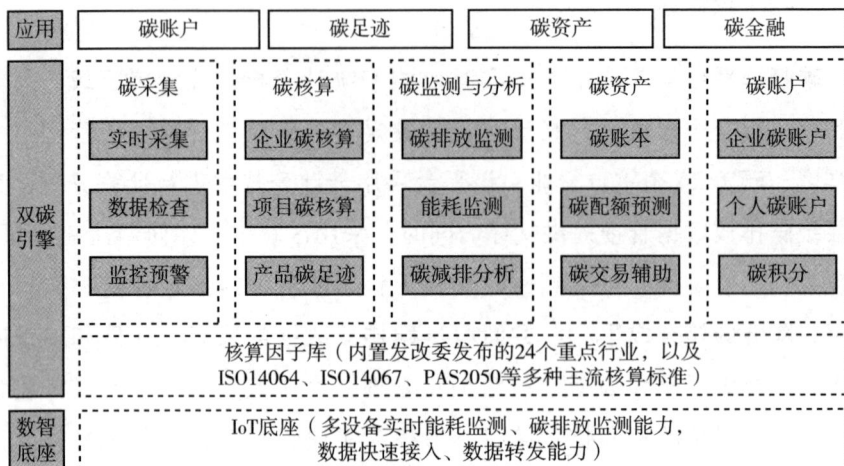

图4　碳管理平台架构

三　能碳一体化解决方案的价值

工业企业能碳一体化管理体系主要从实现能源精细管理、实现全维度安全监测、提出绿色降碳建议和方向、实现组织碳管理和产品碳足迹计算四个方面体现了其核心价值。

（一）实现能源精细管理

工业企业能碳一体化管理体系通过对能源数据的全面感知和分析，实现能源精细化管理。通过优先解决多系统横向连接、互联互通、系统融合等复杂难题，实现企业、园区内的弱电系统联动，进而支持禁区闯入报警等场景应用；此外，接入了园区能源设备数据，对能源数据进行精细化管控，可以为节能降碳提供基础支持；通过对数据的全面分析，做到企业运营的可视、可管、可控，为管理层业务决策提供数据和技术支持。

（二）实现全维度安全监测

随着现代工业生产的发展和科学技术的进步，现代生产装置的结构越来越复杂，功能越来越完善，自动化程度也越来越高，相应的安全问题也日益严重，导致灾难性事故不断发生。工业企业能碳一体化管理体系能够实现全维度安全监测，跟踪系统能提供足够快的信息反馈，可以对生产环境下的异常状况做出快速反应。例如，面向供配电场景，能够实现电气安全监控；面向给排水场景，能够实现管网压力、漏水监测；面向楼宇自控场景，能够实现冷热中央空调、电梯、通排风、公共照明、锅炉、消防、空间环境、安防门禁等模块的故障预警；进而实现对全维度设施设备的安全管控。

（三）提出绿色降碳建议和方向

据中金测算，到 2060 年 70% 的能源将由清洁电力供应，约 8% 将由绿氢支撑，剩余约 22% 的能源消费将通过碳捕捉方式，从而实现碳中和。未来绿色能源发展的方向就在于对碳进行"节源开流"：在"节源"端，大力推动以光伏、风能为主的零碳清洁电能，并稳步发展适应新能源出力不稳的储能体系，与此同时大幅减少火电在能源体系内的占比，并发展氢能等零碳新技术应用；在"开流"端，发展碳捕捉技术，将火力发电过程中产生的二氧化碳进行捕捉、存储。完备的能碳一体化解决方案，将为企业提出绿色降碳的建议和方向。

（四）实现组织碳管理和产品碳足迹计算

工业企业能碳一体化管理体系包含成熟的能碳产品及能力，"京碳号"作为碳管理平台，能够实现对工业企业组织碳管理和产品碳足迹的计算；而另一款面向新能源的平台——"新能源产品碳足迹服务平台"，则是从光伏入手，设计服务工具使客户协同上下游供应商获得产品碳足迹。此外，京东作为上市企业也在积极参与 SEC 碳披露相关的工作，通过数字化平台建设，帮助集团通过多种采集方式实现碳排放数据的自动汇接，通过平台实现盘查工具化、自动化、图表化，从容应对 ESG、CDP 和 TCFD 等相关对外披露场景。

四　绿色减碳落地实践

在智能楼宇节能改造方面，能碳一体化解决方案已经应用到办公楼宇的改造中。例如，在京东总部大厦冷源系统改造项目中，通过加装如变频控制器、水表、电表、风力传感器、温湿度传感器等硬件设备，应用物联网平台对1号楼各能效指标进行精细化采集，搭建冷站群控管理系统，对采集到的各项数据进行可视化呈现，结合历史数据和算法，实现冷站系统的自动节能和控制，同时本次改造控制系统采用了更适用于中央空调系统的边缘计算架构，将原本完全由控制终端处理的大量计算分解、切割成更小、针对性更强、更易处理的部分，分散到边缘节点去处理，每个边缘节点可独立工作。控制终端只承担10%的数据计算，边缘节点承担90%的数据计算，这样使局部故障不会破坏整个系统运行，单个控制箱数据量小、速度快、故障率低，最终实现节能率达15%。

在京东总部大厦屋顶分布式光伏建设项目中，在京东集团总部2号楼、4号楼屋顶安装光伏组件，项目安装总容量为317.9kWp。分布式光伏选用550Wp单晶硅高效组件，共计578块。考虑屋顶美观性，按照固定水平倾角设计。项目建成后，可实现光伏发电全部自主消纳，相当于每年可节约标准煤约108吨，相应每年可减少多种大气污染物的排放，其中减少二氧化碳约379吨，二氧化硫约10.4吨，氮氧化物5.19吨，烟尘约94.23吨，同时还可节约大量淡水资源。企业屋顶安装光伏电站后实现太阳能、建筑的综合利用，不仅达到节能减排的效果，企业还尽到改善周边环境的社会责任，增加了美誉度；光伏电站建设于屋顶之上，在一定程度上起到降温的效果，在夏季尤为明显，通常情况下可使车间降低3~6℃，对于企业来讲也降低了降温所产生的电费开销；分布式光伏发电投资成本相对低，发电相对稳定，并且发电时间与企业用电高峰时段基本一致，真正发挥削峰作用，在一定程度上缓解当地电网供电压力。

在工业企业实现生产能源集控优化中，能碳一体化解决方案已经在某制药公司智慧能源管控项目中落地实施。通过能源云将工厂供配电系统、能源管理系统、PLC 安全生产监控系统、视频监控系统、K3 生产管理系统、生产报表系统等系统进行集中管控和统一调度指挥。对生产工艺过程进行全面监测，可视化实现能源精细化管理；对异常情况可追根溯源，进行智能预警，并为企业提供优化工艺决策数据，帮助提升品质和产能。还可以智能识别危险源，异常即时报警，保障生产安全和人身安全。通过系统数据互联互通及共享，实现多边协同、多系统联动，提升智能化监管水平和能力。总的来说，能源精细化管理通过助力企业智能生产，提升了企业的核心竞争力。

在综合能源服务方面，京东科技帮助某央企客户构建能源网"云网边端"智慧物联体系，实现单元级、企业级、生态级多层联动，统一物联数据、应用、安全等标准。构建综合智慧能源管控与服务中台，集智慧边缘能力、人工智能、可信隐私计算、应用构建能力等功能于一体，实现综合能源智慧化管理，并打造分布式光伏、充电共享服务和绿电交通等多种能源应用场景。在企业的碳资产管理方面，定期对集团、下属公司碳排放数据进行全面监测、统计、核算并报告，识别重点碳源、碳汇，科学并准确地摸清企业碳资产。同时结合"双碳"中远期目标，预寻找减碳空间，为企业规划具体可行的路径，达成减碳目标。京东科技还助力企业科学运营碳资产，做好碳预算，盘活碳资产。

五 结语

智慧能源产业的发展，从传统的设备管理，到能源系统的数字化，再到综合能源服务，最终达到零碳。"绿水青山就是金山银山"，京东科技将继续积极承担社会责任，不断优化自身的能碳一体化解决方案，赋能实体企业能源数字化转型，增强新型实体企业降碳方面的绿色动力，携手全社会如期达成"双碳"目标。

参考文献

电力规划设计总院:《中国能源发展报告 2022》,2022 年。

宋世伟:《合同能源管理开启节能改造服务新模式》,《佛山日报》2023 年 2 月 7 日。

李昕、肖思瑶、周俊涛:《我国碳排放数据整合与应用的国际比较》,《金融市场研究》2022 年第 1 期。

陈海雄、袁君奇、郭成忠:《能源管理系统的设计与实现》,《冶金管理》2022 年第 1 期。

安永碳中和课题组:《一本书读懂碳中和》,机械工业出版社,2022。

B.18
基于自然冷源的新型绿色数据中心
发展现状

——以海兰云海底数据中心为例

苏洋 王勇 孟琦 张宏博*

摘　要： 数字经济时代，算力需求不断增多，充分利用自然冷源、可再生能源等已成为绿色数据中心建设的共识和趋势。海底数据中心将服务器安放在海底的密封舱中，通过海水的流动进行自然冷却，具有省电、省水、省地、低时延、高算力、高安全、高可靠、快速部署等优势，且易于与海上风电、光伏等可再生能源结合，将海洋能源转化为海洋算力，促进数据中心向"低碳""零碳"发展，打造"陆数海算"新型算力中心架构，为"东数西算"提供有益补充。国内在该领域起步较晚，但在应用落地上走在前列，现已启用全球首个商用海底数据中心。海底数据中心为数据中心的绿色低碳发展提供新方案，将促进数字经济业务创新，助力数字经济和海洋经济的交叉融合。

关键词： 自然冷源　海底数据中心　碳中和　陆数海算

* 苏洋，深圳海兰云数据中心科技有限公司总经理，主要研究领域为数据中心、企业治理；王勇，深圳海兰云数据中心科技有限公司副研究员，国家互联网数据中心产业技术创新战略联盟专家委员，主要研究领域为数据中心、数字经济；孟琦，国家工业信息安全发展研究中心信息化所高级工程师，从事"双碳"、两化融合、数字化转型等相关领域研究；张宏博，博士，国家工业信息安全发展研究中心信息化所工程师，从事"双碳"、两化融合等相关领域研究。

一 数据中心绿色发展的行业痛点

在数字经济时代，算力成为一种新的生产力，广泛融合到经济与社会的方方面面，为各行各业的数字化转型提供动力。作为算力的物理承载，数据中心成为数字经济的关键基础设施。受国家政策引导及社会需求驱动，我国数据中心规模快速增长。按照标准机架 2.5kW 统计，截至 2022 年底，我国在用数据中心机架规模达到 650 万标准机架，近五年年均复合增速超过 30%。① 同时，数据中心行业成为重要的经济增长点。2021 年，我国数据中心行业市场规模达到 1500 亿元，年均复合增长约 30%。② 高质量数据中心建设，成为我国经济社会发展的重要任务。在快速发展的同时，数据中心面临着能耗、土地、水资源等多方面的挑战。

第一，高能耗成为数据中心行业日益凸显的问题。由于需要大量电力支持服务器、存储设备、冷却系统等基础设施运行，数据中心能耗较高。据测算，电力成本占数据中心运营总成本的 60%~70%。统计数据显示，2021 年全国数据中心能耗达 2166 亿千瓦时，较 2020 年增加 44%，占全社会用电量的 2.6%。预计到 2025 年，全国数据中心能源消耗总量达 3500 亿千瓦时，约占全社会用电量的 4%。③ 因此，数据中心节能减排成为我国实现"双碳"目标的重要任务。

第二，土地资源稀缺日益成为数据中心发展的瓶颈。在过去很长一段时间，为了满足不断增长的业务需求，数据中心主要是通过增加空间，扩大机架和服务器规模来提供更多算力，但是这也导致数据中心运营成本的增加和数据中心场地空间的浪费。虽然国家通过"东数西算"等工程，引导部分数据中心向西部发展，但是为满足数据时延等技术要求，沿海发达地区又不

---

① 数据来源于《数字中国发展报告（2022 年）》公布情况统计。
② 数据来源于《数据中心白皮书（2022 年）》公布情况统计。
③ 数据来源于中国商报"共铸国云、智领未来 | 绿色低碳、'东数西算'实践者"公布情况统计。

得不建设相当规模的数据中心。对于土地资源稀缺的沿海发达地区而言，如何在发展数据中心的同时尽量节省用地，无疑是一个有价值的课题。

第三，传统数据中心运行需要消耗大量水资源。数据中心的设备十分精密，通常采用水冷却，且必须使用淡水。据统计，一座20MW典型规模数据中心每年要耗水超过60万立方米用来冷却因运转而发热的设备。如此大的体量，对于水资源相对匮乏的我国来说，在水资源利用率上是一个严重挑战。开发低耗水甚至零耗水的数据中心技术，对于节约水资源、促进可持续发展具有重要意义。

为了促进数据中心绿色低碳发展，业内进行了一系列探索。其中，充分利用自然冷源、可再生能源等，已是绿色数据中心建设的共识和趋势。国内外机构因地制宜地利用自然冷源，包括海洋、河湖、空气、山洞等，开发了各具特色的新型绿色数据中心。例如，谷歌在比利时的数据中心依靠运河水自然散热，Facebook位于瑞典北部的数据中心依靠冷空气散热，阿里在千岛湖的数据中心依靠湖水散热，腾讯在贵安的数据中心依靠隧道环境散热。

二　海底数据中心的技术方案

（一）总体框架

海底数据中心是一种绿色低碳的新型数据中心系统，基于柔性制冷、海底接驳等核心技术，通过对技术、方案和应用的再创新，将陆地数据中心技术与海洋工程技术有机结合，把服务器安放在海底的密封舱中，通过海水的流动进行自然冷却，形成新型绿色数据中心解决方案，服务各领域客户群，打造包容协同的智慧数字基础设施生态，其设计框架如图1所示。

海底数据中心系统基于海岸和海底，主要由四个部分组成，分别是岸站、海底光电复合缆、海底分电站和海底数据舱，各部分可以模块化部署，具备按需扩展的优势，如图2所示。岸站为整个项目的岸上区域，主要包括高压配电系统、柴油发电机组、岸上监控中心（RCC）等功能区。岸站具备占地面积小、预制化建造、模块化部署等特点，还可与其他业务型态

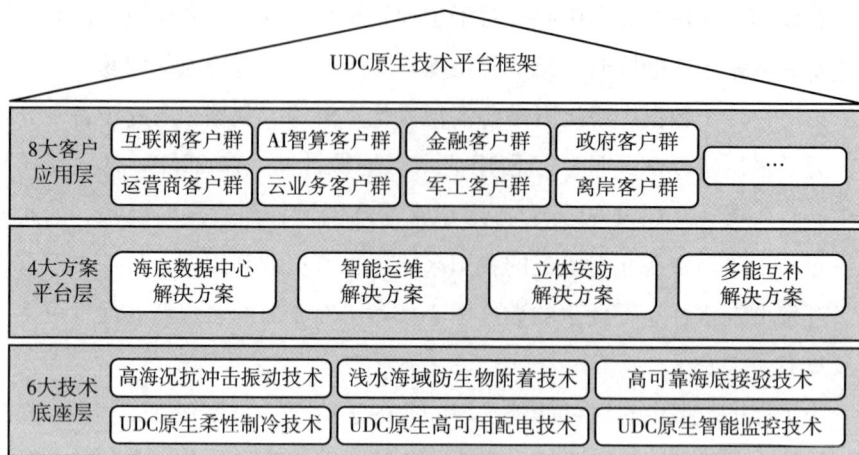

UDC原生技术平台框架

| 8大客户应用层 | 互联网客户群 | AI智算客户群 | 金融客户群 | 政府客户群 | ... |
| | 运营商客户群 | 云业务客户群 | 军工客户群 | 离岸客户群 | |

| 4大方案平台层 | 海底数据中心解决方案 | 智能运维解决方案 | 立体安防解决方案 | 多能互补解决方案 |

| 6大技术底座层 | 高海况抗冲击振动技术 | 浅水海域防生物附着技术 | 高可靠海底接驳技术 |
| | UDC原生柔性制冷技术 | UDC原生高可用配电技术 | UDC原生智能监控技术 |

聚焦4大解决方案，夯实6项技术底座，服务N个细分客户群

图1　海底数据中心设计框架

（如风力发电、海洋大数据平台）集约发展。海底分电站和数据舱为圆柱形罐体，采用海工成熟技术，保证内部恒湿、恒压、无氧、无尘的安全密闭环境，满足海域环境下使用25年寿命要求，可重复开启。冷却系统、传感器、海缆等关键元器件实现穿舱密封，本体与基础之间的连接设计便于锁定和解锁，满足定期回收设备要求。

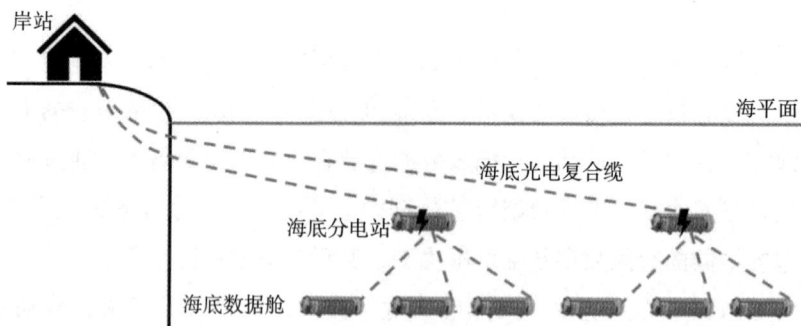

图2　海底数据中心技术架构

配电系统按国标 A 级标准，提供双路市电+UPS 供电，满足海底、海岸全链路"2N"供电系统需求，IT 舱与电力舱分离，空间利用率高，系统安

全可靠。冷却系统以海水作为冷源，实现全年数据舱自然冷却，不使用压缩机，末端采用背板机柜级冷却，没有冷热通道的高风机能耗，机房没有局部热点出现，总体能效较传统 IDC 提升 30% 以上。监控系统能完成对各个部件子系统的完整监控，所有数据实时汇聚到岸站的 UDCM 平台做实时"监、管、控"。UDCM 平台基于数字孪生技术，可形成所见即所得的海底舱 3D 全景运维平台。为系统维护提供吊机回收、上浮式等多种解决方案，采用成熟海工技术，可在不断电、不断网、不中断业务的情况下开展海上维修作业，舱外部件可水下更换。

（二）主要特点

海底数据中心以海洋作为自然冷源，从而在省电、省地、省水、低时延、高可靠、高安全、快速部署、多能互补等方面拥有一系列优势。一是省电，依靠海水自然冷源，无压缩机运行，单舱 PUE 低至 1.076，较传统数据中心节能 30% 以上，且基本不受气候影响；二是省地，岸站占地极少，相比传统陆上数据中心可忽略不计；三是省水，没有冷却塔，不消耗水资源，较传统 IDC 每兆瓦年省水约 30000 立方米；四是低时延，靠近沿海发达地区，满足一线城市高速网络需求；五是高可靠性，数据舱无氧、无尘，大幅提高服务器可靠性，符合"熄灯"式数据中心的发展趋势；六是高安全性，数据物理安全，抗火灾、水灾、极端天气及人鼠侵犯；七是快速、按需部署，所有部件模块预制，最快可 90 天内实现从工厂安装、调试到实际运行；八是多能互补，利用海上风能、太阳能、波浪能和潮汐能等可再生能源，有效实现多种能源互补供给，如图 3 所示。

此外，海底数据中心易于以集约用海方式与海上风电、光伏、波浪能和潮汐能等可再生能源结合，将海洋能源转化为海洋算力，实现高耗能的数据中心向"低碳""零碳"发展。同时具备立体用海特点，可与海上新能源、海洋牧场、海洋旅游等融合开发，降低综合成本，构筑智慧海洋产业集群。综上，海底数据中心填补了我国在海洋工程与数据中心新基建融合发展领域的空白，整体技术水平与产业化能力处于国际前列。

多能互补 ⑧
利用海上风能、太阳能、波浪
能和潮汐能等可再生能源

快速、按需部署 ⑦
全预制，最快90天内实现从工厂安
装、调试到实际运行

高安全性 ⑥
数据物理安全，恒温、恒湿、
恒压；无氧、无尘、无人鼠侵犯

高可靠性 ⑤
服务器故障率仅为
陆上数据中心的1/8

① 省电
海水冷却，无压缩机运行，单舱
PUE仅为1.076，有效降低能耗

② 省地
岸站占地极少，相对陆上
数据中心可忽略不计

③ 省水
没有冷却塔，节约大量的
水资源（20MW规模年省
水60万立方米）

④ 低时延
距离一线城市小于100KM，
满足一线城市网络高速需求

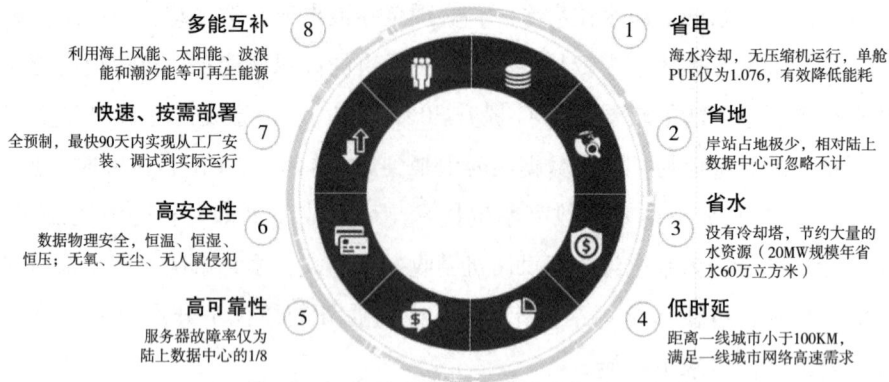

图 3 海底数据中心的优势

（三）技术创新

1. 海水无动力散热技术

海底数据中心采用创新的海水无动力散热技术，实现低能耗制冷，有效解决现有数据中心高能耗问题。整个散热设计无动力驱动，将热管原理应用在水下数据舱，利用管路的高度差创造重力条件，靠舱内设备导致的温升和海水之间的温差驱动冷媒循环散热，冷媒把舱内的高温带出来通过冷凝器和海水进行热交换。相比现有技术中的冷却系统，海底数据中心不需要设置动力泵和冷却塔等装置，节省了相关的制造与维护成本。海底数据中心各系统技术特点如表1所示。

表 1 海底数据中心各系统技术特点

数据舱	冷却系统	电力系统
• 设计寿命25年 • 采用防腐蚀材料 • 布放水深20~50米 • 独立结构架，便于吊放 • 根据特定海底场址，设计各式基座	• 5年免维护 • 无动力源封闭冷却循环 • 自研高可靠性海水泵 • 自净式过滤装置	• 依照数据中心 A 级标准设计，具备 2N+1 冗余 • 双路市电供电 • 72 小时备用电源 • 高压海底输电 • 可扩展利用清洁能源互补供电

2. 全链路微结点自控技术

海底数据中心通过采用全链路微结点自控技术，实现了网络与可编程逻辑控制器 PLC 双控、网络异常 PLC 自控、电源分配单元 PDU 插孔末端微控，解决了传统数据中心控制能力弱的问题，满足水下数据中心的少维护免维护需求。

3. 模块化高可用配电技术

海底数据中心通过采用模块化高可用配电技术，实现了配电系统模块化、预制化、高可用功能，解决了传统数据中心空间需求大、现场施工周期长、系统稳定性偏低的问题，有效满足海底数据中心空间受限、快速部署的要求。

4. 基于复杂海况的可靠性设计

海洋环境的复杂性和恶劣性，对海底数据中心的可靠性提出了更高的要求和全新的挑战。通过将陆上数据中心可靠性设计技术和海洋工程水下装备设计技术相结合，海底数据中心突破水下数据中心数据交换、网络通信、动力系统、散热系统、监控系统的高可靠性设计难题和技术瓶颈，形成该领域的技术突破，成为中国首创。

5. 立体化综合管理系统研发

针对海底数据中心的日常运维和安全保障应用需求，结合陆上数据中心运维技术及近岸雷达系统、无人船系统、水下监测技术，海底数据中心全新开发水下数据中心运营及安全管理系统，实现陆上、水下、海底综合监控及运维。

6. 可拓展的模块化建设方案

海底数据中心基于工业化生产、模块化部署方式，可实现最快 90 天内快速部署，建设规模灵活扩展，置于海底受海洋环境条件影响小，对上部海域、海面活动影响微小，可实现集约用海。

7. 与风电和波浪能结合的立体化用海方式

海底数据中心结合单桩基础、重力基础、导管架沉箱基础等固定式海上风电，以及漂浮式海上风电的特点，联合有效的海上或海底储能手段，融合进入海上风电电网，充分利用海洋资源，共享工程设施节省投资，实现能源供应的绿色化，最终实现数据中心领域的碳中和。探索与近海波浪能，以及单库单向、双库单向、双库双向潮汐能的商业化结合方式。

8.吊机回收、上浮式等多种运维方案

海底数据中心运维方案,包括通过船用吊机回收上甲板进行维护和可重复上浮式维护等,满足海底数据中心在常规和应急情况下不同的技术维护需求,实现在不断电、不断网、不中断业务的情况下开展海上维修作业,舱外部件可水下更换,生命周期内可以进行回收再部署、重复使用,提升数据中心的经济效益。

(四)应用场景

海底数据中心适用于沿海数字经济发达省区市,对于能源、淡水和土地资源紧张的地区,具有独特优势。我国东部地区具有临海的区位优势,集聚了全国超过46%的人口和近60%的GDP,对于上海、深圳这类沿海超一线城市,海底数据中心的价值尤为突出。全球人口中的一半生活在距离海洋200公里以内区域,沿海部署海底数据中心,在地理距离上更靠近用户,时延更低。同时,可提供海底专属云服务,用户一方面能享受与公有云一致的弹性、可靠性和便捷性,包括基础设施免运维,资源可扩展,高质量互联专线,与外部资源无缝集成;另一方面可以获得更高的安全性和私密性,包括自主创新的基础设施、独享的资源池,贴近业务,满足延迟敏感业务诉求。

海底数据中心可满足超算、通用计算、边缘计算等多种算力需求,适用于互联网、金融、游戏、离岸数据中心等多行业。基于高密度服务器,可靠性高,适合高算力分布式网络节点需求,有利于保证整个网络的高效率、稳定性和完整性。海底数据中心支持分布式云架构。随着人工智能、移动互联网、5G、物联网等技术和应用的飞速发展,分布式云架构成为未来云计算服务的主流架构趋势之一。分布式云架构更强调算力的区域分布,更关注业务延迟的影响,根据业务对算力的诉求,在最合适的地域部署基础设施。同时,由模块化带来的标准化高质量基础设施,基本不受空间限制,赋予分布式云基础设施高度的敏捷和成长性。

海底数据中心适宜于灾备需求,具有物理安全优势,以海洋为天然屏障,防物理侵入,具备密闭无氧环境,无人鼠侵害,海陆安防系统提高安全性；具有抗灾优势，设计考虑 1000 年波浪数据，防台风、海啸，防水灾、火灾，防地震；具有经济性优势，分期建设、弹性伸缩，靠近用户、低时延，不占用高价值土地，按需付费，降低客户运维成本。此外，海底数据中心通过"陆数海算"打造创新型算力中心架构。岸站基地建设即插即用存储池，提供大规模算力，RDMA 高速网络连接岸海，实现岸海协同。这种创新的算力中心架构可满足科学计算、工业仿真、渲染等突发超大算力需求场景，提供低成本的海底算力资源，为"东数西算"提供有益补充，如图 4 所示。

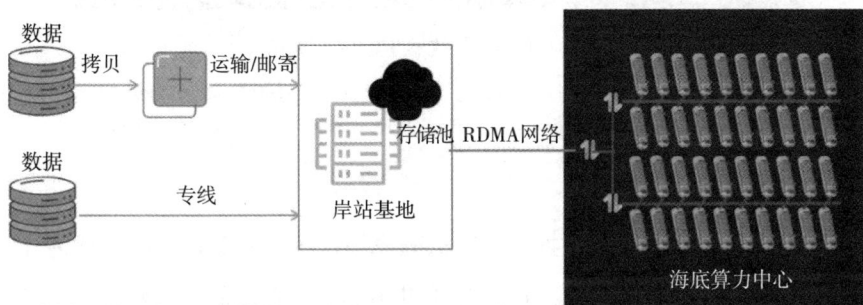

图 4　"陆数海算"创新型算力中心架构

三　国内外海底数据中心实践

（一）国外海底数据中心实践

海底数据中心以海洋为自然冷源，是近年新兴的绿色数据中心方案。2014 年底，微软公司启动"纳迪克"计划，开始探索海底数据中心技术。2015 年微软为首期试验研制了一个高 3 米、直径 2 米的圆柱形海底数据舱，用于放置服务器。为了提高服务器的稳定性，微软还向这个密封数据舱注入了加压氮气。同年 8 月，全球首个海底数据中心样机被运送到美国加州海域，开始了为期 4 个月的水下测试。测试结果显示，数据中心能够在海底环境平稳运行，如图 5 所示。

图 5   微软海底数据中心入水测试

图片来源：微软官网新闻（https：//news. microsoft. com/features/under-the-sea-microsoft-tests-a-datacenter-thats-quick-to-deploy-could-provide-internet-connectivity-for-years/）。

　　为了进一步改进海底数据中心，微软邀请法国海军集团及专业的海洋科技公司参与设计部署与维护工作。2018 年 8 月，"纳迪克"计划进入第二期试验。微软在苏格兰北部海域布放了一个长 12.2 米、直径 2.8 米的数据舱。舱里装的是一个云计算单元，IT 电量 240KW，共 12 个机架、864 个服务器。项目团队之所以选址于此，部分由于这里的电网 100%由风能、太阳能，以及其他实验性绿色能源进行电能供给。2020 年 9 月，第二期数据舱回收，结果很成功，这 864 个服务器只有 8 个出了故障，故障率为陆地同等规模云计算单元的 1/8。

　　微软实践证明，服务器在海底、密闭惰性气体环境中工作，可靠性是陆地机房的 8 倍。现在企业级业务的可靠性要求越来越高，为了将可靠性提高一个量级，传统上最直接的办法就是增加 1 倍的投入，建立并行的双中心，以百分百的冗余换取可靠性。而海底数据中心不增加建设规模就能提高 8 倍可靠性，具有显著的优势。

　　目前"纳迪克"计划三期已经开始。该期规模更大，会将 12 个同样的数据舱整合在同一结构架上。整个系统的功率大约为 2.8MW，相当于一个标准微软 Azure 云节点。微软提出，未来海底数据中心可以 100%使用风能、太阳能、潮汐能等清洁能源，达到零碳排放，并且支持 5 年内免维护，实现"熄灯"式数据中心。

除了微软外，还有一些机构进行了海底数据中心实践。美国 Subsea Cloud 公司计划在美国华盛顿州附近海域，部署一个长度为 6 米的集装箱吊舱，该吊舱可容纳 800 台服务器，之后将逐步扩展到 100 个吊舱。此外，韩国政府支持的一项海底城市项目，将海底数据中心与海底实验室、海洋旅游进行融合开发。随着更多机构加入竞争，未来这一新领域的角逐将日趋激烈。

（二）国内海底数据中心实践

国内首家开发海底数据中心的企业是海兰信，该公司长期专注于航海智能化与海洋信息化。2020 年 7 月，海兰信立项开发海底数据中心技术方案，同年 11 月，在珠海开始了第一次小试样机测试，测试期间样机的密封、压力、冷却、电力、耐腐蚀等各项系统均运作正常，没有故障情形发生。

经过 3 个月的实际测试，海底数据中心单舱能耗 PUE 值仅为 1.076。在测试海域温度远高于微软项目的情况下，达到了同等技术指标。统计数据显示，2021 年全国数据中心平均 PUE 约为 1.49，国家要求提高数据中心能效，新建的数据中心 PUE 不得高于 1.3，海底数据中心的低能耗符合国家政策趋势。同时由第三方机构给出的环评报告显示，海底数据中心仅仅对水流下游 3 米内产生小于 0.2 度的温升，对海洋环境友好。

2021 年 5~8 月，海兰信联合海南电信在海南澄迈进行了第二次测试，将运营商 IT 业务引入大海。实验结果证明，海南数据舱内运行的 IT 服务器网络效能属于互联网数据中心最高级别，可以承载对延时性、互通量要求最高的业务。

2022 年 12 月，全球首例商用海底数据中心在海南陵水启用，如图 6 所示。该项目已获得中国电信等首批客户，应用场景包括电信运营商、人工智能及 Web3.0 等。中国电信在海底数据中心部署了媒体存储、内容分发网络、国资云等业务。自启用以来，海底数据中心运行平稳，能效水平优于设计指标。

图 6　海底数据中心吊装入海瞬间

图片来源：深圳海兰云海底数据中心科技有限公司拍摄。

海南海底数据中心项目计划建造 100 个数据舱，分三期建设完成。项目将吸引人工智能、互联网、云服务、金融、电信及 IT 服务等各领域企业入驻，助力智慧海南建设。海南作为热带岛屿，其区域内数据中心发展长期存在能源短缺、淡水和土地有限、高温高湿气候环境、台风高发的问题，同时未来自贸岛对数据中心的需求难于估量，盲目建设陆上数据中心容易面临空置率高甚至项目烂尾的风险。在海南岛这类热带沿海地区，海底数据中心的价值特征将更加凸显。

四　海底数据中心发展趋势

近年来，国家及各省份发布系列政策支持海底数据中心产业发展。国家发改委、工信部等部门先后出台了《贯彻落实碳达峰碳中和目标要求推动数据中心和 5G 等新型基础设施绿色高质量发展实施方案》《"十四五"工业绿色发展规划》等政策，鼓励探索利用海洋、河湖等优势资源建设全时自然冷却数据中心，充分发挥气候水文和地形地貌等自然条件天然优势，因地制宜促进数据中心节能降耗。海南、广东、山东等地的"十四五"规划，也纷纷提出要促进海底数据中心研发及建设。在国家政策支持下，海底数据中心稳步发展，促进产业创新。

第一，海底数据中心为数据中心的绿色低碳发展提供新方案，促进数据中心行业实现碳中和。海底数据中心节省电能、水资源和土地，服务器故障率低。以海底数据中心市场渗透率达到 10% 计算，与陆地数据中心使用火电相比，2025 年我国可以减少碳排放 326 万吨以上，减少淡水消耗 5700 万吨以上。利用海底数据中心与海上风电、光伏、波浪能等距离近的优势，推动海底数据中心与清洁能源联合开发，可促进数据中心能源结构转型，将海洋能源转化为陆地算力，助力数据中心向低碳、零碳迈进。同时，海底数据中心为海上新能源提供了有益用户，通过消纳绿电，助力新能源产业链形成闭环，有利于促进新能源产业健康发展，如图 7 所示。此外，通过充分利用海洋资源，海底数据中心与海上新能源共享工程设施，节省了投资，增加了效益。

图 7　多能互补促进海底数据中心走向碳中和

第二，众多企业参与海底数据中心合作，数字业务创新日趋活跃。在海南示范项目所在地陵水，有关企业基于海底数据中心建设游戏产业云，凭借国际海底光缆登陆站的高速数据通道，推动游戏出海业务创新。基于海底数据中心的专属云服务提供自主创新的基础设施及独享的资源池。用户既可以享受到公有云的便利服务，又可以获得更高安全性和私密性。海南自贸港封关在即，高水平数字基础设施建设正逢其时。以海底数据中心为依托，海南数字经济发展正持续吸引众多创新企业聚集。

第三，海底数据中心将促进数字经济和海洋经济的交叉融合。不仅为数字经济发展提供先进基础设施，也拉动数据中心与海洋工程关键技术研究及系统研制工作，涉及高端数据中心工程设备、高端海洋工程装备、海洋电子信息设备、海洋环境及海洋经济活动的交叉融合，与国家数字经济、海洋产业发展规划高度契合，代表了相关领域与行业的发展方向。通过技术攻关与装备研制所形成的产品成果，将大幅提升数据中心和海洋工程装备领域的技术先进水平与经济水平。

第四，海南海底数据中心项目开创集约统筹用海用地的新模式。项目海域及土地得到立体分层出让，复合利用，拓展了经济发展新空间。海底布设数据舱，提供智慧大脑，助力产业升级，服务数字经济；海体布设智能网箱，开展海水养殖，建设海洋牧场；海面发展海上运动及滨海旅游，还可以建设海上风电、海上光伏等绿色能源。在陆上，地下建设岸站设施，负责海底数据中心的运行维护；地上建设数字科技会客厅、海洋科技展厅及体验馆，发展海洋文旅产业。这种陆海统筹、立体创新的新模式将有力驱动海洋经济与数字经济融合发展及转型升级。

第五，海底数据中心助力打造海洋新技术产业集群，为推进国家海洋经济发展示范区建设提供有力支撑。海底数据中心是海洋信息产业的重要组成部分，是典型的海洋经济新业态、新模式。强化创新驱动、推动产业集群集聚发展，是当前经济高质量发展的迫切任务。以海底数据中心项目为平台，促进海洋工程、海洋装备、海洋大数据、数字经济等诸多领域的融合创新，有望培育新的增长点；同时，促进海底数据中心与海上新能源、海洋牧场、海洋监测、海洋文旅等融合发展，将打造海洋新技术产业集群。

参考文献

中国信息通信研究院：《数据中心白皮书（2022）》，2022。

方静怡：《电能利用率逐年降低　我国8万座数据中心低碳之路怎么走》，《新京报》2022年11月2日。

中国智能计算产业联盟：《东数西算下新型算力基础设施发展白皮书》，2022。

张铭蕾、高云鹏、王正勇：《北京某数据中心全年用水量分析》，《数据中心运维管理》2022年第8期。

李典林：《Google全球三大数据中心自然冷却方案剖析》，《数据中心建设》2020年第7期。

王勇：《海底数据中心，绿色低碳IDC新赛道》，2022年7月8日，https：//mp. weixin. qq. com/s/HwHwE6WmuII8b-RdZsOPHw。

房琳琳、何屹：《数据中心海底开建，科技兴海再添利器》，《科技日报》2022年9月22日。

何塞：《全球首例商用海底数据中心在海南陵水下水》，《人民邮电报》2023年4月1日。

LI JIAYING，Underwater data centers making waves，*China Daily* 2023.

John Roach，Microsoft finds underwater datacenters are reliable，practical and use energy sustainably，2020.

Peter Judge，Building underwater，https：//www. datacenterdynamics. com/en/analysis/building-underwater/，2022.

附　录　2022年工业绿色低碳发展大事记

1月

1.三部门印发环保装备制造业高质量发展行动计划

1月13日，工业和信息化部、科学技术部、生态环境部联合印发《环保装备制造业高质量发展行动计划（2022—2025年）》（工信部联节〔2021〕237号，以下简称《行动计划》）。《行动计划》提出到2025年，行业技术水平明显提升，综合实力持续增强，核心竞争力稳步提高，环保装备制造业产值力争达到1.3万亿元等主要目标。部署了科技创新能力提升"补短板"、产品供给能力增强"锻长板"、产业结构调整"聚优势"、发展模式转型"蓄后势"四大行动任务。

2.七部门印发关于加快废旧物资循环利用体系建设的指导意见

1月17日，国家发展改革委、商务部、工业和信息化部等七部门联合印发《关于加快废旧物资循环利用体系建设的指导意见》（发改环资〔2022〕109号，以下简称《指导意见》）。《指导意见》提出到2025年，废旧物资循环利用政策体系进一步完善，资源循环利用水平进一步提升；废旧物资回收网络体系基本建立，建成绿色分拣中心1000个以上；废钢铁、废铜、废铝、废铅、废锌、废纸、废塑料、废橡胶、废玻璃等9种主要再生资源循环利用量达到4.5亿吨等主要目标。部署了完善废旧物资回收网络、提升再生资源加工利用水平、推动二手商品交易和再制造产业发展、完善废旧物资循环利用政策保障体系等重点任务。

3.七部门印发促进绿色消费实施方案

1月18日，国家发展改革委、工业和信息化部、住房和城乡建设部等七部门联合印发《促进绿色消费实施方案》（发改就业〔2022〕107号，以下简称《实施方案》）。《实施方案》提出到2025年，绿色消费理念深入人心，奢侈浪费得到有效遏制，绿色低碳产品市场占有率大幅提升，重点领域消费绿色转型取得明显成效，绿色消费方式得到普遍推行，绿色低碳循环发展的消费体系初步形成等主要目标。部署了四大重点任务：一是全面促进重点领域消费绿色转型，二是强化绿色消费科技和服务支撑，三是建立健全绿色消费制度保障体系，四是完善绿色消费激励约束政策。

4. 七部门组织开展废旧物资循环利用体系示范城市建设

1月19日，国家发展改革委、商务部、工业和信息化部等七部门联合发布《关于组织开展废旧物资循环利用体系示范城市建设的通知》（发改办环资〔2022〕35号），组织开展示范城市建设工作。废旧物资循环利用体系示范城市主要面向直辖市、省会城市、计划单列市，以及部分常住人口数量较多、经济发展水平较高的大中城市，共60个左右；建设时间为2022年至2025年；工作程序主要包括确定示范城市名单、编制实施方案、开展示范城市建设、加强评估总结等。

5. 三部门印发关于促进钢铁工业高质量发展的指导意见

1月20日，工业和信息化部、国家发展和改革委员会、生态环境部联合印发《关于促进钢铁工业高质量发展的指导意见》（工信部联原〔2022〕6号，以下简称《指导意见》）。《指导意见》提出力争到2025年，钢铁工业基本形成布局结构合理、资源供应稳定、技术装备先进、质量品牌突出、智能化水平高、全球竞争力强、绿色低碳可持续的高质量发展格局。绿色低碳方面，构建产业间耦合发展的资源循环利用体系，80%以上钢铁产能完成超低排放改造，吨钢综合能耗降低2%以上，水资源消耗强度降低10%以上，确保2030年前碳达峰。

6. 工信部公布2021年度绿色制造名单

1月21日，工业和信息化部办公厅公布2021年度绿色制造名单。推荐工作按照《工业和信息化部办公厅关于开展绿色制造体系建设的通知》（工信厅节函〔2016〕586号）要求，经申报单位自评价、第三方评价、地方工业和信息化主管部门评估确认及专家论证、公示等程序，最终遴选推荐绿色工厂662家、绿色设计产品989种、绿色工业园区52家、绿色供应链管理企业107家。

7. 八部门印发关于加快推动工业资源综合利用实施方案

1月27日，工业和信息化部、国家发展和改革委员会、科学技术部等八部门联合印发《关于加快推动工业资源综合利用实施方案的通知》（工信部联节〔2022〕9号，以下简称《实施方案》）。《实施方案》提出到2025年，钢铁、有色、化工等重点行业工业固废产生强度下降，大宗工业固废综合利用率达到57%，主要再生资源品种利用量超过4.8亿吨；工业资源综合利用法规政策标准体系日益完善，技术装备水平显著提升，产业集中度和协同发展能力大幅提高，努力构建创新驱动的规模化与高值化并行、产业循环链接明显增强、协同耦合活力显著激发的工业资源综合利用产业生态等主要目标。部署了工业固废综合利用提质增效、再生资源高效循环利用、工业资源综合利用能力提升三大工程17项任务。

8. 全国工商联引导服务民营企业做好碳达峰碳中和工作

1月27日，中华全国工商业联合会印发《关于引导服务民营企业做好碳达峰碳中和工作的意见》（全联发〔2022〕4号，以下简称《意见》）。《意见》从三方面部署了重点任务，一是民营企业要加快绿色低碳转型发展，做好碳排放测算、确定碳减排路径、加强创新支撑、做好人才保障、积极开展合作、履行社会责任等；二是各级工商联要加强引导服务，加强政策解读、加大培训力度、加强调查研究、加强典型宣传、加强信用建设、加强标准工作、加强工作协同等；三是积极发挥商会作用，提供政策服务、加强调查研究、加强行业自律、促进企业交流等。

9. 工信部节能司公示2021年度国家绿色数据中心名单

1月28日，工业和信息化部节能与综合利用司公示2021年度国家绿色数据中心名单。推荐工作按照《工业和信息化部办公厅 发展改革委办公厅 商务部办公厅 国管局办公室 银保监会办公厅 能源局综合司关于组织开展2021年国家绿色数据中心推荐工作的通知》（工信厅联节函〔2021〕281

号）要求，经企业申报、省级工业和信息化主管部门会同有关部门推荐、专家评审等程序，最终遴选推荐 44 个国家绿色数据中心。其中，通信领域 15 个，互联网领域 18 个，公共机构领域 5 个，能源领域 1 个，金融领域 5 个。

10. 工信部、市场监管总局公告2021年重点用能行业能效"领跑者"企业名单

1 月 29 日，工业和信息化部、国家市场监督管理总局联合公告 2021 年重点用能行业能效"领跑者"企业名单。遴选工作按照《工业和信息化部办公厅 市场监管总局办公厅关于组织开展 2021 年度重点用能行业能效"领跑者"遴选工作的通知》（工信厅联节函〔2021〕268 号）要求，最终确定 14 个重点用能行业能效"领跑者"企业名单。其中，钢铁行业 3 家，焦化行业 5 家，铜冶炼行业 1 家，铅冶炼行业 3 家，锌冶炼行业 2 家，水泥行业 9 家，原油加工行业 2 家，乙烯行业 2 家，合成氨行业 6 家，甲醇行业 5 家，电石行业 2 家，烧碱行业 4 家，纯碱行业 4 家，对二甲苯行业 1 家。

11. 发改委、能源局印发"十四五"新型储能发展实施方案

1 月 29 日，国家发展改革委、国家能源局联合印发《"十四五"新型储能发展实施方案》（发改能源〔2022〕209 号，以下简称《实施方案》）。《实施方案》提出到 2025 年，新型储能由商业化初期步入规模化发展阶段，具备大规模商业化应用条件；新型储能技术创新能力显著提高，核心技术装备自主可控水平大幅提升，标准体系基本完善，产业体系日趋完备，市场环境和商业模式基本成熟等主要目标。部署了六大行动举措：强化技术攻关，构建新型储能创新体系；积极试点示范，稳妥推进新型储能产业化进程；推动规模化发展，支撑构建新型电力系统；完善体制机制，加快新型储能市场化步伐；做好政策保障，健全新型储能管理体系；推进国际合作，提升新型储能竞争优势。

12. 发改委、能源局印发"十四五"现代能源体系规划

1 月 29 日，国家发展改革委、国家能源局联合印发《"十四五"现代能源体系规划》（发改能源〔2022〕210 号，以下简称《规划》）。《规划》

提出能源低碳转型成效显著，单位 GDP 二氧化碳排放五年累计下降 18%；能源系统效率大幅提高，节能降耗成效显著，单位 GDP 能耗五年累计下降 13.5% 等主要目标。在能源绿色低碳转型方面，坚持生态优先、绿色发展，壮大清洁能源产业，实施可再生能源替代行动，推动构建新型电力系统，促进新能源占比逐渐提高，推动煤炭和新能源优化组合。坚持全国一盘棋，科学有序推进实现碳达峰、碳中和目标，不断提升绿色发展能力。

13. 发改委、能源局印发关于完善能源绿色低碳转型体制机制和政策措施的意见

1 月 30 日，国家发展改革委、国家能源局联合印发《关于完善能源绿色低碳转型体制机制和政策措施的意见》（发改能源〔2022〕206 号，以下简称《意见》）。《意见》提出到 2030 年，基本建立完整的能源绿色低碳发展基本制度和政策体系，形成非化石能源既基本满足能源需求增量又规模化替代化石能源存量、能源安全保障能力得到全面增强的能源生产消费格局等主要目标。部署了完善国家能源战略和规划实施的协同推进机制、完善引导绿色能源消费的制度和政策体系、建立绿色低碳为导向的能源开发利用新机制、完善新型电力系统建设和运行机制、完善化石能源清洁高效开发利用机制、健全能源绿色低碳转型安全保供体系、建立支撑能源绿色低碳转型的科技创新体系、建立支撑能源绿色低碳转型的财政金融政策保障机制、促进能源绿色低碳转型国际合作、完善能源绿色低碳发展相关治理机制十大重点任务。

2月

14. 四部门发布高耗能行业重点领域节能降碳改造升级实施指南

2 月 3 日，国家发展改革委、工业和信息化部、生态环境部等四部门联合发布《高耗能行业重点领域节能降碳改造升级实施指南（2022 年版）》（发改产业〔2022〕200 号）。共包括炼油、乙烯、对二甲苯、现代煤化工、合成氨、电石、烧碱、纯碱、磷铵、黄磷、水泥、平板玻璃、建筑卫生陶瓷、钢铁、焦化、铁合金、有色金属冶炼 17 个行业节能降碳改造升级实施指南，引导能效水平低下的企业改造升级，提高生产工艺和技术装备绿色化水平，提升资源能源利用效率，促进形成强大国内市场；推动能效水平较高的骨干企业采用先进前沿技术装备谋划建设示范项目，引领行业高质量发展；促进集聚发展，构建结构合理、竞争有效、规范有序的发展格局；加快淘汰落后产能，对能效在基准水平以下，且难以在规定时限通过改造升级达到基准水平以上的产能，通过市场化方式、法治化手段推动其加快退出。

15. 发改委印发长江中游城市群发展"十四五"实施方案

2 月 15 日，经国务院批复同意，国家发展改革委印发《长江中游城市群发展"十四五"实施方案》（国函〔2022〕12 号，以下简称《实施方案》）。《实施方案》提出要推动绿色低碳转型，共同筑牢生态安全屏障，深入践行绿水青山就是金山银山理念，大力推进生态文明建设，把修复长江生态环境摆在压倒性位置，构建绿色低碳的生产生活方式和建设运营模式。制定了五项具体任务：一是共建多元共生的生态系统；二是协同推进长江水环境治理；三是加强环境污染联防联控；四是探索生态产品价值实现多元路径；五是加快生产生活方式绿色低碳转型。

3月

16. 六部门组织开展2022年绿色建材下乡活动

3 月 3 日，工业和信息化部、住房和城乡建设部、农业农村部等六部门联合开展 2022 年绿色建材下乡活动。活动以"绿色建材进万家 美好生活共创建"为主题，按照"部门指导、市场主导、试点先行"原则，选择 5 个左右试点地区开展工作，参与活动的产品原则上应为按照《关于加快推进绿色建材产品认证及生产应用的通知》（市监认证〔2020〕89 号）和《绿色产品评价标准清单及认证目录（第一批）》（市场监管总局公告 2018 年第 2 号）要求，获得绿色建材认证的产品。试点地区召开活动启动会后，下沉市、区（县）、乡（镇）、村，通过举办公益宣讲、专场、巡展等不同形式的线上线下活动，加快节能低碳、安全性好、性价比高的绿色建材推广应用。

17. 生态环境部印发关于进一步加强重金属污染防控的意见

3月7日，生态环境部印发《关于进一步加强重金属污染防控的意见》（环固体〔2022〕17号，以下简称《意见》）。《意见》提出到2025年，全国重点行业重点重金属污染物排放量比2020年下降5%，重点行业绿色发展水平较快提升，重金属环境管理能力进一步增强，推进治理一批突出历史遗留重金属污染问题等主要目标。部署了分类管理，完善重金属污染物排放管理制度；严格准入，优化涉重金属产业结构和布局；突出重点，深化重点行业重金属污染治理；健全标准，加强重金属污染监管执法；落实责任，促进信息公开和社会共治五大重点任务。

18. 四部门印发关于推进共建"一带一路"绿色发展的意见

3月16日，国家发展改革委、外交部、生态环境部等四部门联合发布《关于推进共建"一带一路"绿色发展的意见》（发改开放〔2022〕408号，以下简称《意见》）。《意见》提出到2025年，共建"一带一路"生态环保与气候变化国际交流合作不断深化，绿色丝绸之路理念得到各方认可，绿色基建、绿色能源、绿色交通、绿色金融等领域务实合作扎实推进，绿色示范项目引领作用更加明显，境外项目环境风险防范能力显著提升，共建"一带一路"绿色发展取得明显成效等主要目标。部署了四大重点任务：一是统筹推进绿色发展重点领域合作，二是统筹推进境外项目绿色发展，三是统筹完善绿色发展支撑保障体系，四是统筹加强组织实施。

19. 国家能源局印发2022年能源工作指导意见

3月17日，国家能源局印发《2022年能源工作指导意见》（国能发规划〔2022〕31号，以下简称《意见》）。《意见》提出坚持以立为先，通盘谋划，加快发展非化石能源，夯实新能源安全可靠替代基础，加强化石能源清洁高效利用，推动煤炭和新能源优化组合，稳步推进能源绿色低碳发展，具体部署了大力发展风电光伏、有序推进水电核电重大工程建设、积极发展能源新产业新模式三项重点任务。

20. 工信部发布2022年汽车标准化工作要点

3月18日，工业和信息化部发布《2022年汽车标准化工作要点》（以下简称《工作要点》）。《工作要点》指出要强化绿色技术标准引领，支撑双碳目标实现，部署了两大重点任务，一是能源消耗量领域，完成轻型、重型商用车第四阶段燃料消耗量限值标准征求意见，加快推进乘用车第六阶段燃料消耗量、电动汽车能量消耗量限值标准制定；开展高效电机等乘用车循环外技术装置评价方法标准研究，启动乘用车道路行驶能源消耗量监测规范标准预研；完成轻型汽柴油车、可外接充电式混合动力电动汽车和纯电动汽车能源消耗量标识标准审查和报批。二是碳排放领域，开展道路车辆温室气体管理通用要求、术语定义、碳中和实施指南等基础通用标准研究和立项；推进车辆生产企业及产品碳排放及核算办法相关标准研究和立项；启动汽车产品碳足迹标识、电动汽车行驶条件温室气体碳减排评估方法标准预研。

21. 发改委、能源局印发氢能产业发展中长期规划

3月23日，国家发展改革委、国家能源局联合印发《氢能产业发展中长期规划（2021-2035年）》（以下简称《规划》）。《规划》提出到2025年，基本掌握核心技术和制造工艺，燃料电池车辆保有量约5万辆，部署建设一批加氢站，可再生能源制氢量达到10万~20万吨/年，实现二氧化碳减排100万~200万吨/年等主要目标。部署了推动氢能产业高质量发展的重要举措：一是系统构建氢能产业创新体系，聚焦重点领域和关键环节，着力打造产业创新支撑平台，持续提升核心技术能力，推动专业人才队伍建设；二是统筹建设氢能基础设施，因地制宜布局制氢设施，稳步构建储运体系和加氢网络；三是有序推进氢能多元化应用，包括交通、工业等领域，探索形成商业化发展路径；四是建立健全氢能政策和制度保障体系，完善氢能产业标准，加强全链条安全监管。

22. 发改委印发北部湾城市群建设"十四五"实施方案

3月25日，经国务院批复同意，国家发展改革委印发《北部湾城市群建

设"十四五"实施方案》（国函〔2022〕21号，以下简称《实施方案》）。《实施方案》提出要加快绿色低碳转型，制定了严格合理控制煤炭消费增长，加快构建多元化低碳清洁能源体系，实施产业结构调整负面清单和落后低效产能淘汰计划，坚决遏制"两高"项目盲目发展，开展森林、湿地、海洋等自然生态系统碳汇能力巩固提升行动，率先探索开展海洋碳汇监测核算和碳汇交易等主要任务。

23.六部门印发关于"十四五"推动石化化工行业高质量发展的指导意见

3月28日，工业和信息化部、国家发展改革委、科学技术部等六部门联合印发《关于"十四五"推动石化化工行业高质量发展的指导意见》（工信部联原〔2022〕34号，以下简称《指导意见》）。《指导意见》提出到2025年，石化化工行业基本形成自主创新能力强、结构布局合理、绿色安全低碳的高质量发展格局，高端产品保障能力大幅提高，核心竞争能力明显增强，高水平自立自强迈出坚实步伐，大宗产品单位产品能耗和碳排放明显下降，挥发性有机物排放总量比"十三五"降低10%以上等主要目标。绿色低碳方面，发挥碳固定碳消纳优势，协同推进产业链碳减排；着力发展清洁生产绿色制造，培育壮大生物化工；促进行业间耦合发展，提高资源循环利用效率。

24.三部门开展推荐清洁生产先进技术工作

3月29日，生态环境部、国家发展改革委、工业和信息化部联合发布《关于推荐清洁生产先进技术的通知》（环办科财函〔2022〕137号），启动清洁生产先进技术征集和筛选。推荐工作重点面向能源、冶金、焦化、建材、有色、化工、印染、造纸、原料药、电镀、农副食品加工、工业涂装、包装印刷等重点行业领域，推荐技术需满足节能、节水、节材、减污、降碳效果明显，主要技术、经济指标具有先进性和适用性，在行业内尚未达到广泛应用，具有推广潜力等基本要求。

25.三部门印发关于加快推进废旧纺织品循环利用的实施意见

3月31日，国家发展改革委、商务部、工业和信息化部联合印发《关于加快推进废旧纺织品循环利用的实施意见》（发改环资〔2022〕526号，以下简称《实施意见》)。《实施意见》提出到 2025 年，废旧纺织品循环利用体系初步建立，循环利用能力大幅提升，废旧纺织品循环利用率达到 25%，废旧纺织品再生纤维产量达到 200 万吨等主要目标。从生产、回收、综合利用 3 个方面明确了推行纺织品绿色设计、鼓励使用绿色纤维、强化纺织品生产者社会责任、完善回收网络、拓宽回收渠道、强化回收管理、规范开展再利用、促进再生利用产业发展、实施制式服装重点突破等 9 条具体措施。着力打通回收、交易流通、精细分拣、综合利用等关键环节堵点、痛点，并强调在标准规范、科技创新和政策扶持等方面加强支撑保障，在统筹协调、典型引领和宣传引导等方面强化组织实施。

4月

26. 六部门发布煤炭清洁高效利用重点领域标杆水平和基准水平

4月9日，国家发展改革委、工业和信息化部、生态环境部等六部门联合发布《煤炭清洁高效利用重点领域标杆水平和基准水平（2022 年版）》（发改运行〔2022〕559 号，以下简称《水平》)。《水平》主要面向煤炭洗选、燃煤发电、燃煤锅炉供热、煤制合成氨、煤制焦炭、煤制甲醇、煤制烯烃、煤制乙二醇等重点领域，各地方要充分认识推动煤炭清洁高效利用的重要意义，立足本地实际，坚持系统观念，尊重市场规律，细化工作要求，强化责任落实，加快推动煤炭清洁高效利用，助力推进清洁低碳、安全高效的能源体系建设。

27. 工信部、发改委印发关于化纤工业高质量发展的指导意见

4月12日，工业和信息化部、国家发展改革委联合印发《关于化纤工业高质量发展的指导意见》（工信部联消费〔2022〕43 号，以下简称《指导意见》)。《指导意见》提出到 2025 年，规模以上化纤企业工业增加值年均增长 5%，化纤产量在全球占比基本稳定。创新能力不断增强，行业研发经费投入强度达到 2%，高性能纤维研发制造能力满足国家战略需求。绿色制造体系不断完善，绿色纤维占比提高到 25% 以上，生物基化学纤维和可

降解纤维材料产量年均增长 20%以上，废旧资源综合利用水平和规模进一步发展，行业碳排放强度明显降低等主要目标。绿色低碳方面，要推进绿色低碳转型，促进节能低碳发展，提高循环利用水平，依法依规淘汰落后产能。

28. 工信部、发改委印发关于产业用纺织品行业高质量发展的指导意见

4 月 12 日，工业和信息化部、国家发展改革委联合印发《关于产业用纺织品行业高质量发展的指导意见》（工信部联消费〔2022〕44 号，以下简称《指导意见》）。《指导意见》提出到 2025 年，规模以上企业工业增加值年均增长 6%左右，3～5 家企业进入全球产业用纺织品第一梯队。科技创新能力明显提升，行业骨干企业研发经费占主营业务收入比重达到 3%，循环再利用纤维及生物质纤维应用占比达到 15%，非织造布企业关键工序数控化率达到 70%，智能制造和绿色制造对行业提质增效作用明显，行业综合竞争力进一步提升等主要目标。绿色低碳方面，要坚持绿色发展，提高资源利用效率，推动行业节能减碳，发展环境友好产品，加强废旧纺织品循环利用。

29. 工信部组织开展第四批工业产品绿色设计示范企业推荐工作

4 月 19 日，工业和信息化部组织开展第四批工业产品绿色设计示范企业推荐工作。推荐工作聚焦生态环境影响大、产品涉及面广、产业关联度高的行业，遴选一批绿色设计基础好、创新设计能力强、绿色产品制造水平高、品牌和市场影响力大的绿色设计示范企业。重点支持电子电器、纺织、机械装备、汽车及配件、轻工等行业企业，围绕轻量化、低碳化、循环化、数字化等重点方向开展绿色设计，探索行业绿色设计路径，推动全链条绿色产品供给体系建设，带动产业链、供应链绿色协同升级。

30. 三部门印发关于加快建立统一规范的碳排放统计核算体系实施方案

4 月 22 日，国家发展改革委、国家统计局、生态环境部联合印发《关于加快建立统一规范的碳排放统计核算体系实施方案》（发改环资〔2022〕622 号，以下简称《实施方案》）。《实施方案》提出到 2025 年，统一规范的碳排放统计核算体系进一步完善，碳排放统计基础更加扎实，核算方法更

加科学，技术手段更加先进，数据质量全面提高，为碳达峰碳中和工作提供全面、科学、可靠数据支持等主要目标。部署了四大重点任务：一是建立全国及地方碳排放统计核算制度，二是完善行业企业碳排放核算机制，三是建立健全重点产品碳排放核算方法，四是完善国家温室气体清单编制机制。

31. 能源局印发风电场利用率监测统计管理办法

4月26日，国家能源局印发《风电场利用率监测统计管理办法》（国能发新能规〔2022〕49号，以下简称《管理办法》）。《管理办法》规范完善了风电场受限电量、风电场利用率和地区风电利用率的监测统计方法，适用于全国各级电网企业及并网风电场，要求各有关单位按月进行数据报送，进一步促进风电消纳和风电行业高质量发展。

32. 发改委印发支持宁夏建设黄河流域生态保护和高质量发展先行区实施方案

4月27日，经国务院批复同意，国家发展改革委印发《支持宁夏建设黄河流域生态保护和高质量发展先行区实施方案》（国函〔2022〕32号，以下简称《实施方案》）。《实施方案》提出要坚定绿色发展、低碳引领基本原则，到2025年，在确保能源安全的前提下，严格合理控制煤炭消费量增长，提高煤炭清洁高效利用、煤电降耗减排水平，实现能耗强度下降15.5%、可再生能源装机占比达到55%等主要目标。部署了七大主要任务：一是大力推动水资源节约集约利用，二是加快构建抵御自然灾害防线，三是构建黄河上游重要生态安全屏障，四是大力推动节能减污降碳协同增效，五是加快产业转型升级，六是建立健全跨区域合作机制，七是深化重点领域改革。

33. 生态环境部、发改委开展清洁生产审核创新试点工作

4月29日，生态环境部、国家发展改革委联合发布《关于推荐清洁生产审核创新试点项目的通知》（环办科财函〔2022〕178号），组织开展相关试点工作。试点工作重点面向能源、钢铁、焦化、建材、有色金属、石化化工、印染、造纸、化学原料药、电镀、农副食品加工、工业涂装、包装印刷等行业，选取园区、产业集群和重点区域、流域开展清洁生产审核创新试

点，探索若干具有引领示范作用的审核新模式，形成一批可复制、可推广的先进经验、管理规范和典型案例成果，并在全国范围进行推广，快速有效提升清洁生产覆盖范围和水平，形成对传统行业清洁化改造、绿色化改造和深入打好污染防治攻坚战的有效支撑。

5月

34.国务院办公厅印发新污染物治理行动方案

5月4日，国务院办公厅印发《新污染物治理行动方案》（国办发〔2022〕15号，以下简称《行动方案》）。《行动方案》提出到2025年，完成高关注、高产（用）量的化学物质环境风险筛查，完成一批化学物质环境风险评估；动态发布重点管控新污染物清单；对重点管控新污染物实施禁止、限制、限排等环境风险管控措施。有毒有害化学物质环境风险管理法规制度体系和管理机制逐步建立健全，新污染物治理能力明显增强等主要目标。部署了六大行动举措：一是完善法规制度，建立健全新污染物治理体系；二是开展调查监测，评估新污染物环境风险状况；三是严格源头管控，防范新污染物产生；四是强化过程控制，减少新污染物排放；五是深化末端治理，降低新污染物环境风险；六是加强能力建设，夯实新污染物治理基础。

35.发改委、能源局印发关于促进新时代新能源高质量发展的实施方案

5月14日，经国务院同意，国家发展改革委、国家能源局印发《关于促进新时代新能源高质量发展的实施方案》（国办函〔2022〕39号，以下简称《实施方案》）。《实施方案》提出了7方面21项具体政策举措：一是创新新能源开发利用模式，二是加快构建适应新能源占比逐渐提高的新型电力系统，三是深化新能源领域"放管服"改革，四是支持引导新能源产业健康有序发展，五是保障新能源发展合理空间需求，六是充分发挥新能源的生态环境保护效益，七是完善支持新能源发展的财政金融政策。

36.十七部门组织开展2022年全国节能宣传周和全国低碳日活动

5月20日，国家发展改革委、生态环境部、教育部等十七部门联合发

布《关于开展 2022 年全国节能宣传周和全国低碳日活动的通知》（发改环资〔2022〕758 号，以下简称《通知》）。《通知》指出 2022 年全国节能宣传周定为 6 月 13 日至 19 日，主题是"绿色低碳，节能先行"；全国低碳日定为 6 月 15 日，主题是"落实'双碳'行动，共建美丽家园"，各有关部门和单位广泛开展节能降碳宣传教育，大力倡导绿色低碳生产生活方式，积极营造节能降碳浓厚氛围，加快促进经济社会发展全面绿色转型。

6月

37. 七部门印发减污降碳协同增效实施方案

6 月 10 日，生态环境部、国家发展改革委、工业和信息化部等七部门联合印发《减污降碳协同增效实施方案》（环综合〔2022〕42 号，以下简称《实施方案》）。《实施方案》提出到 2025 年，减污降碳协同推进的工作格局基本形成，重点区域、重点领域结构优化调整和绿色低碳发展取得明显成效，形成一批可复制、可推广的典型经验，减污降碳协同度有效提升等主要目标。部署了加强源头防控、突出重点领域、优化环境治理、开展模式创新、强化支撑保障、加强组织实施六项重点任务。

38. 工信部组织开展2022年度国家工业和信息化领域节能技术装备产品推荐工作

6 月 14 日，工业和信息化部办公厅发布《关于开展 2022 年度国家工业和信息化领域节能技术装备产品推荐工作的通知》（工信厅节函〔2022〕134 号），组织开展相关推荐工作。推荐工作主要面向工业节能技术、信息化领域节能技术、高效节能装备和产品三类，要求推荐的节能技术、装备和产品应满足"十四五"时期我国工业和信息化领域节能提效与绿色低碳发展需求，具备能效水平先进、技术成熟可靠、节能经济性好、推广应用潜力大等特点，特别是推荐一批达到国际先进水平、能够实现全流程系统节能提效的关键核心技术。

39. 工信部组织开展2022年工业节能诊断服务工作

6月15日，工业和信息化部办公厅发布《关于组织开展2022年工业节能诊断服务工作的通知》（工信厅节函〔2022〕136号），组织开展相关服务工作。服务工作聚焦企业主要技术装备、关键工序工艺、能源计量管理开展能效诊断，围绕企业优化用能结构、提升用能效率、强化用能管理等方面提出措施建议，推动重点用能行业和领域加快实施节能降碳技术改造项目，促进中小企业改进用能行为，部署了百家重点企业全面节能诊断、千家中小企业专项节能诊断、培育优质节能诊断服务机构、跟踪问效节能诊断成果等重点任务。

40. 六部门印发工业水效提升行动计划

6月20日，工业和信息化部、水利部、国家发展改革委等六部门联合印发《工业水效提升行动计划》（工信部联节〔2022〕72号，以下简称《行动计划》）。《行动计划》提出到2025年，全国万元工业增加值用水量较2020年下降16%；重点用水行业水效进一步提升，钢铁行业吨钢取水量、造纸行业主要产品单位取水量下降10%，石化化工行业主要产品单位取水量下降5%，纺织、食品、有色金属行业主要产品单位取水量下降15%；工业废水循环利用水平进一步提高，力争全国规模以上工业用水重复利用率达到94%左右等主要目标。部署了六大行动举措：一是强化创新应用，加快节水技术推广；二是强化改造升级，提升重点行业水效；三是强化开源节流，优化工业用水结构；四是强化对标达标，完善节水标准体系；五是强化以水定产，推动产业适水发展；六是强化数字赋能，提升管理服务能力。

41. 六部门印发工业能效提升行动计划

6月23日，工业和信息化部、国家发展改革委、财政部等六部门联合印发《工业能效提升行动计划》（工信部联节〔2022〕76号，以下简称《行动计划》）。《行动计划》提出到2025年，重点工业行业能效全面提升，数据中心等重点领域能效明显提升，绿色低碳能源利用比例显著提高，节能提效工艺技术装备广泛应用，标准、服务和监管体系逐步完善，钢铁、石化化工、有色金属、建材等行业重点产品能效达到国际先进水平，规模以上工业单位增加值能耗比 2020 年下降 13.5% 等主要目标。部署了七大行动举措：一是大力提升重点行业领域能效，二是持续提升用能设备系统能效，三是统筹提升企业园区综合能效，四是有序推进工业用能低碳转型，五是积极推动数字能效提档升级，六是持续夯实节能提效产业基础，七是加快完善节能提效体制机制。

42. 九部门印发科技支撑碳达峰碳中和实施方案

6 月 24 日，科技部、国家发展改革委、工业和信息化部等九部门联合印发《科技支撑碳达峰碳中和实施方案（2022—2030 年）》（国科发社〔2022〕157 号，以下简称《实施方案》）。《实施方案》提出到 2025 年实现重点行业和领域低碳关键核心技术的重大突破，支撑单位国内生产总值（GDP）二氧化碳排放比 2020 年下降 18%，单位 GDP 能源消耗比 2020 年下降 13.5% 等主要目标。部署了十项具体行动：一是能源绿色低碳转型科技支撑行动，二是低碳与零碳工业流程再造技术突破行动，三是建筑交通低碳零碳技术攻关行动，四是负碳及非二氧化碳温室气体减排技术能力提升行动，五是前沿颠覆性低碳技术创新行动，六是低碳零碳技术示范行动，七是碳达峰碳中和管理决策支撑行动，八是碳达峰碳中和创新项目、基地、人才协同增效行动，九是绿色低碳科技企业培育与服务行动，十是碳达峰碳中和科技创新国际合作行动。

43. 发改委印发关中平原城市群建设"十四五"实施方案

6 月 24 日，国家发展改革委印发《关中平原城市群建设"十四五"实施方案》（发改规划〔2022〕979 号，以下简称《实施方案》）。《实施方案》提出要加快低碳绿色转型，落实能耗双控和 2030 年前碳达峰要求，进一步细化节能降碳任务，加快产业结构、能源结构和运输结构低碳调整；坚决遏制高耗能、高排放、低水平项目盲目发展，实施传统产业智能化改造和转型升级专项行动，大力推广先进节能技术，有序开展节能降碳技术改造；推动可再生能源利用，不断提升能源利用效率等主要任务。

44. 国资委印发中央企业节约能源与生态环境保护监督管理办法

6 月 29 日，国务院国有资产监督管理委员会印发《中央企业节约能源与生态环境保护监督管理办法》（以下简称《管理办法》）。《管理办法》对中央企业提出了有效控制能源消费总量，持续提升能源利用效率，减少污染物排放，控制温室气体排放；积极践行绿色低碳循环发展理念，将节约能源、生态环境保护、碳达峰碳中和战略导向和目标要求纳入企业发展战略和规划，围绕主业有序发展壮大节能环保等绿色低碳产业；积极推广应用节能低碳环保新技术、新工艺、新设备、新材料，组织开展绿色低碳技术攻关和应用等基本要求。

7月

45. 四部门组织开展2022年重点用水企业、园区水效领跑者遴选工作

7月1日，工业和信息化部、水利部、国家发展改革委等四部门发布《关于组织开展2022年重点用水企业、园区水效领跑者遴选工作的通知》（工信厅联节函〔2022〕163号），组织开展相关遴选工作。遴选工作主要面向钢铁、炼焦、石油炼制、乙烯、氯碱（烧碱、聚氯乙烯）、氮肥（合成氨、尿素）、现代煤化工（煤制甲醇、煤制乙二醇、煤制油、煤制合成天然气、煤制烯烃）、纺织染整、化纤长丝织造、造纸、啤酒、味精、氧化铝、电解铝、多晶硅、船舶制造、铁矿采选等17个行业工业企业以及具有法定边界和范围、具备统一管理机构的县级以上工业园区，在满足相应条件要求下，经申请、初审、复审、发布等环节遴选公布水效领跑者称号。

46. 三部门印发工业领域碳达峰实施方案

7月7日，工业和信息化部、国家发展改革委、生态环境部联合印发《工业领域碳达峰实施方案》（工信部联节〔2022〕88号，以下简称《实施方案》）。《实施方案》提出到2025年，规模以上工业单位增加值能耗较2020年下降13.5%，单位工业增加值二氧化碳排放下降幅度大于全社会下降幅度，重点行业二氧化碳排放强度明显下降等主要目标。制定了深度调整产业结构、深入推进节能降碳、积极推行绿色制造、大力发展循环经济、加

快工业绿色低碳技术变革、主动推进工业领域数字化转型六大重点任务，部署了重点行业碳达峰和绿色低碳产品供给提升两个重点行动。

47. 工信部开展2022年工业节能监察工作

7月28日，工业和信息化部办公厅发布《关于开展2022年工业节能监察工作的通知》（工信厅节函〔2022〕192号），组织开展监察工作。监察工作分三步走：一是深入开展国家专项工业节能监察，聚焦重点行业领域，抓好重点企业、重点用能设备的节能监管，发挥强制性节能标准约束作用，提高能源利用效率；二是持续做好日常工业节能监察，包括重点用能企业能源管理体系建立、能源管理岗位设立和能源管理负责人履职等能源管理制度落实情况，能源计量、能源消费统计和能源利用状况报告制度执行情况等；三是强化工业节能监察基础能力建设，完善工作体系，加强能力建设，强化结果应用。

8月

48. 四部门印发原材料工业"三品"实施方案

8月17日，工业和信息化部、国务院国有资产监督管理委员会、国家市场监督管理总局等四部门联合印发《原材料工业"三品"实施方案》（工信厅联原〔2022〕24号，以下简称《实施方案》）。《实施方案》提出到2025年，原材料品种更加丰富、品质更加稳定、品牌更具影响力；高温合金、高性能特种合金、半导体材料、高性能纤维及复合材料等产品和服务对重点领域支撑能力显著增强等主要目标，部署了增品种、提品质、创品牌三大主要任务。在发展绿色低碳产品方面，围绕石化化工、钢铁、有色金属、建材等行业，开展节能降碳和绿色转型升级改造，逐步降低原材料产品单位能耗和碳排放量。加强可降解塑料、生物基材料等高品质绿色低碳材料研发和应用，大力发展全氧富氧燃烧、膜分离、直接空气等碳捕捉技术，扩大低碳、零碳产品供给。强化绿色产品评价标准实施，建立重点产品全生命周期碳排放数据库，探索将原材料产品碳足迹指标纳入评价体系。发布绿色低碳方向鼓励推广应用技术和产品目录，加快循环利用、低碳环保等绿色产品研发与应用。加快建设统一的绿色产品标准、认证、标识体系，引导具有生态主导力的龙头企业构建绿色产品供应链体系，创造和拉动绿色消费。

49. 三部门促进光伏产业链供应链协同发展

8月17日，工业和信息化部、市场监管总局、国家能源局三部门联合发布《关于促进光伏产业链供应链协同发展的通知》（工信厅联电子函〔2022〕205号）。为进一步优化建立全国光伏大产业大市场，促进光伏产业高质量发展，积极推动建设新能源供给消纳体系，部署了五大主要任务：一是立足长远目标，优化产业布局；二是鼓励创新进步，规范行业秩序；三是加强系统对接，深化全链合作；四是支持协同发展，稳定产业供需；五是坚持统筹发力，加强宣传引导。

50. 七部门印发信息通信行业绿色低碳发展行动计划

8月22日，工业和信息化部、国家发展改革委、财政部等七部门联合印发《信息通信行业绿色低碳发展行动计划（2022-2025年）》（工信部联通信〔2022〕103号，以下简称《行动计划》）。《行动计划》提出到2025年，信息通信行业绿色低碳发展管理机制基本完善，节能减排取得重点突破，行业整体资源利用效率明显提升，助力经济社会绿色转型能力明显增强，单位信息流量综合能耗比"十三五"期末下降20%，单位电信业务总量综合能耗比"十三五"期末下降15%，遴选推广30个信息通信行业赋能全社会降碳的典型应用场景等主要目标。聚焦优化绿色发展总体布局、加快重点设施绿色升级、完善绿色产业链供应链、赋能全社会降碳促达峰、加强绿色发展统筹管理五大方向部署15项具体行动。

51. 五部门印发加快电力装备绿色低碳创新发展行动计划

8月24日，工业和信息化部、财政部、商务部联合印发《加快电力装备绿色低碳创新发展行动计划》（工信部联重装〔2022〕105号，以下简称《行动计划》）。《行动计划》提出通过5~8年时间，电力装备供给结构显著改善，保障电网输配效率明显提升，高端化智能化绿色化发展及示范应用不断加快，国际竞争力进一步增强，基本满足适应非化石能源高比例、大规模接入的新型电力系统建设需要等主要目标。部署了六项任务行动：一是装备体系绿色升级行动，二是电力装备技术创新提升行动，三是网络化智能化转型发展行动，四是技术基础支撑保障行动，五是推广应用模式创新行动，六是电力装备对外合作行动。

52. 十七部门印发深入打好长江保护修复攻坚战行动方案

8月31日，生态环境部、国家发展改革委、最高人民法院等十七部门联合印发《深入打好长江保护修复攻坚战行动方案》（环水体〔2022〕55号，以下简称《行动方案》）。《行动方案》到2025年年底，长江流域总体水质保持优良，干流水质保持Ⅱ类，饮用水安全保障水平持续提升，重要河湖生态用水得到有效保障，水生态质量明显提升等主要目标。部署了持续深化水环境综合治理、深入推进水生态系统修复、着力提升水资源保障程度、加快形成绿色发展管控格局四大攻坚任务。在工业绿色低碳方面，提出深入实施工业污染治理、引导推动绿色低碳转型发展两项具体工作。

9月

53. 四部门组织开展国家工业资源综合利用先进适用工艺技术设备目录推荐工作

9月8日，工业和信息化部、国家发展改革委、科学技术部等四部门联合发布《开展〈国家工业资源综合利用先进适用工艺技术设备目录〉推荐工作的通知》（工信厅联节函〔2022〕229号），组织开展相关推荐工作。推荐工作主要面向工业固废减量化、工业固废综合利用、再生资源回收利用和再制造等四个领域的工艺技术设备，拟推荐的工艺技术设备应符合法律、行政法规、产业政策和相关标准要求，主要指标具有先进性，经济、环境、社会效益明显，知识产权或专有技术产权明晰，有至少1项工业应用实例。

54. 发改委、能源局发布关于促进光伏产业链健康发展有关事项

9月13日，国家发展改革委、国家能源局联合发布《关于促进光伏产业链健康发展有关事项的通知》（发改办运行〔2022〕788号），以扎实推

进以沙漠、戈壁、荒漠为重点的大型风电光伏基地建设，纾解光伏产业链上下游产能、价格堵点，提升光伏发电产业链供应链配套供应保障能力，支撑我国清洁能源快速发展，具体举措如下：一是多措并举保障多晶硅合理产量，二是创造条件支持多晶硅先进产能按期达产，三是鼓励多晶硅企业合理控制产品价格水平，四是充分保障多晶硅生产企业电力需求，五是鼓励光伏产业制造环节加大绿电消纳，六是完善产业链综合支持措施，七是加强行业监管，八是合理引导行业预期。

55. 工信部组织开展2022年度绿色制造名单推荐工作

9月16日，工业和信息化部办公厅发布《关于开展2022年度绿色制造名单推荐工作的通知》（工信厅节函〔2022〕235号），组织开展相关推荐工作。推荐工作要求按照《工业和信息化部办公厅关于开展绿色制造体系建设的通知》（工信厅节函〔2016〕586号）明确的推荐程序，按照"优中选优、宁缺毋滥"的原则，组织本地区企业（含央企，下同）、园区等开展申报工作，遴选确定本地区绿色工厂、绿色设计产品、绿色工业园区、绿色供应链管理企业推荐名单。鼓励各地建立完善本地区绿色制造标杆培育机制，发布省级绿色制造名单，对纳入名单的企业或园区给予优先推荐。

56. 工信部举办推动工业绿色低碳循环发展主题新闻发布会

9月16日，工业和信息化部举行"新时代工业和信息化发展"系列主题新闻发布会第八场，主题是"推动工业绿色低碳循环发展"。发布会首先介绍了党的十八大以来工业绿色低碳循环发展取得的积极成效，具体包括五个方面：一是着力优化产业结构，二是着力提升工业能效水效水平，三是推进工业资源循环利用，四是加大绿色技术装备产品供给，五是实施绿色制造工程。答记者问环节详细介绍了绿色制造工作成效及推进安排、工业领域碳达峰进展及行动计划、产融合作促进工业绿色发展工作经验、工业重点行业领域节能提效工作部署、数据中心节能与绿色低碳发展工作举措、新能源动力电池回收利用体系建设情况、原材料工业碳达峰工作部署、环保装备制造业高质量发展行动计划、工业固废综合利用等工作的具体情况。

57. 能源局印发能源碳达峰碳中和标准化提升行动计划

9 月 20 日，国家能源局印发《能源碳达峰碳中和标准化提升行动计划》（以下简称《行动计划》）。《行动计划》提出到 2025 年，初步建立起较为完善、可有力支撑和引领能源绿色低碳转型的能源标准体系，能源标准从数量规模型向质量效益型转变，标准组织体系进一步完善，能源标准与技术创新和产业发展良好互动，有效推动能源绿色低碳转型、节能降碳、技术创新、产业链碳减排等工作目标。部署了六项重点任务：一是大力推进非化石能源标准化，二是加强新型电力系统标准体系建设，三是加快完善新型储能技术标准，四是加快完善氢能技术标准，五是进一步提升能效相关标准，六是健全完善能源产业链碳减排标准。

58. 科技部印发"十四五"国家高新技术产业开发区发展规划

9 月 21 日，科技部印发《"十四五"国家高新技术产业开发区发展规划》（国科发区〔2022〕264 号，以下简称《发展规划》）。《发展规划》提出到 2025 年国家高新区、自创区布局更加优化，自主创新能力显著提升，体制机制持续优化，创新创业环境明显改善，高新技术产业体系基本形成，绿色低碳和智能化转型成效显著等主要目标。部署了促进绿色化智能化融合发展等重点任务，具体包括：一是加强绿色低碳技术研发应用，二是推动绿色低碳产业发展，三是优化绿色生态环境，四是建设数字园区。

10月

59. 工信部开展2022年工业废水循环利用试点工作

10 月 12 日，工业和信息化部办公厅发布《关于开展 2022 年工业废水循环利用试点工作的通知》（工信厅节函〔2022〕259 号），组织开展相关试点工作。试点工作按照《关于推进污水资源化利用的指导意见》（发改环资〔2021〕13 号）和《工业废水循环利用实施方案》（工信部联节〔2021〕213 号）要求，面向用水过程循环模式、区域产城融合模式、智慧用水管控模式、废水循环利用补短板模式等方向，通过组织申报、初审、复审、公示和发布、组织实施、验收和总结推广等程序开展工作。

60. 六部门印发关于以制造业为重点促进外资扩增量稳存量提质量的若干政策措施

10月13日，国家发展改革委、商务部、工业和信息化部等六部门联合印发《关于以制造业为重点促进外资扩增量稳存量提质量的若干政策措施》（发改外资〔2022〕1586号，以下简称《政策措施》）。《政策措施》提出要加快外商投资绿色低碳升级，引导外资积极参与碳达峰碳中和战略，实施工业低碳行动和绿色制造工程，支持开发绿色技术、设计绿色产品、建设绿色工厂，打造绿色供应链，创建绿色设计示范企业；支持外商投资企业平等参与绿色低碳领域相关标准制修订，科学确定国家重点产品能效能耗限额要求；支持外商投资企业参与绿色低碳技术研发和推广应用，鼓励外商投资企业做能效、水效等方面的"领跑者"等重点举措。

61. 工信部下达2022年度国家工业节能监察任务

10月13日，工业和信息化部办公厅发布《关于下达2022年度国家工业节能监察任务的通知》（工信厅节函〔2022〕261号）。统筹考虑行业特点、企业规模、所在地区和监察内容，共确定国家工业节能监察任务总量3572家。其中，钢铁、石化化工、建材、有色金属冶炼等重点行业能效专项监察2998家，数据中心等重点领域能效专项监察369家，2021年违规企业整改落实情况专项监察205家。后续将强化责任落实，加强队伍建设，加快工作精度，高效完成2022年工业节能监察任务。

62. 二十大报告提出推动绿色发展，促进人与自然和谐共生

10月16日，习近平在中国共产党第二十次全国代表大会上作报告，报告提出要推动绿色发展，促进人与自然和谐共生，部署了四项任务要求：一是加快发展方式绿色转型，二是深入推进环境污染防治，三是提升生态系统多样性、稳定性、持续性，四是积极稳妥推进碳达峰碳中和。在工业领域，要立足我国能源资源禀赋，坚持先立后破，有计划分步骤实施碳达峰行动；完善能源消耗总量和强度调控，重点控制化石能源消费，逐步转向碳排放总量和强度"双控"制度；推动能源清洁低碳高效利用，推进工业、建筑、交通等领域清洁低碳转型；深入推进能源革命，加强煤炭清洁高效利用，加大油气资源勘探开发和增储上产力度，加快规划建设新型能源体系，统筹水电开发和生态保护，积极安全有序发展核电，加强能源产供储销体系建设，确保能源安全；完善碳排放统计核算制度，健全碳排放权市场交易制度；提升生态系统碳汇能力；积极参与应对气候变化全球治理。

63.九部门印发建立健全碳达峰碳中和标准计量体系实施方案

10月18日，市场监管总局、国家发展改革委、工业和信息化部等九部门联合印发《建立健全碳达峰碳中和标准计量体系实施方案》（国市监计量发〔2022〕92号，以下简称《实施方案》）。《实施方案》提出到2025年，碳达峰碳中和标准计量体系基本建立，碳相关计量基准、计量标准能力稳步提升，关键领域碳计量技术取得重要突破，重点排放单位碳排放测量能力基本具备，计量服务体系不断完善等主要目标。部署了七项重点任务：一是完善碳排放基础通用标准体系，二是加强重点领域碳减排标准体系建设，三是加快布局碳清除标准体系，四是健全市场化机制标准体系，五是完善计量技术体系，六是加强计量管理体系建设，七是健全计量服务体系。

64.三部门组织开展2022年度重点用能行业能效"领跑者"企业遴选工作

10月31日，工业和信息化部、国家发展改革委、市场监管总局联合发布《关于组织开展2022年度重点用能行业能效"领跑者"企业遴选工作的通知》（工信厅联节函〔2022〕285号），组织开展相关遴选工作。遴选工作主要面向钢铁、焦化、铁合金、电解铝、氧化铝、铜冶炼、铅冶炼、锌冶炼、镁冶炼、水泥、平板玻璃、原油加工、乙烯、煤制烯烃、合成氨、甲醇、电石、烧碱、纯碱、对二甲苯、精对苯二甲酸、轮胎、黄磷、聚酯涤纶等24个行业，参照工作基本要求，按照企业申请、初审、复审和发布、宣传推广程序开展相关工作。

11月

65.四部门印发建材行业碳达峰实施方案

11月2日，工业和信息化部、国家发展改革委、生态环境部等四部门联合印发《建材行业碳达峰实施方案》（工信部联原〔2022〕149号，以下简称《实施方案》）。《实施方案》提出"十四五"期间，建材产业结构调整取得明显进展，行业节能低碳技术持续推广，水泥、玻璃、陶瓷等重点产品单位能耗、碳排放强度不断下降，水泥熟料单位产品综合能耗水平降低3%以上等主要目标。部署了五大重点任务：一是强化总量控制，二是推动原料替代，三是转换用能结构，四是加快技术创新，五是推进绿色制造。

66. 六部门组织开展2022年度国家绿色数据中心推荐工作

11月3日，工业和信息化部、国家发展改革委、商务部等六部门联合发布《关于组织开展2022年度国家绿色数据中心推荐工作的通知》（工信厅联节函〔2022〕299号），组织开展相关推荐工作。推荐工作依据《国家绿色数据中心评价指标体系》，在生产制造、电信、互联网、公共机构、能源、金融、电子商务等数据中心重点应用领域，选择一批能效水平高且绿色低碳、布局合理、技术先进、管理完善、代表性强的数据中心进行推荐。

67. 工信部发布2022年度国家工业节能诊断服务任务

11月4日，工业和信息化部办公厅发布《2022年度国家工业节能诊断服务任务的通知》（工信厅节函〔2022〕290号），确定149家工业节能诊断服务机构为124家重点企业开展全面节能诊断、1187家"专精特新"中小企业开展专项节能诊断。通过对具有代表性的钢铁、石化化工、建材、有色金属等行业和数据中心、通信基站等领域的重点企业开展全面节能诊断，引导企业加大节能提效资金投入，精准实施技术改造和管理提升，打造一批工业节能示范项目和典型案例；帮助千家能源消费量较大的"专精特新"中小企业评估用能系统和关键设备能效水平、实际运行情况，改进用能行为，降低能源方面生产成本，提高经济效益。

68. 三部门印发有色金属行业碳达峰实施方案

11月10日，工业和信息化部、国家发展改革委、生态环境部联合印发《有色金属行业碳达峰实施方案》（工信部联原〔2022〕153号，以下简称《实施方案》）。《实施方案》提出"十四五"期间，有色金属产业结构、用能结构明显优化，低碳工艺研发应用取得重要进展，重点品种单位产品能耗、碳排放强度进一步降低，再生金属供应占比达到24%以上等主要目标。部署了五大重点任务：一是优化冶炼产能规模，二是调整优化产业结构，三是强化技术节能降碳，四是推进清洁能源替代，五是建设绿色制造体系。

69.工信部、市场监管总局推进做好锂离子电池产业链供应链协同稳定发展工作

11月10日，工业和信息化部、国家市场监督管理总局联合印发《关于做好锂离子电池产业链供应链协同稳定发展工作的通知》（工信厅联电子函〔2022〕298号）。为保障锂电产业链供应链协同稳定发展，提出五方面工作部署：一是坚持科学谋划，推进锂电产业有序布局；二是加强供需对接，保障产业链供应链稳定；三是强化监测预警，提高公共服务供给能力；四是加强监督检查，保障高质量锂电产品供给；五是优化管理服务，营造产业发展良好环境。

70.五部门发布重点用能产品设备能效先进水平、节能水平和准入水平

11月10日，国家发展改革委、工业和信息化部、财政部等五部门联合发布《重点用能产品设备能效先进水平、节能水平和准入水平（2022年版）》（发改环资规〔2022〕1719号，以下简称《水平》）。《水平》主要面向房间空气调节器、单元式空气调节机、低环境温度空气源热泵（冷水）机组、冷水机组等20种重点产品，将有关产品设备能效水平划分为先进水平、节能水平、准入水平三档，以引导生产者提升技术工艺水平，督促使用者加快淘汰落后设备，鼓励消费者扩大绿色产品消费。

71.五部门联合开展数字化绿色化协同转型发展综合试点

11月17日，中央网信办、国家发展改革委、工业和信息化部等五部门联合印发通知，确定在河北省张家口市、辽宁省大连市、黑龙江省齐齐哈尔市、江苏省盐城市、浙江省湖州市、山东省济南市、广东省深圳市、重庆高新区、四川省成都市、西藏自治区拉萨市等10个地区首批开展数字化绿色化协同转型发展（双化协同）综合试点。通知指出，试点工作自2023年1月开始，为期2年，重点围绕数字产业绿色低碳发展、传统行业双化协同转型、城市运行低碳智慧治理、双化协同产业孵化创新、双化协同政策机制构

建等方面探索可复制、可推广经验。

72. 工信部公告2022年符合环保装备制造业规范条件企业名单

11 月 28 日，工业和信息化部发布《2022 年符合环保装备制造业规范条件企业名单》。相关工作经企业自愿申报、地方工业和信息化主管部门审核推荐、专家评审、网上公示等程序，遴选出 56 家符合环保装备制造业规范条件的企业。具体包括 11 家符合《环保装备制造行业（大气治理）规范条件》的企业，28 家符合《环保装备制造行业（污水治理）规范条件》的企业，8 家符合《环保装备制造行业（环境监测仪器）规范条件》的企业，9 家符合《环保装备制造业（固废处理装备）规范条件》的企业。

12月

73. 四部门印发关于深入推进黄河流域工业绿色发展的指导意见

12 月 12 日，工业和信息化部、国家发展改革委、住房城乡建设部等四部门联合印发《关于深入推进黄河流域工业绿色发展的指导意见》（工信部联节〔2022〕169 号，以下简称《指导意见》）。《指导意见》提出到 2025 年，黄河流域工业绿色发展水平明显提升，产业结构和布局更加合理，城镇人口密集区危险化学品生产企业搬迁改造全面完成，传统制造业能耗、水耗、碳排放强度显著下降，工业废水循环利用、固体废物综合利用、清洁生产水平和产业数字化水平进一步提高，绿色低碳技术装备广泛应用，绿色制造水平全面提升等主要目标。部署了五大重点任务：一是推动产业结构布局调整，二是推动水资源集约化利用，三是推动能源消费低碳化转型，四是推动传统制造业绿色化提升，五是推动产业数字化升级。

74. 发改委、科技部印发关于进一步完善市场导向的绿色技术创新体系实施方案

12 月 13 日，国家发展改革委、科技部联合印发《关于进一步完善市场导向的绿色技术创新体系实施方案（2023—2025 年）》（发改环资〔2022〕1885 号，以下简称《实施方案》）。《实施方案》提出到 2025 年，市场导

向的绿色技术创新体系进一步完善，绿色技术创新对绿色低碳发展的支撑能力持续强化。企业绿色技术创新主体进一步壮大，培育一批绿色技术领军企业、绿色低碳科技企业、绿色技术创新领域国家级专精特新"小巨人"企业等主要目标。部署了九大重点任务：一是强化绿色技术创新引领，二是壮大绿色技术创新主体，三是促进绿色技术创新协同，四是加快绿色技术转化应用，五是完善绿色技术评价体系，六是加大绿色技术财税金融支持，七是加强绿色技术人才队伍建设，八是强化绿色技术产权服务保护，九是深化绿色技术国际交流合作。

75. 国家知识产权局印发绿色低碳技术专利分类体系

12月13日，国家知识产权局印发《绿色低碳技术专利分类体系》（国知办函规字〔2022〕1044号，以下简称《体系》）。《体系》将绿色低碳技术划分为四级技术分支，包含一级技术分支（5个）、二级技术分支（19个）、三级技术分支（56个）、四级技术分支（62个）共142个。将绿色低碳技术建立与国际专利分类的参照关系，经合并去重，共涉及国际专利分类表8个部、47个大类、108个小类、1090个大组、9934个小组。

76. 工信部印发工业节能监察办法

12月22日，工业和信息化部印发《工业节能监察办法》（以下简称《办法》）。《办法》旨在规范工业节能监察，促进企业节约能源和提高能源利用效率，加快绿色低碳发展，推动工业领域碳达峰碳中和，主要规定了以下制度：一是明确工业节能监察含义和职责分工，二是明确工业节能监察实施主体和内容，三是规范工业节能监察实施程序，四是明确工业节能监察处置措施。

77. 工信部公布2022年工业废水循环利用试点企业、园区名单

12月30日，工业和信息化部公布《2022年工业废水循环利用试点企业、园区名单》。相关工作按照《关于推进污水资源化利用的指导意见》（发改环资〔2021〕13号）和《工业废水循环利用实施方案》（工信部联节〔2021〕213号）要求，经地方推荐、专家评审和网上公示等流程，遴选确定了29家工业废水循环利用试点企业和3个工业废水循环利用试点园区，以通过典型标杆强化示范引领，带动提升工业废水循环利用水平。

Abstract

Accelerating the green and low-carbon development in the industrial field is an important part of promoting new industrialization, an effective way to optimize the industrial structure and transform the mode of economic growth, an inevitable choice to build a resource conserving and environment-friendly society, an important measure to enhance China's international competitiveness and build a community of common destiny, and an important responsibility to deeply integrate into the domestic and international dual cycle and practice the green development of manufacturing countries. *Industrial Green and Low Carbon Development Report* (*2022-2023*) summarizes the experience and achievements of China's green and low-carbon industrial development, and mainly researches the topics of strategic, progressiveness, representative and forward-looking of industrial enterprises in the process of green development. The report is divided into four sections: General Report, Theory Section, Industry Section and Enterprise Section, totaling 18 articles. It provides feasible suggestions for green and low-carbon development in China's industrial.

The General Report starts from a global perspective and presents the strategic layout of industrial green development in most countries or regions. It also summarizes the positive achievements made by China in policy system construction, energy system transformation, industrial structure optimization, and analyzes the multiple risks and competitive pressures faced by China's industrial green development inside and abroad. On this basis, based on the full life cycle management of carbon in the industrial field, and based on the analysis of the main architecture of carbon management with "Carbon monitoring, carbon emission reduction, carbon removal, and carbon assets" as the core, this paper deeply studies and discusses the path and method of digital technology enabled carbon management, and proposes the architectural pattern of digital carbon management, in order to comprehensively enhance the deep collaboration and synchronous upgrading of digitalization and greening in the industrial field, and to assist China's industrial green and low-carbon transformation and high-quality development.

The Theory Section shows the technology and application innovation of green and low-carbon industrial development. Based on the technical advantages of the identification analysis system in integrating and processing complex data in the industrial chain, opening up data islands, dispelling concerns about information sharing, building data resource pools, protecting key data and other aspects, it has studied and constructed application scenarios such as carbon monitoring, carbon footprint analysis, and carbon product certification. Focusing on strategic emerging industries such as photovoltaic and renewable energy, this paper proposes carbon reduction paths and suggestions for the photovoltaic supply chain from the perspectives of energy structure adjustment, industrial layout optimization, technological innovation, recycling, and standard improvement. A scientific renewable energy assessment system has been established and the "the Belt and Road" countries have been taken as an example for evaluation and analysis. The study found that a good policy environment, a high level of economic development and technological maturity will have a positive impact on the development of renewable energy. At the same time, facing the application scenarios such as digital technology enabling carbon market and Carbon footprint, the specific advantages of Internet of Things, blockchain and other technologies in trusted carbon measurement are analyzed in depth, so as to realize real-time knowability, visibility and controllability of carbon emission data. Based on the carbon emission model of the process and the assessment of carbon emission increment in the workshop, an automatic carbon footprint accounting and full life cycle carbon label management system for large-scale energy equipment products was also established.

The Industry Section analyzes the current status of green development and the path of carbon reduction and decarbonization in key industries. In the rapid progress of industrialization and urbanization in China, industries such as non-ferrous metals, steel, and building materials have played a prominent role, but at the same time, they are also facing green development pressure of reducing energy consumption and carbon emissions. Therefore, from policy layout, industrial optimization, technological innovation, standard support, digital green coordination, talent cultivation, the reports propose development suggestions for industry transformation and carbon reduction through international cooperation and other aspects. In addition, the intelligent manufacturing equipment industrial park is an important carrier for the concentrated development of the equipment manufacturing industry. In response to the demand for green and high-quality development in the park, it has innovatively proposed a digital low-carbon development model for the park. The new type of power system is an important component of a clean, low-carbon, safe and efficient energy system. Based on the performance requirements of large bandwidth, low latency, safety and reliability in power communication, the Internet of Things technology for power has rapidly developed and achieved large-scale application in scenarios such as electricity information collection, smart energy consumption, orderly charging, and photovoltaic power generation. The uranium enrichment industry provides a basic guarantee for clean nuclear power. In recent years, it has gradually transitioned towards green and low-carbon development through methods such as process improvement, system transformation, and equipment upgrading. The industry will further connect the entire green development chain of " development goals-technology research and development-design and construction-production and operation-talent cultivation" .

The Enterprise Section focuses on micro practical experience and provides a detailed analysis of the current application status of digital technology in carbon management in industrial enterprises, mainly presenting characteristics such as wide application, in-depth hierarchy, and multi-dimensional connectivity. Focusing on the demand for green, digital and intelligent management of energy, it demonstrates a variety of systematic solutions, realized the extensive connection and intelligent management of energy and carbon, and helps enterprises to improve Lean manufacturing and efficiency. Facing the trend of green development in data centers, a new type of green data center case based on underwater natural cold sources is demonstrated to promote energy conservation and consumption reduction in data centers according to local conditions. This report is a representative and authoritative annual research report on the development of green and low-carbon industries in China. It can be used as a reference for leaders, experts, researchers, and other leaders in charge of green and low-carbon development in China.

Keywords: Carbon Peaking; Carbon Neutrality; Industrial Green and Low-Carbon; Digital and Green; Carbon Management

Contents

I General Report

Abstract: Climate change and environmental pollution pose serious challenges to human survival and development. As a practitioner of ecological civilization and an activist of global climate governance, China has made a solemn commitment to the world to "achieve carbon dioxide peaking by 2030 and achieve carbon neutrality by 2060". Industry is the leading force in China's national economy, with high energy consumption and industrial process carbon emissions. Accelerating the promotion of green and low-carbon industrial development is an important strategic measure for China to deeply integrate into the domestic and international dual cycle and fulfill the responsibility of green development as a manufacturing power. This paper first analyzes the current situation and trend of green and low-carbon industrial development in major foreign countries and regions from a global perspective, and then analyzes the strategic layout of China's industrial carbon peaking and carbon neutrality and the action plan taken in green sustainable development. Afterwards, a detailed review was conducted on a series of positive achievements and development opportunities that China has achieved in promoting industrial green development, while also analyzed the current internal & external risks and challenges. Based on this, facing the goal of industrial carbon peak carbon neutrality, countermeasures and suggestions are proposed from top-level design, industrial development, R&D innovation, ecological construction, international cooperation and other aspects to help China's industrial green low-carbon transformation and high-quality development.

Keywords: Industrial Green Development; Carbon Peaking; Carbon Neutrality; Green and Low-Carbon; Carbon Emission

B.2 Architecture and Practice Path of Digital Carbon Management System in Industrial

Shi Lijuan, Meng Qi, Zhao Jueyu, Su Yongrui and Zhang Hongbo / 017

Abstract: Focused on the industrial carbon life-cycle management, and the carbon management main structure, giving full play to the enabling role of digital technology, and effectively implementing digital carbon management are the inevitable choice to achieve the strategic goal of carbon peaking and carbon neutrality. Carbon monitoring is an important basis for scientific carbon management. Carbon emission reduction is a key core link of carbon management. Carbon removal is a necessary complement to the practice of carbon neutrality. Carbon asset is an important link to stimulate the endogenous power of carbon management. To scientifically implement digital carbon management, we should deepen the innovative application of digital technology in the carbon management architecture, accelerate energy conservation and emission reduction in digital infrastructure, promote green and low-carbon development of the industrial economy, improve the carbon asset and carbon market mechanism, and comprehensively enhance the coupling effect of digital and green transformation in the industrial field.

Keywords: Digital Technology; Digital Carbon Management; Carbon Monitoring; Carbon Assets

Ⅱ Theory Section

B.3 Research on the Application Scenarios of Identification Analysis Technology in Carbon Management

Meng Qi, Shi Lijuan, Zhao Jueyu, Zhang Hongbo and Su Yongrui / 029

Abstract: Actively carrying out carbon management in the industrial field is a necessary option based on the current situation of China's industrial development, facing the goals of high-quality development and new industrialization, and practicing the concept of green development. However, the current industrial carbon data is relatively scattered and lacks unified standards, making it impossible to efficiently manage the full range of energy consumption and carbon emissions in production and management, as well as the carbon footprint of products. There is a lack of effective support for decision-making such as carbon reduction target management, supervision, and prediction and warning. The identification analysis system has significant advantages in integrating and processing complex data in the industrial chain, bridging data silos, eliminating concerns about information sharing, building data resource pools, and protecting critical data. In response to the current demand for digital carbon management, This article analyzes and sorts out five typical scenarios: carbon monitoring, carbon footprint analysis, carbon product certification, carbon asset management, and carbon data security governance, providing ideas for the application of identification analysis technology in the field of carbon management.

Keywords: Identification Analysis Technology; Digital Carbon Management; Industrial Carbon Data

B. 4 Research on the Path and Policy of Carbon Reduction
in the Photovoltaic Supply Chain under the Dual Carbon
Target Orientation

Gu Baihe, Yu Donghui, Chen Zhuo and Shi Lijuan / 041

Abstract: The photovoltaic industry plays an important role in promoting renewable energy development and green and low-carbon transformation of the economy and society. However, photovoltaic products are not zero carbon in the production process, and some supply chain links even have high energy consumption and carbon emissions. The total emissions of the photovoltaic supply chain have quadrupled from 2011 to 2021. Based on this, this article first sorts out the composition of the photovoltaic supply chain from the perspective of product structure, and deeply analyzes the current status of low-carbon development in the industry. Secondly, the necessity of reducing carbon emissions in the photovoltaic supply chain was analyzed from the perspectives of carbon peaking and carbon neutrality goals' requirements, green competitiveness improvement, and high-quality development. Subsequently, the current obstacles and challenges faced by the industry were analyzed and evaluated. Finally, carbon reduction paths and suggestions for the photovoltaic supply chain were proposed from the perspectives of energy structure adjustment, industrial layout optimization, technological innovation, cyclic utilization, and standard system improvement.

Keywords: Photovoltaic Supply Chain; Crystalline Silicon Photovoltaic; Green and Low-carbon; Standard System

B.5 Comprehensive Evaluation Method and Empirical Study
on Renewable Energy Development: Take the "the
Belt and Road" countries and regions as an example

An Yan, Tan Xianchun, Gu Baihe, Zhu Kaiwei and Shi Lijuan / 053

Abstract: Renewable energy is an important way to achieve green economic recovery and promote sustainable social development after the epidemic. China's industry is developing rapidly, and there is a huge demand for energy. The contradiction between energy supply and rapid industrial development is prominent. Building a scientific renewable energy assessment system and evaluating countries and regions around the world, especially those along the "the Belt and Road Initiative", is of great significance for China to base itself on its own resource endowment and learn from foreign development experience. This study constructed a quantifiable multi-dimensional comprehensive evaluation index system, including institutional dimension, economic dimension, technological dimensional, energy and environment dimension. The development of renewable energy in 47 countries/regions involving Asia, Europe, Africa, the Americas, and Oceania was analyzed and evaluated. The study results show that the countries/ regions have a low overall grade of renewable energy development in the study period, but they see a stable, rising development trend. Typically, the countries/ regions such as China Mainland, Indonesia, Pakistan, Russia, South Africa and New Zealand boast a significant growth trend in the above four dimensions. Seen from the horizontal comparison, the Americas and Oceania have the highest grade of renewable energy development, followed by Europe, with Asia and Africa ranking lowest. The Europe and Oceania's obvious advantages in the dimensions "institutional pillar and economic pillar" are mainly contributed by their better policy environment and economic development. The high maturity of renewable energy technology in the Americas and Oceania supports their better performance in the dimension "technological pillar". The countries with better development in the dimension "energy and environmental pillar" are distributed in Asia, Oceania and Europe.

Abstract: With the increasingly serious global climate problem, carbon emission has become the focus of global attention. In order to deal with climate change and reduce carbon emissions, regional carbon markets have emerged. As an important means, digital technology can provide effective support and guarantee for the construction and development of regional carbon market. This paper analyzes the problems existing in the MRV system, the key mechanism supporting the carbon market, and takes the integrated carbon monitoring machine based on the Internet of Things and blockchain technology as an example to discuss the application of digital technology in improving the MRV system and promoting the construction of regional carbon market, in order to provide reference for promoting the application of digital technology in the regional carbon market.

Keywords: Digital Technology; Regional Carbon Market; MRV; Carbon Emission

Abstract: The carbon footprint of energy equipment products is the source and foundation of the carbon accounting in the energy industry. However, the current industry rarely discloses the carbon footprint data of large energy equipment products and lacks an intelligent carbon footprint accounting system. Dongfang Electric Corporation has built a group level carbon footprint management platform for the life cycle assessment of energy equipment products. Based on process carbon emission models and incremental assessment of workshop carbon emissions, to build a "cradle to gate" product carbon footprint automatic accounting and life cycle assessment carbon labeling standard system, achieving unified accounting and traceability of energy equipment product life cycle carbon footprint. Finally, this paper puts forward development suggestions from three aspects: the establishment and improvement of carbon emission basic database, the establishment of carbon footprint data sharing mechanism and the establishment of carbon certification system in line with international standards.

Keywords: Energy Equipment; Carbon Footprint; Carbon Label; Carbon Accounting

Ⅲ Industry Section

B.8 Current Situation and Suggestions for Green and Low Carbon Development of China's Non ferrous Metals Industry

Meng Qi, Zhao Jueyu, Shi Lijuan, Fu Yuhan and Zhang Hongbo / 095

Abstract: Non-ferrous metal industry is an important pillar industry related to the national economy and national defense construction. In recent years, China's output of ten non-ferrous metals, including aluminum, copper and zinc, has ranked first in the world for many years in a row. Its industrial production is growing steadily, and the trend of digital, networked and intelligent development is becoming increasingly significant. Under the background of "carbon peaking and carbon neutrality", the non-ferrous metal industry is gradually transforming to green and low-carbon development in the face of constraints such as high carbon emissions, the demand for carbon decarbonization of raw materials, and the green trade barriers of the European Union. At present, remarkable results have been achieved, including continuous optimization of industrial structure, continuous improvement of green smelting innovation level, gradual formation of recycling system, and orderly development of carbon management situation. This paper suggests that the non-ferrous metal industry adhere to the green development, further optimize the industrial structure layout, improve the comprehensive development efficiency, continue to build innovation force, promote the research and development of technology products, promote the digital and green transformation development, and promote the global green development through international exchanges and cooperation.

Keywords: Non-ferrous Metal Industry; Green and Low-Carbon Development; High-Quality Development; Recyled Non-Ferrous Metal

B.9 Analysis and Suggestions on Green and Low Carbon

Development of China's Steel Industry

Su Yongrui, Zhao Jueyu, Shi Lijuan, Gao Xindong and Wang Mao'an / 107

Abstract: The steel industry is a pillar industry that supports the healthy development of the national economy and society. In the long-term development process, the modernization level of the industry continues to develop, the efficiency of recycling has significantly improved, and energy conservation and efficiency improvement have become the development direction. However, it also faces problems such as high overcapacity pressure, low industrial concentration, insufficient industrial safety guarantee capacity, and the need to improve the level of green and low-carbon development. This article is based on the current status of green and low-carbon development in China's steel industry, and based on the national development direction and industrial development requirements, systematically analyzes the low-carbon development trend of the steel industry. In response to the current problems faced by the industry and the requirements for green and low-carbon development, suggestions are proposed to strengthen policy coordination, optimize industrial layout, enhance innovative development, and promote digital empowerment of green development.

Keywords: Steel Industry; Green and Low-Carbon Development; New Industrialization; Digital Empowerment

B . 10 Digital Technology Empowers the Green and Low

Carbon Development Path of China's Building

Materials Industry

Zhang Hongbo, Shi Lijuan, Zuo Yue, Meng Qi and Su Yongrui / 120

Abstract: The building materials industry is an important basic industry in China's national economy. In recent years, green technology and green products have continuously made breakthroughs and innovations. However, due to the large scale of the industry and the difficulty in transforming kiln processes, the building materials industry is also a key area for industrial energy consumption and carbon emissions, and is one of the industries with the heaviest carbon emission reduction tasks in China. On the basis of sorting out and summarizing the problems faced by the green and low-carbon development of China's building materials industry, this paper proposes a technical framework of industry carbon management based on digital technology, builds a development path with Carbon monitoring, carbon emission reduction and carbon removal as the core object of carbon emission management, and carbon asset management as the effective supplement and guarantee, to help the industry to carry out carbon management efficiently. And relevant suggestion about talent team building, the construction of a standard measurement system and innovation in green and low − carbon technology are put forward.

Keywords: Digital Technology; Building Materials Industry; Green and Low-Carbon Development; Carbon Management

B.11 Digital Low Carbon Development Path of Intelligent Manufacturing Equipment Industrial Park

Su Yongrui, Shi Lijuan, Shao Mingkun, Meng Qi and Yang Kaibo / 130

Abstract: The construction and development of the intelligent manufacturing equipment industrial park is an important carrier for the intensive development of the equipment manufacturing industry. It has effectively promoted the digital transformation process of China's equipment manufacturing industry and provided an important practice place for the low-carbon transformation and green development of the manufacturing industry. This paper summarizes the research and development status of the intelligent manufacturing equipment industrial park, and analyzes the existing foundation and deficiencies. Then this paper demonstrates the feasibility of digital carbon management technology for low-carbon development, and expounds the scientific, systematic and comprehensive guarantee effectiveness of specific technical means for the low-carbon development of intelligent manufacturing equipment industrial parks. On the basis of clarifying the relevant concepts, the key content of the low-carbon development of the intelligent manufacturing equipment industrial park is proposed, and the key points of development are clarified. At the same time, taking the mature and typical intelligent manufacturing equipment industrial park as the research object, this paper analyzes and summarizes its development experience in depth, verifies the scientific rationality of the key points of low-carbon development, effectively enhances the integration effect of science and technology and the real economy, and promotes the high-quality development of the regional economy.

Keywords: Intelligent Manufacturing Equipment; New Industrialization; Industrial Park; Green Development; Low-Carbon Development

B.12 Application of IoT Communication Technology in New Power Systems

Wang Xianhui, Li Zheng, Su Yongrui and Meng Qi / 143

Abstract: The realization of the carbon peaking and carbon neutrality goal and the construction of new type power system is a widespread and profound system transformation. With the large-scale decentralized access of new energy, the complexity and control difficulty of the power grid have greatly increased, and higher requirements have been put forward for the power Internet of Things (IoT), such as wide coverage, high speed, low latency, and high reliability. Based on the collection, perception, processing and application of power grid information, the power IoT has built an architecture with the cloud master station as the platform, the acquisition terminal as the core of edge computing, and smart switches, distributed photovoltaic, energy meters and other end devices, to realize the comprehensive perception of new energy and flexible loads, and promote the digital and green development of the power system. This article focuses on analyzing the technical characteristics of power line carrier communication, high-speed dual mode communication, power 5G remote communication, and power chips based on the communication requirements of the power IoT. It showcases the demonstration applications of power IoT technology in scenarios such as electricity information collection, intelligent energy consumption, orderly charging, and photovoltaic monitoring.

Keywords: New Type Power System; Power IoT; Power Line Carrier Communication; Communication Technology

Contents ⬐⟩

Abstract: Nuclear energy is a kind of safe, efficient and economical clean energy. Developing nuclear energy is an important option to achieve the goal of carbon neutrality, and uranium enrichment provides a safe and reliable food supply for nuclear energy. In recent years, through the joint efforts of uranium enrichment related enterprises, some achievements have been made in the green and low-carbon development of the uranium enrichment industry by means of improving processes, reforming systems and upgrading equipments. To meet the requirements for the high-quality development of uranium enrichment industry in the new era, it is suggested to take green and low-carbon development as the guide, carry out work from the aspects of green planning, green research and development, green design, green construction, green production and green management of uranium enrichment industry, strengthen the management of green and low-carbon development throughout the life cycle, ensure the reliable supply of uranium enrichment, and improve the management system of green development. To promote green and low-carbon research and development, cultivate green and low-carbon products and services, promote green transformation of design and construction, establish green standard system, promote green building design, build zero-carbon uranium enrichment plant, continue to carry out carbon verification to find out carbon emissions, establish energy consumption monitoring system, improve energy efficiency, actively integrate into carbon financial market, build professional personnel team, Improve the green and low carbon cultivation and skills of all staff.

Keywords: Emission Uranium Enrichment; Green and Low-Carbon Development; Energy Saving and Emission Reduction; Comprehensive Utilization of Energy

Ⅳ   Enterprise Section

B . 14   Application Status of Digital Technology in Carbon
Management of Industrial Enterprises

Liang Tong, Cui Xuemin, Li Liwei and Ma Luyao / 177

Abstract: Industry is a main source of carbon emissions and energy consumption domain in China. China's 14th Five-Year Plan and 2035 vision set a binding target of reducing carbon dioxide emissions per unit of GDP by 18% by 2025 compared with 2020. Many provinces and cities have made green and low-carbon development an important part of the 14th Five-Year Plan and have specified goals and tasks. In order to actively yet prudently promote carbon peaking and carbon neutralization, it is increasingly urgent for industrial enterprises to regulate the total amount and intensity of energy consumption, as well as to promote clean, low-carbon and efficient use of energy. Nowadays, with the rapid development of new generation digital technologies such as big data, 5G, artificial intelligence and industrial Internet, industrial enterprises have initiated using digital technologies to manage carbon emissions to varying degrees, which has produced positive application effects, but there are still weaknesses and tasks to be explored. This paper summarizes the application status of digital carbon management in industrial enterprises, analyzes the current problems, and puts forward the prospect of improving the standardization level of industrial carbon management, promoting the new application of digital technology in industrial carbon management, and building up the digital carbon management consciousness of industrial enterprises.

Keywords: Digital Technologies; Enterprise Carbon Management; Industrial Carbon Emissions

B.15 Digital Transformation and Smart Low Carbon Development
        Practice for Energy Enterprises: Taking Tencent's Complete
        Reality of Internet Solution as an Example

Sun Fujie, Shi Mei, Liu Liping and Meng Qi / 187

Abstract: In the context of carbon peaking and carbon neutrality goals and digital-real integration, transforming from informatization to digitalization and intelligence, and accelerating low-carbon, green and high-quality development are important development directions for energy companies during the 14th Five-Year Plan period. Advanced digital technologies such as cloud computing, big data, artificial intelligence, Internet of Things, and digital twins will play an important role in it. Complete Reality of Internet is a series of technology collections and digital-real fusion innovation models that realize comprehensive perception, connection, and interaction of the real world. It has actively explored and practiced in energy production, transmission, consumption and service, helping the digital transformation and smart low-carbon development of the energy industry.

Keywords: Energy Company; Digital Transformation; Green and Low-Carbon Development; Digital-real Integration

B.16 Construction and Application Practice of Enterprise
        Comprehensive Energy Service System: Taking the Kaos
        Smart Energy Management Platform as an Example

Chai Jiqiang, Song Xiang and Su Yongrui / 199

Abstract: Energy is the material basis of national economic and social development. With the proposal of the national "carbon peaking and carbon neutrality" strategy, enterprises are faced with the sustainable development needs of energy saving, emission reduction, quality improvement and efficiency increase. Based on rich experience in energy management and the full use of big data, cloud computing, 5G and other new generation of information technology, the company has innovated and developed a comprehensive energy service cloud platform, enabling 15 industrial parks and 55 connected factories of Haier Group. During the 13th Five-Year Plan period, Haier has reduced energy consumption per unit of output value by 30. 3% and water consumption per unit of output value by 19. 3%. Cut emissions by 110, 500 tons of carbon dioxide. At the same time, it has actively carried out industry-university-research cooperation and market construction, with 550 enterprises cooperating with external partners, helping the digital iteration and upgrading of the energy industry, and striving to build a new ecological environment of the smart energy industry.

Keywords: Carbon Peaking and Carbon Neutrality Strategy; Comprehensive Energy Service; Energy Digitization; Energy Conservation and Emission Reduction

B . 17 Energy and Carbon Integrated Solutions for Green

Carbon Reduction Needs

Wang Yazhuo, Xu Bohui, Yang Ye, Fan Shiying and Zhao Jueyu / 211

Abstract: Energy activities are the largest source of carbon emissions. Refined management of energy and actions such as energy conservation and consumption reduction are important means of energy conservation and emission reduction. At present, the development of renewable energy, the construction of the new power system, the reform of the electricity market, green energy consumption and other aspects are the key areas of our carbon reduction and emission reduction. In the future, the integration of energy and carbon will be an important starting point to achieve the goal of carbon peaking and carbon neutrality goals. Combining practical experience and based on the bottom Internet of things and intelligent engine, JD Technology launches energy-carbon integrated solutions and landing products that combine refined energy management, optical storage and charge management and carbon management, providing reference for energy conservation and consumption reduction of industrial enterprises, continuously helping the "carbon peaking and carbon neutrality" action and promoting the "green" landing.

Keywords: Green Development; Energy-Carbon Integration; Refined Energy Management; Carbon Management

B.18 Development Status of New Green Data Centers Based on Natural Cold Sources: Taking the Hicloud Underwater Data Center as an Example

Su Yang, Wang Yong, Meng Qi and Zhang Hongbo / 225

Abstract: In the era of digital economy, with increasing demand for computing power, making full use of natural cold source and renewable energy has become the consensus and trend of green data center construction. The server of Underwater Data Center (UDC) is placed in the sealed compartment of the seafloor and cooled naturally by the flow of sea water, which has the advantages of saving electricity, water, land, low delay, high computing power, high safety, high reliability and rapid deployment. Moreover, UDC is easy to combine with offshore wind power, photovoltaic and other renewable energy to convert Marine energy into Marine computing power, promote the development of data centers to "low-carbon" and "zero-carbon", and build a new computing center architecture of "channels computing resources from land to sea", providing a beneficial supplement for "channels computing resources from the east to the west". China was a late starter in the UDC industry, but is at the forefront of the implementation of the application, and has now launched the world's first commercial UDC. UDC provides new solutions for the green and low-carbon development of data centers, which will promote business innovation in the digital economy and facilitate the cross-integration of the digital economy and the marine economy.

Keywords: Natural Cold Source; Underwater Data Center; Carbon Neutrality; Channels Computing Resources from Land to Sea

社会科学文献出版社

皮 书

智库成果出版与传播平台

✤ 皮书定义 ✤

皮书是对中国与世界发展状况和热点问题进行年度监测，以专业的角度、专家的视野和实证研究方法，针对某一领域或区域现状与发展态势展开分析和预测，具备前沿性、原创性、实证性、连续性、时效性等特点的公开出版物，由一系列权威研究报告组成。

✤ 皮书作者 ✤

皮书系列报告作者以国内外一流研究机构、知名高校等重点智库的研究人员为主，多为相关领域一流专家学者，他们的观点代表了当下学界对中国与世界的现实和未来最高水平的解读与分析。截至 2022 年底，皮书研创机构逾千家，报告作者累计超过 10 万人。

✤ 皮书荣誉 ✤

皮书作为中国社会科学院基础理论研究与应用对策研究融合发展的代表性成果，不仅是哲学社会科学工作者服务中国特色社会主义现代化建设的重要成果，更是助力中国特色新型智库建设、构建中国特色哲学社会科学"三大体系"的重要平台。皮书系列先后被列入"十二五""十三五""十四五"时期国家重点出版物出版专项规划项目；2013~2023 年，重点皮书列入中国社会科学院国家哲学社会科学创新工程项目。

皮书网

（网址：www.pishu.cn）

发布皮书研创资讯，传播皮书精彩内容
引领皮书出版潮流，打造皮书服务平台

栏目设置

◆ **关于皮书**

何谓皮书、皮书分类、皮书大事记、
皮书荣誉、皮书出版第一人、皮书编辑部

◆ **最新资讯**

通知公告、新闻动态、媒体聚焦、
网站专题、视频直播、下载专区

◆ **皮书研创**

皮书规范、皮书选题、皮书出版、
皮书研究、研创团队

◆ **皮书评奖评价**

指标体系、皮书评价、皮书评奖

◆ **皮书研究院理事会**

理事会章程、理事单位、个人理事、高级
研究员、理事会秘书处、入会指南

所获荣誉

◆ 2008 年、2011 年、2014 年，皮书网均
在全国新闻出版业网站荣誉评选中获得
"最具商业价值网站"称号；

◆ 2012 年,获得"出版业网站百强"称号。

网库合一

2014年，皮书网与皮书数据库端口合
一，实现资源共享，搭建智库成果融合创
新平台。

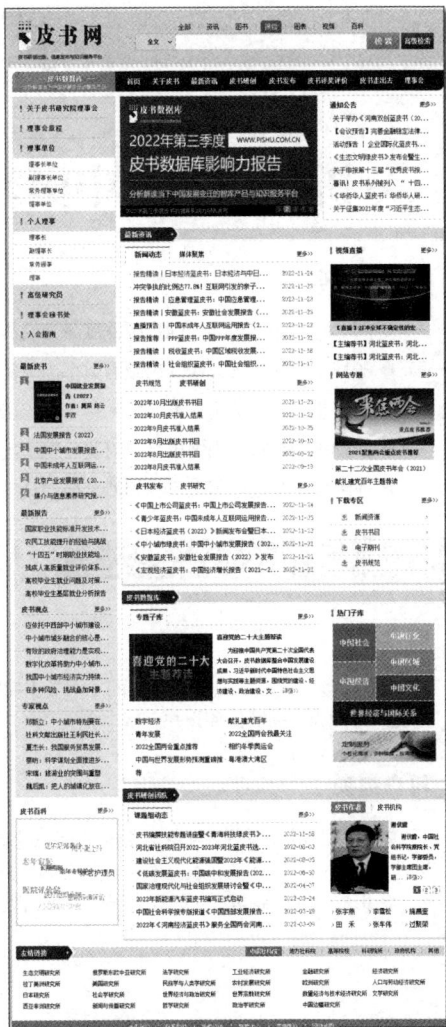

皮书网　　　"皮书说"　　　皮书微博
　　　　　微信公众号

S 基本子库
SUB DATABASE

中国社会发展数据库（下设 12 个专题子库）

紧扣人口、政治、外交、法律、教育、医疗卫生、资源环境等 12 个社会发展领域的前沿和热点，全面整合专业著作、智库报告、学术资讯、调研数据等类型资源，帮助用户追踪中国社会发展动态、研究社会发展战略与政策、了解社会热点问题、分析社会发展趋势。

中国经济发展数据库（下设 12 专题子库）

内容涵盖宏观经济、产业经济、工业经济、农业经济、财政金融、房地产经济、城市经济、商业贸易等 12 个重点经济领域，为把握经济运行态势、洞察经济发展规律、研判经济发展趋势、进行经济调控决策提供参考和依据。

中国行业发展数据库（下设 17 个专题子库）

以中国国民经济行业分类为依据，覆盖金融业、旅游业、交通运输业、能源矿产业、制造业等 100 多个行业，跟踪分析国民经济相关行业市场运行状况和政策导向，汇集行业发展前沿资讯，为投资、从业及各种经济决策提供理论支撑和实践指导。

中国区域发展数据库（下设 4 个专题子库）

对中国特定区域内的经济、社会、文化等领域现状与发展情况进行深度分析和预测，涉及省级行政区、城市群、城市、农村等不同维度，研究层级至县及县以下行政区，为学者研究地方经济社会宏观态势、经验模式、发展案例提供支撑，为地方政府决策提供参考。

中国文化传媒数据库（下设 18 个专题子库）

内容覆盖文化产业、新闻传播、电影娱乐、文学艺术、群众文化、图书情报等 18 个重点研究领域，聚焦文化传媒领域发展前沿、热点话题、行业实践，服务用户的教学科研、文化投资、企业规划等需要。

世界经济与国际关系数据库（下设 6 个专题子库）

整合世界经济、国际政治、世界文化与科技、全球性问题、国际组织与国际法、区域研究 6 大领域研究成果，对世界经济形势、国际形势进行连续性深度分析，对年度热点问题进行专题解读，为研判全球发展趋势提供事实和数据支持。

法律声明

"皮书系列"（含蓝皮书、绿皮书、黄皮书）之品牌由社会科学文献出版社最早使用并持续至今，现已被中国图书行业所熟知。"皮书系列"的相关商标已在国家商标管理部门商标局注册，包括但不限于LOGO（ ）、皮书、Pishu、经济蓝皮书、社会蓝皮书等。"皮书系列"图书的注册商标专用权及封面设计、版式设计的著作权均为社会科学文献出版社所有。未经社会科学文献出版社书面授权许可，任何使用与"皮书系列"图书注册商标、封面设计、版式设计相同或者近似的文字、图形或其组合的行为均系侵权行为。

经作者授权，本书的专有出版权及信息网络传播权等为社会科学文献出版社享有。未经社会科学文献出版社书面授权许可，任何就本书内容的复制、发行或以数字形式进行网络传播的行为均系侵权行为。

社会科学文献出版社将通过法律途径追究上述侵权行为的法律责任，维护自身合法权益。

欢迎社会各界人士对侵犯社会科学文献出版社上述权利的侵权行为进行举报。电话：010-59367121，电子邮箱：fawubu@ssap.cn。

社会科学文献出版社

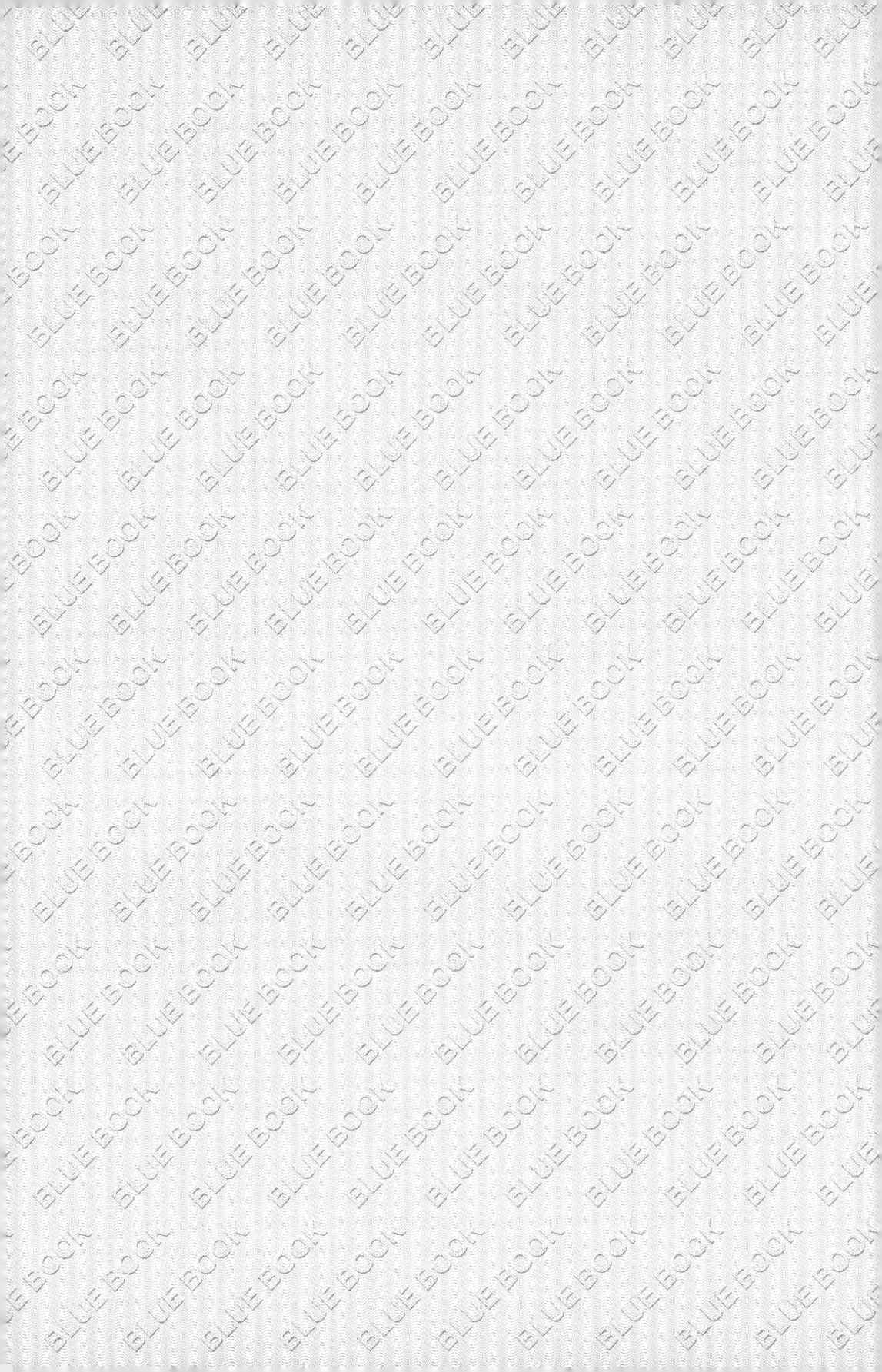